中国棉花产业发展研究报告
（2020年）

主 编 唐 敏
副主编 刘 敏 冯梦晓

中国商业出版社

图书在版编目(CIP)数据

中国棉花产业发展研究报告.2020年 / 唐敏主编. -- 北京：中国商业出版社，2021.1
ISBN 978-7-5208-1532-1

Ⅰ.①中… Ⅱ.①唐… Ⅲ.①棉花－产业发展－研究报告－中国－2020 Ⅳ.①F326.12

中国版本图书馆 CIP 数据核字(2020)第 253957 号

责任编辑：李 飞　蔡 凯

中国商业出版社出版发行
010-63180647　www.c-cbook.com
(100053 北京广安门内报国寺 1 号)
新华书店经销
蚌埠市广达印务有限公司印刷

*

787 毫米×1092 毫米　16 开　13.5 印张　333 千字
2021 年 1 月第 1 版　2021 年 1 月第 1 次印刷
定价:68.00 元

* * * *

(如有印装质量问题可更换)

中国棉花产业发展研究报告(2020年)编委会

主　　编　唐　敏
副 主 编　刘　敏　冯梦晓
参编人员　卢　辞　杨莲娜　刘　敏　袁平红
　　　　　　徐守东　张　杰　吴法新　冯梦晓
　　　　　　吴国新　陈淑芳　郗　今　梁继华
　　　　　　徐冠宇　李向天　王　芹　姚延久

总 序

安徽财经大学是一所以经、管、法学为主,跨文学、理学、工学、史学、艺术学等八大学科门类,面向全国招生和就业的多科性高等财经院校,同时也是改革开放后,在全国最早申报开设合作经济专业,创办《合作经济》杂志(后更名为《中国供销合作经济》,现更名为《中国合作经济》杂志),设立合作经济系,招收本、专科全日制合作经济专业学生的高校。2011年以来,我校为凸显合作经济理论研究和学科发展特色,还开始筹建中国合作经济博物馆,2012年正式对外开放,2013年在全国首招合作经济专业硕士研究生,首次公开出版的《中国合作经济发展研究报告(2013年)》,得到了农业农村部(原农业部)、中华全国供销合作总社领导的批示与肯定。此后每年出版的《中国合作经济发展研究报告》《中国供销合作经济发展研究报告》《中国棉花产业发展研究报告》,皆受到相关部门和社会各界的高度评价。作为一所教学研究型大学,加强智库建设、服务经济社会发展无疑是我们必须承载的重要任务。

近年来,我校一直围绕做好社会服务这一重要课题,遵循服务地方经济社会发展与服务我国合作经济事业发展两大主旨,从搭建平台、优化机制、创新模式等方面进行了积极尝试。此次出版的《中国合作经济发展研究报告(2020年)》《中国供销合作经济发展研究报告(2020年)》《中国棉花产业发展研究报告(2020年)》是我们与中华合作时报社、中国合作经济杂志社、中储棉花信息中心有限公司、石河子大学棉花经济研究中心紧密合作,共同组织策划,由我校中国合作社研究院、中国合作经济博物馆、合作经济研究中心、棉花工程研究所面向合作单位组建以教授、博士与资深记者为主体的协同创新研究团队,经过一年左右深入调查研究所形成的研究成果。

当前我国经济发展进入新时代,十九大报告明确提出"实施乡村振兴战略",组织创新、制度创新、技术创新与管理创新已是大势所趋,新修订的《农民专业合作社法》已于2018年7月1日正式实施,城乡尤其是农村各种形式的合作经济组织制度发展方兴未艾,如何实现合作经济组织制度的高质量发展?既面临难得机遇,又存在诸多挑战,特别是全球新冠疫情大背景下,十九届五中全会明确提出了"双循环"新战略,因此加强高校和相关单位合作,组建协同创新团队,以习近平新时代中国特色社会主义思想为指导,研究中国特色合作经济理论与实践,推动中国特色合作经济事业发展,意义重大。由于系统深入跟踪研究我国合作经济发展这一课题涉及方方面面,对我们来说,具有很大的挑战性,加之新冠疫情背景下,时间更紧、任务更重,不足之处在所难免,敬请领导、专家和合作社工作者批评指正。

安徽财经大学党委书记、校长　丁忠明
2020年10月

前　言

中国是世界棉花生产大国,同时也是世界棉花消费和进口第一大国,全球新冠疫情大背景下,棉花产业的健康发展关系到国计民生。因此,系统深入地跟踪研究棉花产业的发展意义重大。

《中国棉花产业发展研究报告(2020年)》由十个部分组成,主要涉及棉花产业链、棉花流通、棉花产业绿色发展价格支持机制、棉花期货市场、全球棉花供求状况及中国棉花进口、棉花产业政策发展历程、新疆棉花目标价格改革政策研究、新疆棉花全要素生产率分解及影响因素研究、"双循环"与中国棉花产业新机遇、2020/2021年度棉花市场预警报告等相关内容。

通过研究,我们认为,要实现中国棉花产业健康可持续发展,必须处理好六大关系:一是要处理好棉花产业发展的国内竞争与国际竞争协同的关系。诸如国内生产、收储与进口问题;国内棉花价格与国际棉花价格倒挂问题;多元化进口问题。二是要处理好国内棉花生产地空间科学布局问题,即新疆棉花主产区与内地棉花辅产区,特别是长江中下游流域、黄河流域棉花产区的空间布局问题。现代棉花产业发展越来越体现出规模化、标准化、机械化、智能化、集约化,以及全产业链分工协作。根据我国人多地少、大国小农、地形地貌多种多样等国情,必须兼顾新疆与内地,即规模化生产与分散农户的小生产。三是要处理好棉农从事棉花生产和从事其他大宗农产品生产的比较利益关系问题。调动棉农生产积极性。四是要处理好棉花全产业链不同环节利益主体的分工协作及利益分配关系问题。五是要处理好棉花种植生产中的品种结构、技术、数量与质量的关系问题,比如新疆目标价格试点中,要不断完善相关政策,使棉花产量与质量共同提高,棉花品种质量与棉花纺织需求结构相适应。六是处理好政府这只"看得见的手"与市场这只"看不见的手"协同发挥作用的关系问题。面对我国棉花加工产能过剩问题突出,市场有效供给不足,供给端的品种、质量、结构与需求端矛盾突出等问题,各级相关政府部门应从供给侧结构性改革入手,进行组织制度、技术与管理创新,提升棉花品种质量,提高生产效率,优化资源配置,推动棉花加工、流通企业转型升级;同时,加快推动线上线下一体化平台、棉花保险制度和棉花全产业链数据信息系统建设,为精准落实和完善棉花目标价格政策创造条件。

本研究报告在调研撰写过程中,得到了农业农村部、中华全国供销合作总社、中国棉花协会、中国供销合作经济学会、中储棉花信息中心有限公司、新疆维吾尔自治区供销合作社联合社棉麻公司、新疆维吾尔自治区生产建设兵团棉麻公司、石河子大学棉花经济研究中心、石河子银力集团公司及相关省、市农业农村部门等单位的大力支持,在此一并表示衷心感谢。

安徽财经大学　唐敏

2020年10月

目 录

第一部分　中国棉花产业链发展研究报告 ·· (1)
 一、中国棉花产业链发展现状分析 ·· (1)
 二、中国棉花产业链发展中存在的主要问题 ·· (18)
 三、中国棉花产业链可持续发展对策 ·· (23)

第二部分　中国棉花产业流通现状、问题与对策 ·· (29)
 一、中国棉花产业流通体制改革回顾 ·· (29)
 二、中国棉花流通产业发展现状分析 ·· (35)
 三、中国棉花流通中暴露出的主要问题 ·· (40)
 四、推动中国棉花流通发展的具体对策 ·· (43)

第三部分　中国棉花产业绿色发展价格支持机制报告 ································ (46)
 一、棉花产业绿色发展价格支持机制政策演变 ·································· (46)
 二、高质量发展视域下棉花目标价格补贴 ·· (53)
 三、"保险+期货"棉花产业绿色价格支持机制 ································ (63)
 四、棉花生产生态补偿价格支持机制 ·· (70)

第四部分　中国棉花期货市场发展研究报告 ·· (78)
 一、棉花期货市场的产生、发展及意义 ·· (78)
 二、棉花期货市场运行情况 ·· (81)
 三、棉花期货的价格指导与套期保值作用 ·· (84)
 四、中美贸易战背景下我国棉花期货市场的机遇与挑战 ·················· (88)
 五、对我国棉花期货市场发展的建议 ·· (89)

第五部分　全球棉花供求状况及中国棉花进口 ·· (92)
 一、全球棉花生产的基本情况 ·· (92)
 二、全球棉花消费的变化 ·· (94)
 三、全球棉花库存的变化 ·· (95)
 四、全球棉花的进出口贸易 ·· (96)
 五、中国棉花国内供需状况 ·· (99)
 六、中国棉花的进口状况 ·· (101)
 七、棉花进口的主要影响因素 ·· (107)

第六部分　中国棉花产业政策发展历程 ·· (111)
 一、统销统购政策(1978—1991年) ·· (112)
 二、棉花市场价格政策(1992—2010年) ·· (113)
 三、国家临时收储政策(2011—2013年) ·· (115)

四、棉花目标价格政策(2014年至今) ……………………………………………… (119)
第七部分　新疆棉花目标价格改革试点政策研究 …………………………………… (125)
　　一、新疆棉花目标价格改革试点工作的实施背景 …………………………………… (125)
　　二、新疆棉花目标价格改革试点工作的主要内容 …………………………………… (127)
　　三、新疆棉花目标价格补贴试点取得的成效 ………………………………………… (133)
　　四、棉花目标价格改革试点中存在的主要问题以及今后努力的方向 ……………… (136)
　　五、棉花目标价格政策完善思路 ……………………………………………………… (138)
第八部分　新疆棉花全要素生产率分解及影响因素研究 …………………………… (142)
　　一、文献综述 …………………………………………………………………………… (142)
　　二、全要素生产率的测算及其分解 …………………………………………………… (143)
　　三、基于一般面板模型回归的影响因素分析 ………………………………………… (148)
　　四、基于门槛模型回归的影响因素分析 ……………………………………………… (150)
　　五、结论与建议 ………………………………………………………………………… (153)
第九部分　"双循环"与中国棉花产业新机遇 ………………………………………… (154)
　　一、"双循环"与中国棉花产业 ………………………………………………………… (154)
　　二、中国棉花产业面临的挑战 ………………………………………………………… (155)
　　三、"双循环"背景下，中国棉花产业的"新机遇" …………………………………… (156)
第十部分　2020/2021年度棉花市场预警报告 ……………………………………… (157)
　　一、2019年度全球棉花消费量锐减，供给显著过剩 ………………………………… (157)
　　二、2019年度国内外棉花价格一波三折，年度均价大幅下跌 ……………………… (158)
　　三、2020年度棉花市场风险预警 ……………………………………………………… (160)
附录一　中共中央　国务院　关于抓好"三农"领域重点工作确保如期实现全面小康的意见
　　……………………………………………………………………………………………… (167)
附录二　国家发展改革委　财政部关于完善棉花目标价格政策的通知 ……………… (175)
附录三　中华人民共和国国家发展和改革委员会　中华人民共和国财政部公告 …… (177)
附录四　关于组织2019年中央储备棉轮出销售的公告 ………………………………… (180)
附录五　关于增发2019年棉花进口滑准税配额的公告 ………………………………… (187)
附录六　2019年1月1日起我国调整部分进出口关税 …………………………………… (189)
附录七　2019年中国棉花实播面积调查报告(6月) …………………………………… (190)
附录八　2019年中国棉花长势调查报告(6月) ………………………………………… (192)
附录九　新中国棉花产业发展大事记(1949—2020) …………………………………… (200)

第一部分　中国棉花产业链发展研究报告[①]

一、中国棉花产业链发展现状分析

(一)中国棉花产业总体发展现状

1.目前中国棉花生产情况

(1)国内棉花生产情况

棉花是中国传统农作物之一,在农产品中占据重要地位。中国有两千多年的植棉历史,早在西汉初年,就有关于棉花种植的记载。南宋时棉花由长江流域传播到黄河流域,元代则设置了木棉提举司,明代中后期棉花种植"遍布于天下",清代手工棉纺织业开始专门化,并从美国引入陆地棉。新中国成立后,国家对棉花生产十分重视,棉花产业迅速发展。20世纪50年代初,全国棉花播种面积378.6万公顷(1公顷=10000平方米),总产量69万吨。20世纪60—70年代,中国棉花播种面积467万公顷,单产大为提高,平均总产达到202万吨。20世纪80年代后,棉花生产发展迅速,中国成为世界上的产棉大国之一。20世纪90年代后,棉花播种面积最高年份达684万公顷(1992年),最高产量达568万吨(1991年)。

中国2000—2008年棉花播种面积基本呈现稳中有增的趋势,自2008年以后棉花播种面积略有下降,具体增减变化趋势(见图1-1)。而中国棉花产量情况也与之相似,特别是2000—2007年间快速增长,从441.73万吨增加到762.4万吨。2007年之后产量出现下降趋势,最低降到2010年的596.1万吨,之后几年棉花产量有所回升或下降。由于棉花种植面积波动,影响到全国棉花产量:2012年全国棉花产量达到近10年最高峰,共计660.8万吨;2015年跌破600万吨;2016年产量跌至534.3万吨,此后棉花产量小幅上升。2017年全国棉花产量为548.6万吨;2018年全国棉花产量为609.6万吨,比2017年增加61.0万吨,增长11.2%(见图1-1)。近10年全国棉花种植面积较为波动,2011年种植面积曾高达504万公顷,此后种植面积呈现下降的趋势。2015年种植面积跌破400万公顷,2017年种植面积跌至谷底,达到319.5万公顷,2018年全国棉花种植面积为335.2万公顷(5028.5万亩),比2017年增加15.76万公顷(236.4万亩),增长4.9%。2019年全国棉花种植面积为333.92万公顷(5008.8万亩),比2018年减少1.28万公顷(19.2万亩),同比下降0.6%。从国内的生产情况来看,近年来中国棉花去库存进展较快,产量总体趋于稳定,2019年全国棉花总产量达588.9万吨,同比2018年减少20.7万吨,产量的下降除了来自面积的缩减外,更多是单产的下降(见图1-2)。

[①] 执笔人:唐敏、王芹、姚延久、李向天;审稿人:刘敏。

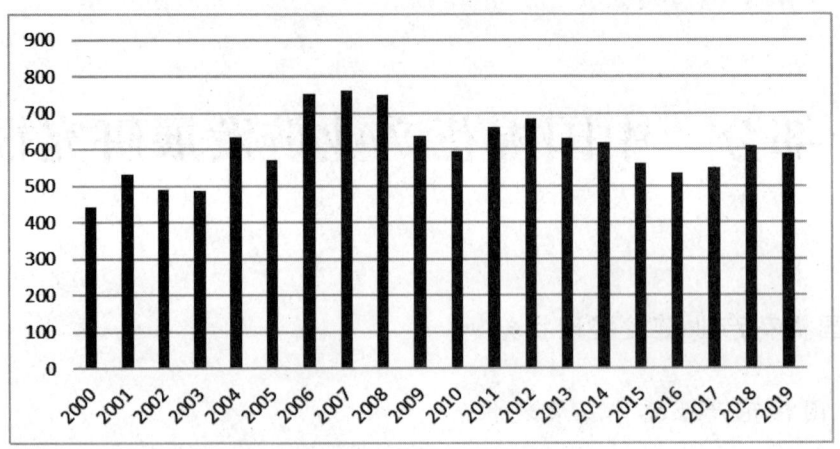

图 1-1　2000—2019 年中国棉花产量
（数据来源：中国统计年鉴）

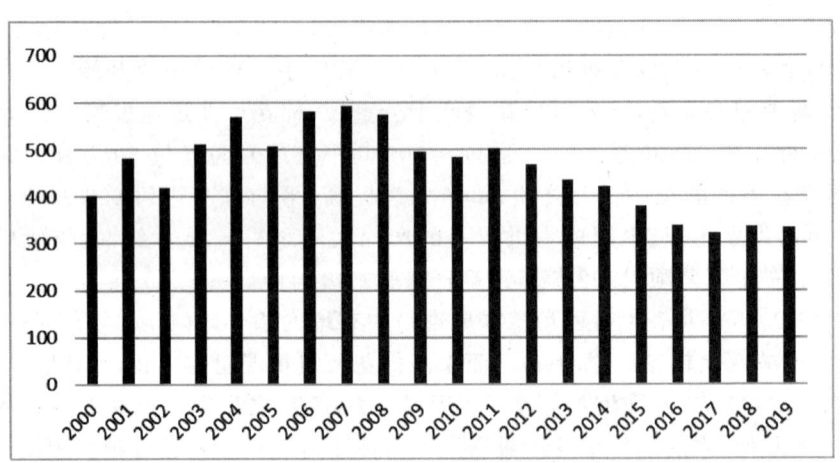

图 1-2　2000—2019 年中国棉花种植面积
（数据来源：中国统计年鉴）

（2）中国棉花产地格局变化

中国棉花生产情况从三大棉区来看，黄河流域波动最大，20 世纪 90 年代初最大植棉面积达到 400 多万公顷，之后快速下降，1999 年仅为 150 万公顷左右，2004 年恢复到约 300 万公顷，近年来又快速减少，到 2018 年缩减为 45.8 万公顷，2019 年种植面积为 42.3 万公顷。2019 年黄河流域棉区种植面积比 2018 年减少 3.5 万公顷（52.5 万亩），同比下降 7.6%。长江流域从 20 世纪 90 年代初约 220 万公顷下降到 2002 年的 120 万公顷左右，之后有所恢复，但一直未超过 160 万公顷，到 2018 年仅为 37.2 万公顷，2019 年则降为 34 万公顷。2020 年长江流域棉区种植面积比 2018 年减少 3.24 万公顷（48.6 万亩），同比下降 8.7%。西北内陆棉区的种植面积基本处于持续上升阶段，2015 年种植面积达到 193 万公顷，2016 年有所缩减，种植面积缩减为 181.85 万公顷，2017 年则上升至 197.9 万公顷，2018 年其种植面积高达 251.3 万公顷。

2019年全国棉花单位面积产量为1763.7公斤/公顷(117.6公斤/亩),比上年减少55.6公斤/公顷(3.7公斤/亩),同比下降3.1%。分地区看,新疆棉花单位面积产量1969.1公斤/公顷(131.3公斤/亩),比上年减少82.4公斤/公顷(5.5公斤/亩),同比下降4.0%。长江流域棉区单位面积产量1065.2公斤/公顷(71.0公斤/亩),比上年减少51.4公斤/公顷(3.4公斤/亩),同比下降4.6%;黄河流域棉区单位面积产量1117.0公斤/公顷(74.5公斤/亩),比上年减少34.1公斤/公顷(2.3公斤/亩),同比下降3.0%。

2019年全国棉花单产有所下降,主要是受灾害性气候的影响。在棉花生长关键期,风沙、高温、冰雹、低温冻害等自然灾害在主要产棉区新疆、河北、江西、山东、湖北等地时有发生,对棉花单产造成了一定影响。新疆棉区的生产面积变化最大,新疆棉花种植面积总体上呈现较快的增长趋势,1992年面积为64.33万公顷,到2017年已增长到196.31万公顷,占全国棉区总面积的60.8%,2018年种植面积249.1万公顷,2019年种植面积上升为254.1万公顷。从产量方面看,新疆棉花产量增长速度更快,1992年占全国棉花产量的14.8%,到2017年已升到74.4%,超过全国总产的2/3。2018年新疆棉花产量511.1万吨,2019年新疆棉花产量500.2万吨,同比下降2.1%,占全国棉花总产量的84.9%,较2018年提高1.2个百分点,随着新疆兵团棉花制度改革继续完善,本年度新疆棉产量调减属于合理预期。如图1-3能够清晰地反映出2000—2019年新疆棉花的种植面积和产量的变化。

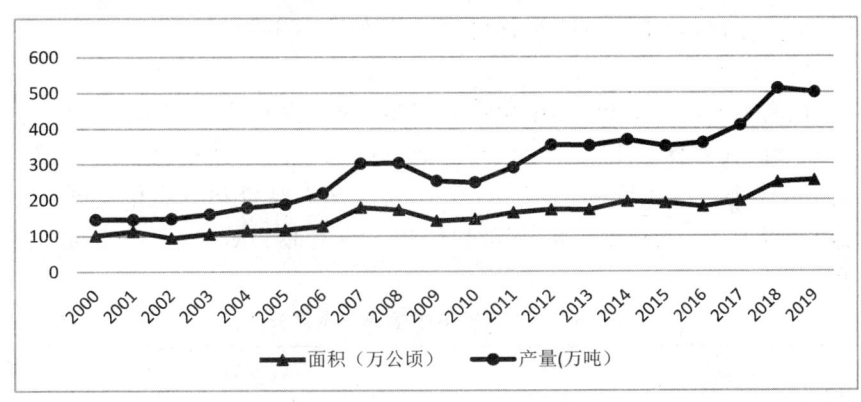

图1-3 2000—2019年新疆棉花产量和面积变化趋势

(数据来源:中国统计年鉴)

(3)中国棉花成本变动情况

中国棉花总成本由生产成本(棉种、化肥、农药等)、人工成本和土地成本组成。全国棉花总成本呈现不断增长的趋势,2004—2015年的12年内,棉花总成本上涨了大约208.0%,并于2015年达到了3.43万元/公顷[①]。2019年12月,国家棉花市场监测系统就全国棉花种植成本情况展开调查,所采集的样本涉及15个省(自治区)、50个植棉县、1895个定点植棉信息联系户。调查结果显示,2019年内地棉农租地费用平均460元/亩,同比上涨8元/亩,除租地费用外,内地手摘棉种植成本798元/亩,同比上涨6元/亩;新疆棉农租地费用平均442元/亩,同比上涨8元/亩,除租地费用外,新疆地方手摘棉种植成本1880元/亩,同比上涨10元/

---

① 晁娜娜,胡林轩,杨汭华,原瑞玲.中美棉花保险政策的对比研究[J].农业现代化研究,2018.

亩,机采棉种植成本 1214 元/亩,同比上涨 15 元/亩,新疆兵团机采棉种植成本 1460 元/亩,同比上涨 8 元/亩。具体情况如下:

1)内地植棉成本

内地手摘棉植棉成本 798 元/亩,其中生产总成本 485 元/亩、人工总成本 170 元/亩、机械作业总成本 72 元/亩、其他成本 71 元/亩,在总成本中所占比重分别为 60.8%、21.3%、9.0% 和 8.9%。总体来看,化肥、田间管理费和农药投入所占比重较大,分别为 25.1%、15.0% 和 13.2%,若加上租地费用 460 元/亩,植棉总成本为 1258 元/亩。

2)新疆植棉成本

A.新疆地方

手摘棉:植棉成本 1880 元/亩,其中生产总成本 659 元/亩、人工总成本 1008 元/亩、机械作业总成本 167 元/亩、其他成本 46 元/亩,在总成本中所占比重分别为 35.1%、53.6%、8.9%、2.4%。总体来看,拾花用工费所占比重最大,为 42.3%,其次是化肥、水电费,分别为 14.5%、9.9%,若加上租地费用 442 元/亩,新疆地方手摘棉种植总成本为 2322 元/亩。

机采棉:植棉成本 1214 元/亩,其中生产总成本 659 元/亩、人工总成本 147 元/亩、机械作业总成本 355 元/亩、其他成本 53 元/亩,在总成本中所占比重分别为 54.3%、12.1%、29.2%、4.4%。总体来看,化肥所占比重最大,为 22.5%,其次是水电费和机械拾花费,均为 15.4%,若加上租地费用 442 元/亩,新疆地方机采棉种植总成本为 1656 元/亩。

B.新疆兵团

机采棉:种植成本 1460 元/亩,其中生产总成本 808 元/亩、人工总成本 113 元/亩、机械作业总成本 420 元/亩、其他成本 120 元/亩,在总成本中所占比重分别为 55.3%、7.7%、28.8%、8.2%。总体来看,化肥所占比重最大,为 23.6%,其次是水电费和机械拾花费,分别为 16.0% 和 13.1%,若加上租地费用 442 元/亩,新疆兵团机采棉种植总成本为 1902 元/亩。详细信息如表 1-1 所示:

表 1-1　2019 年中国植棉成本调查表

项目	内地		新疆地方				新疆兵团	
	手摘棉	同比	手摘棉	同比	机采棉	同比	机采棉	同比
租地植棉总成本	1258	14	2322	18	1656	23	1902	16
自有土地植棉总成本	798	6	1880	10	1214	15	1460	8
土地成本(租地费用)	460	8	442	8	442	8	442	8
生产总成本	485	−1	659	4	659	4	808	0
其中:棉种	53	−5	55	−4	55	−4	45	−1
地膜	39	1	56	0	56	0	117	−7
农药	105	−1	89	−7	89	−7	68	8
化肥	200	−8	273	22	273	22	344	−15
水电费	88	11	187	−6	187	−6	234	14
人工总成本	170	7	1008	−2	147	8	113	3
其中:田间管理费	120	2	147	8	147	8	113	3
灌溉/滴灌人工费	50	5	65	4	—	—	—	—
拾花用工费	—	—	796	−14	—	—	—	—

续表

项目	内地		新疆地方				新疆兵团	
	手摘棉	同比	手摘棉	同比	机采棉	同比	机采棉	同比
机械作业总成本	72	2	167	7	355	5	420	−1
其中:机械拾花费	—	—	—	—	187	−2	191	−5
其他成本	71	−1	46	1	53	−3	120	6

注:1.数据来源:国家棉花市场监测系统。
2.调查时间:2019年12月。

(4)棉花市场价格

1999年棉花流通体制改革后,棉花价格由市场决定,主要受供需量的影响,同时也受到投机、国外棉花价格、汇率等因素影响。由于棉花流通体制改革前进行过多次政策提价,中国棉价相比国际市场较高,但两者波动趋势基本一致。棉价的最大波动是在2009年至2011年间。国内棉价从2009年1月11067元/吨上涨到2011年3月30733元/吨,涨幅达到177.7%,同期国际棉价涨幅高达277.9%。之后棉价快速下降,到2012年6月国际棉价降到13270元/吨,降幅达到65.3%,而到2011年8月国内棉价降到19329元/吨,受2011年9月开始执行的临时收储政策的影响,国内棉价保持稳定,同时内外棉价差扩大,2012年价差高达5000—6000元/吨。随着棉花目标价格改革的实施,国内外棉花差价逐渐缩小,2014年国内差价约为4800元/吨,到2019年已减至约400元/吨。

(5)棉花进出口情况

加入WTO后,中国取消棉花出口补贴,进口实行配额制管理,2005年开始对进口实行滑准税管制方式。21世纪初期,纺织品产量和出口量逐年增加,带动纺织用棉量不断增加。这最终导致国内棉花产不足需,从而拉动了棉花进口。棉花进口量从2003年开始快速增长,到2006年达364万吨,占到中国棉花总产量的48%以上。之后受纺织品进口退税率下调、国际市场纺织贸易摩擦增加、国际金融危机等影响,国内纺织用棉需求量下降引起进口量下降。而从2010年起受国内外棉价倒挂影响,棉花进口量再次激增,从2009年的153万吨增加到2012年的513万吨,占中国棉花总产量的75%。受世界经济形势和国内供求关系变化及价格等因素影响,近年来棉花进口量持续下降,2013—2016年中国棉花进口量大幅度下降,2016年中国棉花进口量相比2013年中国棉花进口量下降78.31%;2016年中国棉花进口量为89.44万吨,同比下降39.1%。在国内高质量皮棉供需存在缺口的情况下,2017年中国棉花进口量有小幅度增长,年度棉花进口量上升到115万吨。2018年棉花总进口量为162.7万吨,同比增长19.4%;进口额32.0亿美元,增长35.5%。中国多年实行棉花进口关税配额制度,2019年6月新年度滑准税配额发放,受国内需求不振影响,涉棉企业领取配额积极性受到影响,自7月之后,棉花进口量明显下滑,2019年1—12月我国棉花进口量为184.9万吨,同比2018年增长约17.6%,其中12月棉花进口量15.4万吨,与2018年同期相比减少29.8%。2013—2015年中国棉花出口量大幅度增长,共增长2.22万吨。2016年中国棉花出口量骤降,2016年中国棉花出口量同比下降73.2%。2018年中国棉花出口量大幅度增长,出口量为4.735万吨。据中商产业研究院数据库显示,2016—2019年中国棉花出口量逐渐增长,2019年1—12月中国棉花出口量为5.2万吨,同比增长10.1%(见图1-4)。

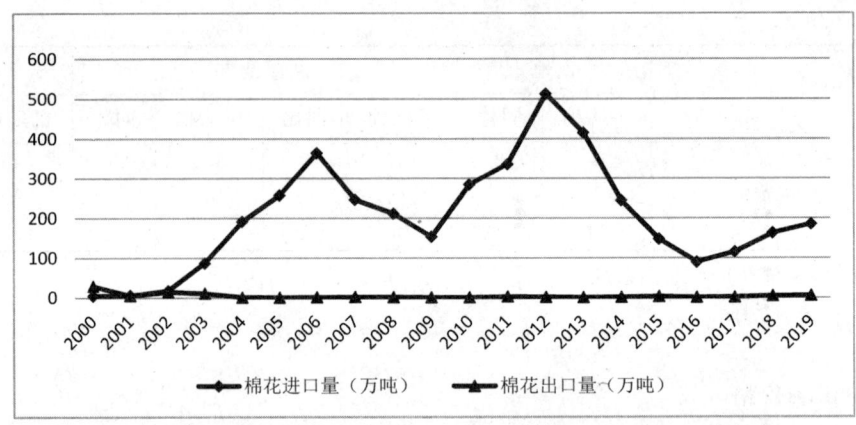

图 1-4　2000—2019 年中国棉花进出口量变化
（数据来源：中国统计年鉴）

2.棉花产需缺口分析

(1)棉花供求不平衡

由供求均衡原理,产品供求量决定产品的价格,产品供给大于产品需求时,产品的价格下跌,反之当供给小于需求时,产品价格上升[①]。因此若产品需求和供给严重失衡时将导致产品的价格发生剧烈波动。而中国棉花正是因为供求的严重失衡才引起价格的剧烈波动。在中国三大植棉区里,黄河流域和长江流域一般多是分散植棉,而且农户一般采取多种经营,只有一部分田地用于种植棉花。在这种分散的种植模式下,农户难以完全了解市场信息,往往是根据上一期的棉花价格改变种植面积,这种判断容易出现趋同性行为模式,导致每年棉花产量波动较大。2002—2019 年中国棉花种植面积和价格波动见图 1-5。

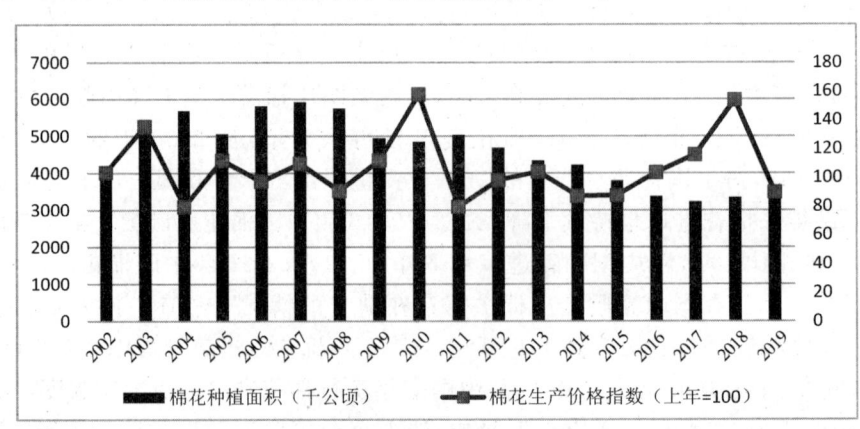

图 1-5　2002—2019 年中国棉花种植面积和价格波动
（数据来源：中国统计年鉴）

(2)中国棉花消费量日益攀升

2003 年以来,中国棉花消费量猛增,由 651 万吨一路猛增到 2007 年的 1088.6 万吨,增量

---

① 丁玉.我国棉花产业供求现状与趋势[J].重庆社会科学,2013(7).

将近70%。除2008年受金融危机影响消费量下降外,2010年消费量又稍有回升(见图1-6)中国的棉花广泛被用于纺织工业用棉、军需民用絮棉、损耗及其他用途。其中,纺织工业用棉比例达到94%左右,军需民用为2.5%左右,损耗占2.85%左右[①]。军需民用棉比重较小,每年棉花的损耗量基本是固定的,因此纺织工业用棉是决定棉花需求总量的主要因素。就拿其中的特种籽棉浆粕来说,该浆粕以优质棉短绒和精梳落棉为原料,主要用于钞票及证券纸制造。随着人民币国际化的不断加快,国外市场对人民币的需求将不断增加,且随着新版人民币的印发,棉浆需求量也将增加,棉花消费量自然也会与日俱增,具体变化趋势见图1-6。

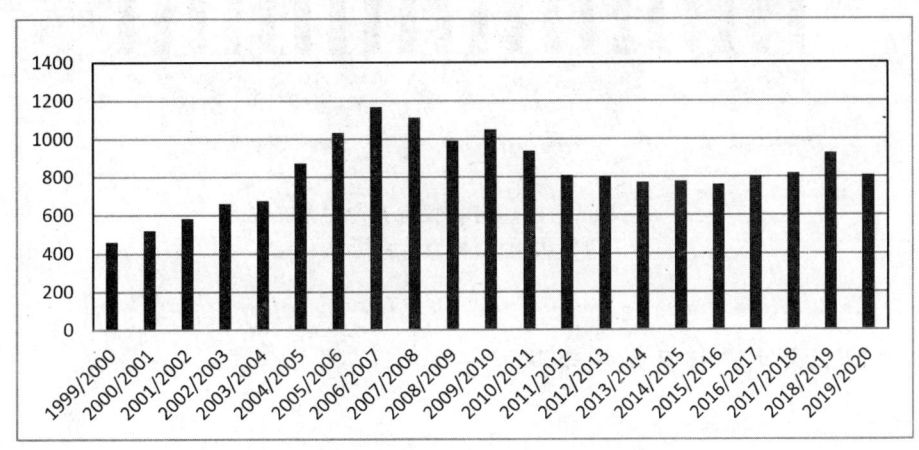

图1-6 2000—2019年中国棉花消费量变化(单位:万吨)

(数据来源:国家棉花数据中心)

(3)中国棉花的产需缺口

中国是棉花消费大国,但自1999年以来,国内棉花每年的消费量都大于生产量,在2002年以前基本上不需要大量进口,自2004年以来需要从国外进口才能维持供求平衡。中国自2001年即成为棉花净进口国,2004年开始,进口量更是激增,出口量则锐减。由图1-7可知中国棉花产需差额在2000—2019年间逐渐增大,尤其是在2004年产需差额激增,而之后基本维持在较高的水平上,这凸显了中国棉花长期处于供不应求的局面。同时中国棉花产量提高的空间有限,而需求量增加较快,因此可以预见,在未来很长一段时间内,中国棉花产需缺口较大,若需要维持供需平衡,仍将依赖大量进口。

---

① 杜珉,翟雪玲,张雯丽.近年来我国棉花供需形势分析[J].农业发展与金融,2013(5).

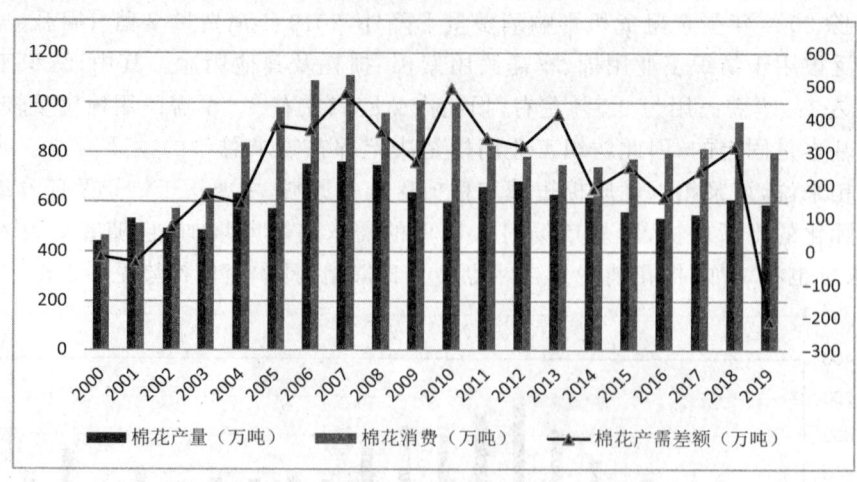

图 1-7 2000—2019 年中国棉花产需差额波动
（数据来源：国家统计局）

（二）中国三大主产棉区发展现状

1.中国三大主产棉区概况

中国棉花种植历史悠久，适宜棉花种植的区域广泛。根据棉花生产的生态条件，结合生产布局状况、社会经济条件和植棉历史，中国棉花种植区域在 20 世纪 40 年代可划分为黄河流域、长江流域、华南三大棉区；20 世纪 50 年代，又进一步划分成黄河流域、长江流域、华南、北部特早熟和西北内陆五大棉区；目前，北部特早熟棉区已缩减，华南棉区也仅剩零星种植，中国主要产棉区仅集中在长江流域、黄河流域和西北内陆 3 大棉区。从区域来看，国家优质商品棉基地新疆棉花产量最高，共计 500.2 万吨，比上年减少 10.8 万吨，下降 2.1%。新疆棉花产量占全国的 84.9%，较上年提高 1.2 个百分点。我国最大产棉区新疆的棉花种植面积比 2018 年增加 49.2 千公顷（73.8 万亩），增长 2.0%，占全国的比重达 76.1%，较上年提高 1.8 个百分点。国家对新疆地区实施棉花目标价格补贴政策，调动了棉农的种植积极性，使得新疆棉花种植面积稳定增加。河北、山东、湖北棉花产量超 10 万吨，分别为 22.7 万吨、19.6 万吨、14.4 万吨。2019 年中国各地区具体种植面积如表 1-2 所示。

表 1-2 2019 年中国各地区植棉面积

单位：千公顷

排名	地区	种植面积（千公顷）	单位面积产量（公斤/公顷）	总产量（万吨）
	全国	3339.2	1763.7	588.9
1	新疆	2540.5	1969.1	500.2
2	河北	203.9	1115.3	22.7
3	山东	169.3	1158.0	19.6
4	湖北	162.8	882.0	14.4
5	湖南	63.0	1299.0	8.2
6	安徽	60.3	921.0	5.6

续表

排名	地区	种植面积(千公顷)	单位面积产量(公斤/公顷)	总产量(万吨)
7	江西	42.6	1546.7	6.6
8	河南	33.8	802.3	2.7
9	甘肃	19.3	1689.5	3.3
10	江苏	11.6	1350.0	1.6
11	天津	14.1	1262.0	1.8
12	陕西	5.5	1399.5	0.8
13	浙江	5.6	1454.8	0.8
14	四川	2.9	975.1	0.3
15	山西	2.3	1307.9	0.3
16	广西	1.1	1032.4	0.1

数据来源:国家统计局。

上述16个产棉大省(自治区、直辖市)均集中在三大棉区。目前的三大棉区自然生态条件差异悬殊、耕作制度各有特色、生产管理技术水平千差万别。2005—2019年中国三大棉区棉花种植面积见表1-3。2005—2019年中国三大棉区棉花产量见表1-4。

表1-3 2005—2019年中国三大棉区棉花种植面积

单位:万公顷

年份	2005	2006	2007	2008	2009	2010	2011	2012	2013	2014	2015	2016	2017	2018	2019
黄河流域	237.2	249.7	247.4	236.0	209.4	192.5	188.6	161.0	140.3	120.6	102.3	90.4	66.9	45.8	42.3
长江流域	139.6	142.7	151.3	152.3	133.0	135.4	138.6	127.3	113.6	98.5	81.5	65.0	55.3	38.0	34.0
西北棉区	122.4	134.5	186.2	179.1	146.5	150.9	168.6	176.9	175.9	199.1	193.0	181.9	197.9	251.3	256.9
全国	506.2	581.6	592.6	575.4	494.9	484.9	503.8	468.8	434.6	422.2	379.9	337.6	323.0	335.2	333.9

数据来源:中国统计年鉴。

表1-4 2005—2019年中国三大棉区棉花产量

单位:万吨

年份	2005	2006	2007	2008	2009	2010	2011	2012	2013	2014	2015	2016	2017	2018	2019
黄河流域	228.4	266.8	268.3	263.9	221.4	188.0	195.1	163.4	135.7	130.9	107.8	101.8	76.4	52.6	47.9
长江流域	160.8	169.6	162.3	135.5	165.6	114.4	128.9	152.4	120.8	106.7	93.1	70.73	58.1	42.3	36.4
西北棉区	198.5	303.4	314.2	314.9	262.0	255.5	297.4	362.0	358.8	374.1	354.7	361.4	410	514.6	504.7
全国	571.4	753.3	762.4	749.2	637.7	596.1	658.9	684.0	629.9	616.1	560.5	534.39	548.6	609.6	588.9

数据来源:中国统计年鉴。

黄河流域棉区,包括河南、河北、山东、山西、陕西、天津6省。按播种面积统计,河北省、山东省和河南省分别是中国第二、第三、第八产棉大省。2019年度棉花面积42.9万公顷,占总面积13%;2019年度产量47.9万吨,占总产量8%。黄河流域棉区域热量条件好,水资源丰富,土壤肥沃,是我国重要的商品棉基地,棉花品级高,但内在质量较差,且棉花一般只有180天的生长期,适宜种植成熟较早的陆地棉品种。

长江流域棉区包括江苏、安徽、江西、湖北和湖南5省,按播种面积统计,该区的湖北、湖南和安徽分别是全国第四、第五、第六大产棉省。长江中下游流域棉区是中国的传统棉区之一。2019年度长江流域的棉花面积34万公顷,占总面积的10%,棉花产量36.4万吨,占总产量的6%。长江流域棉区水资源丰富,无霜期长,有利于棉花生长。由于雨水偏多,日照不足,棉花品级不高,但内在质量较好。

西北内陆棉区包括新疆棉区和甘肃省的河西走廊地区,种植面积稳中有升。按播种面积统计,西北棉区是中国的第一大植棉区,其中2019年度西北棉区的新疆棉花种植面积为254.1万公顷,我国最大产棉区新疆的棉花种植面积比2018年增加4.92公顷(73.8万亩),增长1%。新疆棉花产量500.2万吨,较2018年下降10.9万吨,下降2%。新疆棉花产量占全国的84.9%,新疆棉花产量全国第一的地位进一步夯实。新疆棉花以纤维长、细度细、色泽洁白、拉力强著称,已成为中国最具有发展潜力的棉。同时,新疆兵团棉花质量也再创新高:2019年兵团棉花产量达202.80万吨,较2018年降低0.9%。2019年中国三大棉区种植面积占比见图1-8,2019年中国三大棉区棉花产量占比见图1-9。

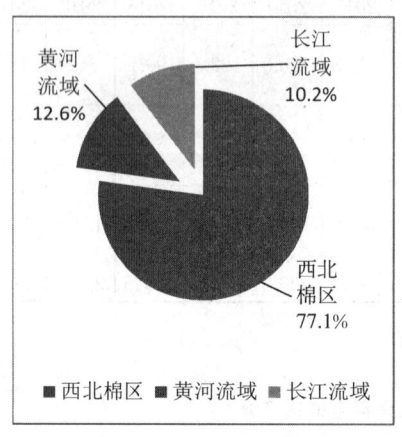
图1-8　2019年中国三大棉区种植面积占比

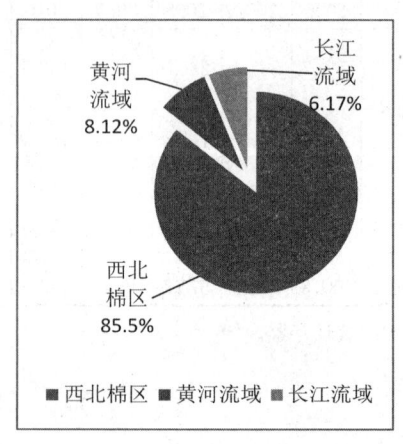
图1-9　2019年中国三大棉区棉花产量占比

新疆水土光热资源丰富,气候干旱少雨,种植棉花条件得天独厚,近几年棉花种植面积增加很快(见图1-10)。从种植区域看,新疆已形成3个产棉区,即南疆棉区、北疆棉区和东疆棉区。南疆棉区是新疆棉花的主产区,其棉花产量约占新疆棉区产量的80%,也是中国最适宜的植棉地区,其中阿克苏地区是长绒棉的生产基地。其次是北疆,再次是东疆。新疆棉花连续25年在总产、单产、人均占有量、外调量等方面居全国首位。

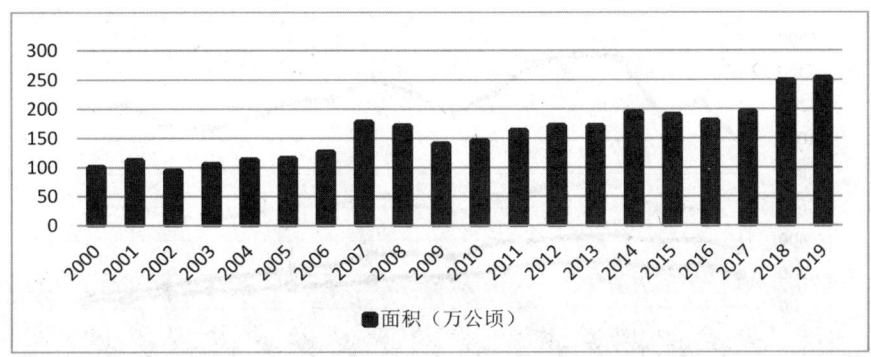

图 1-10　2000—2019 年中国新疆地区棉花种植面积变化趋势(单位:万公顷)
（数据来源:中国统计年鉴）

目前全国约有 4500 万户棉农,中国的三大棉区中,其中长江流域棉区和黄河流域棉区的棉花生产以家庭分散型为主,生产规模化、现代化水平有待提高。而西北棉区中的新疆棉区主要是生产建设兵团、农场从事棉花生产,生产的机械化、现代化水平较高,并已形成规模化的经营。对于长江流域棉区和黄河流域棉区散户经营的低效率可以考虑利用龙头企业和组织化生产来提高生产效率和组织规模。

2.三大棉区的棉产量及植棉面积变化趋势

中国三大棉区近年来受政策及自然环境影响,种植面积与产量都发生了较大的变化。从图 1-11 可以看出,2003—2019 年间,黄河流域棉区种植面积波动较大,其波动的范围在 20 千~510 千公顷之间。而长江流域植棉面积波动较小,基本上是持平,西北棉区的种植面积则是呈现出稳步增长的状态。据相关资料统计,黄河流域棉区种植面积波动较大的主要原因是由于棉花价格的剧烈波动。表 1-2、表 1-3 反映了我国三大棉区植棉面积和棉花产量的具体变化数值。图 1-12 显示了 2003—2019 年中国三大棉区棉花产量变化趋势。

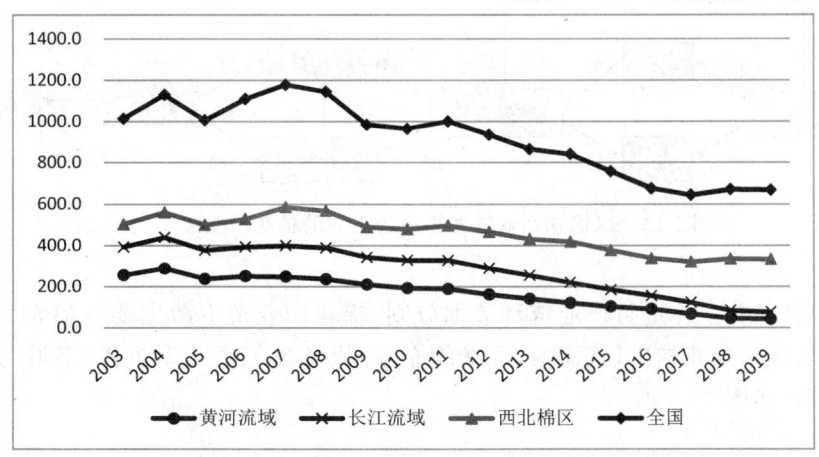

图 1-11　2003—2019 年中国三大棉区植棉面积变化趋势
（数据来源:国家统计局）

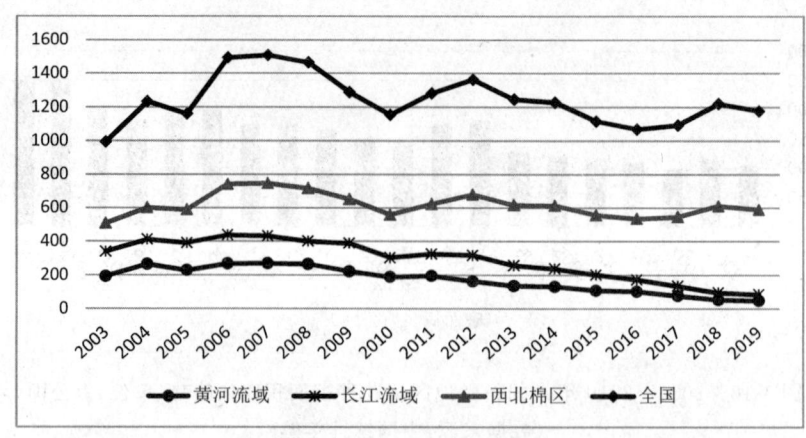

图 1-12　2003—2019 年中国三大棉区棉花产量变化趋势
（数据来源：国家统计局）

（三）中国棉花产业链发展情况分析

1.棉花产业链的界定

在经济活动中，各产业之间相互交叉、相互渗透，不同产业领域企业组成的包括原材料或零部件生产与供应、产成品生产和营销及服务、全过程物流和信息流及知识（含技术）流等在内的所有活动依次进行，顺序衔接形成的链条式的集合，即产业链[①]。农业产业链是以农业和农产品为构成要素并和其他各产业发生密切经济联系的链条集合。而棉花产业链是农业产业链的一种，是指棉花生产部门及其各个相关产业部门的集合，主要链条为：良种培育（优质籽棉）、棉花生产、棉花加工、棉花纺织及外贸公司、服装厂、商场。其产业链模式如图 1-13 所示。

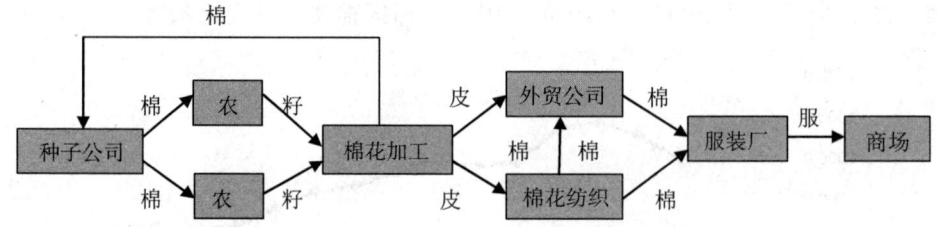

图 1-13　以棉花产业链各企业为主导的棉花产业链模式[②]

而对产业链上各主体进行产业链环节细分则：棉花产业链上游主要为棉农、农场主、种子公司，中游主要包括棉花加工厂、流通商、纺织企业、服装加工商 4 个主体，下游为纺织品贸易商。其细分模式如图 1-14 所示：

---

① 赵绪福，王雅鹏.农业产业链的增值效应与拓展优化[J].中南民族大学学报，2004(4).
② 王凯，颜加勇.农业产业链管理在棉花产业中的应用[J].现代经济探讨，2003(6).

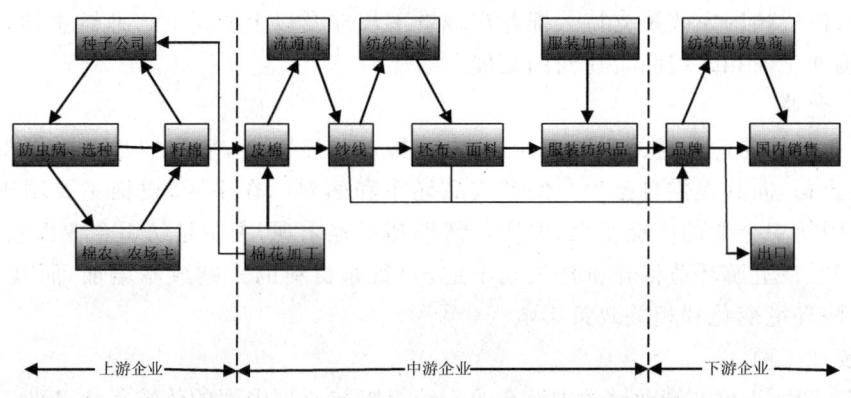

图 1-14　以棉花产业链各环节为主导的棉花产业链模式①

下面综合图 1-13 和图 1-14 来对棉花产业链进行整体研究。

(1)种子公司

种子公司是棉花产业链的生产资料供应商,属于棉花产业链的技术研发环节,它向同处于产业链上游的基础性产业棉农和农场提供种子。种子公司为种子生产繁育基地,它拥有自身成套和成熟的技术加工线,由棉花加工厂提供棉籽,形成优良的棉花种子,再向农场提供这些优良的种子。在棉花产业链中,种子公司通过预约的订单形式和农场主签订合同,建立良好的业务关系。在预约合同中约定种子的量和价并确定双方的职责和利益分配机制,这类似于农业价值链中的订单模式。而至于农户,一般是从种子公司购买种子并没有形成这种类似订单模式的预约购买。

(2)棉花种植户

棉农及农场主是主要的棉花种植户,是棉花产业链中的重要环节,属于棉花产业链的上游主体。他们主要负责棉花的种植、采摘、销售。而这一环节受天气和棉花生产周期的影响较大,存在较大风险。其次在销售时,由于存在信息不对称性,使棉农在价格谈判中处于劣势。随着原油价格、人工成本以及其他生产资料价格的上涨,棉农面临着种植成本上升的压力,由于成本提高以及棉农是价格的接受者,使得棉农的收益偏低,这很大程度上影响了棉花的种植面积。种植面积的波动是影响中国棉花产量波动的最主要因素,棉农种植棉花的决策行为往往通过对棉花种植面积的增减来反映。棉花的质量则会直接影响到与之相关的上下游企业,因此作为种子公司和棉花加工厂之间的中间种植环节,一定要保证棉花的质量。首先,生产方面要保证获得优质的棉籽进行生产,并将优质的籽棉送到棉花加工厂制成皮棉;其次,要做好棉种培育工作,为上游企业种子公司提供优质的棉种。综上可以看出,在棉花上游局部产业链中,各个参与主体彼此是相互依附的,任何一方企业的行为都会影响到其他参与者的利益。

(3)流通商

国内棉商、国际棉商、仓储企业是流通商的主要成员。其中,国际棉商不仅具有成熟的商业模式,而且具有资金和人才优势。而中国棉商的特点却恰好与国际棉商相反,规模小,人才

---

① 张利庠,周海川,卞秋实.棉花产业链各环节相关性分析[J].山西大学学报(哲学社会科学版),2012(5).

和资金匮乏,仅依赖国家政策支持。棉花产业链不仅涉及以上所讲的产业链主体,还会影响棉纺织业、服装加工商和纺织品贸易商的发展。

(4) 纺织企业

纺织企业是棉花产业链的中游企业,它上连棉花加工企业,依靠加工商提供皮棉,下连服装厂和外贸公司,向其提供自己生产的产成品坯布和面料。在中国,皮棉主要用于纺织工业。虽然目前中国纺织企业的产能很大,但实际情形却不容乐观,主要是纺织企业面临来自上下游两方面的风险:在上游环节棉花价格波动不定,导致原材料的采购成本增加,而其下游环节则易受宏观经济环境变化和相关政策影响。

(5) 服装加工商

服装加工商属于棉花产业链的中游企业。纺织服装业是中国的传统优势产业,是劳动密集型产业,在纺织工业用棉中,服装、家纺、产业用纺织品纤维加工量比例为46.6∶28.1∶25.3,纺织纤维加工总量中化纤比重达84%[①]。虽然中国是纺织服装生产大国,但是以中低档产品为主,贴牌生产比重相当大,尤其在技术、品牌、市场控制力等方面基本无竞争优势可言。自从中国加入WTO以来,中国与国际市场的关系越来越密切,服装加工商不仅受到原材料价格上涨的压力,还受到国家及国际政策的影响,如人民币升值、绿色壁垒、技术壁垒等。加之企业一般都没有自己的品牌,大部分从事贴牌生产,所以加工利润相对微薄。

(6) 纺织品贸易商

大型商场、服装专卖店等纺织品贸易商作为整个棉花产业链的最下游企业直接面对消费人群。它能够准确和敏捷地把握市场行情,同时还影响棉花产业链的整体绩效。纺织品贸易商除了进行服装的国内销售外,同时也从事纱线、坯布和面料的进出口,以及服装的国外销售。而服装进出口贸易商还受到汇率、技术性贸易壁垒等国际政策的影响。

目前中国棉花产业链正在向深度和广度方面进行延伸。棉花产业链跨度很大,具有垂直的产业链体系,且产业链各环节环环相扣。棉花产业链内的不同企业具有不同特点,如上中游企业的生产周期比较慢,然而下游企业的发展周期比较快。而下游企业直接面对消费者,也必须做出快速反应。因此棉花产业链上游呈现一种库存式的、计划式的生产模式,通过这个库存来形成整个生产运营能力,下游企业则呈现一种针对市场迅速反应的基于订单式的生产模式。

2.棉花产业链上游环节发展情况分析

(1) 棉花品种培育环节

品种培育环节是中国棉花产业链的初始环节,也是决定棉花质量的关键。而在中国,棉花种子市场却呈现出品种"多、乱、杂"的现象。究其原因主要是中国种子市场放开,种子企业和经销商越来越多,所提供的棉花种子良莠不齐。目前,中国的采摘和收购环节比较混乱,一方面棉农贩卖棉花时以次充好,另一方面棉花加工企业为了抢购资源,有时不分质量优劣,大量收购籽棉。棉花加工企业把收购来的存在质量问题的棉花加工成皮棉和棉籽,又把棉籽返还给种子公司,这样种子公司所得的棉籽也会存在问题。

---

① 工业和信息化部关于印发纺织工业发展规划(2016—2020年)的通知(工信部规〔2016〕305号).

(2)棉花产业链种植环节

中国虽然是全球产棉大国之一,但是棉花的生产主要是小农模式,具有分散性、小规模等特点,中国目前有24个省种植棉花,4500万户农户从事棉花生产,每户平均种植面积不足0.13公顷[①],而且我国农户一般是多种经营,只有一部分田地用于种植棉花。21世纪前十年,中国植棉面积5万公顷,占全球的15.7%,仅次于印度,位居世界第二;总产602万吨,占全球的26.3%,位居世界第一;单产1160千克/公顷,高于全球平均水平63.8%,是产棉大国中单产水平最高的国家之一。同时中国也是棉花消费大国,纺织加工业年需求原棉1000万吨以上,国产棉花自给率仅60%左右,仍需靠进口满足需求。

中国棉花生产的主力军是新疆。新疆棉花生产主要是建设兵团的集体组织和地方的专业植棉大户及个体农户。新疆生产建设兵团绝大多数团场都种植棉花,团场职工实行不同程度的家庭承包从事棉花生产。而在中国其他地区大多数棉花种植户是个体农户,在棉花生产方面都是小规模和分散性经营。但是随着经济的发展和国家政策的变化,中国不少省份也开始出现了种棉大户,一批有资金、懂技术、会经营的棉农,通过合法垦荒扩田或者承包外出务工者的田地成为专业植棉大户,这些棉花农场的种植规模一般在100亩到1000亩之间。尽管专业植棉大户在中国棉花产业的发展上有着不可替代的作用,但棉花种植主要还是分散在全国各地的个体农户经营,而个体农户经营存在的弊端在中国棉花产业市场上也越来越明显。

首先,个体农户很容易根据棉花种植的收益情况改变种植面积,经常出现趋同性行为模式。尤其是近几年,由于受宏观政策、自然灾害和经济环境等诸多因素的影响,如国家实施了种粮补贴和粮食最低收购价的保护政策,农户倾向于种植粮食而不愿意种植棉花。2008年的金融危机又对中国的纺织行业造成了重大影响,纺织行业亏损严重,纺织厂处于停产或半停产状态。棉农的棉花卖不出去,积压严重,严重影响了棉农的种植积极性。近几年棉农种植棉花的面积波动情况如实反映了单个农户种植棉花的弊端,种植面积的不稳定性,导致了棉花年产量的不断波动。图1-15反映了中国2000—2019年棉花种植面积及同比变幅情况。

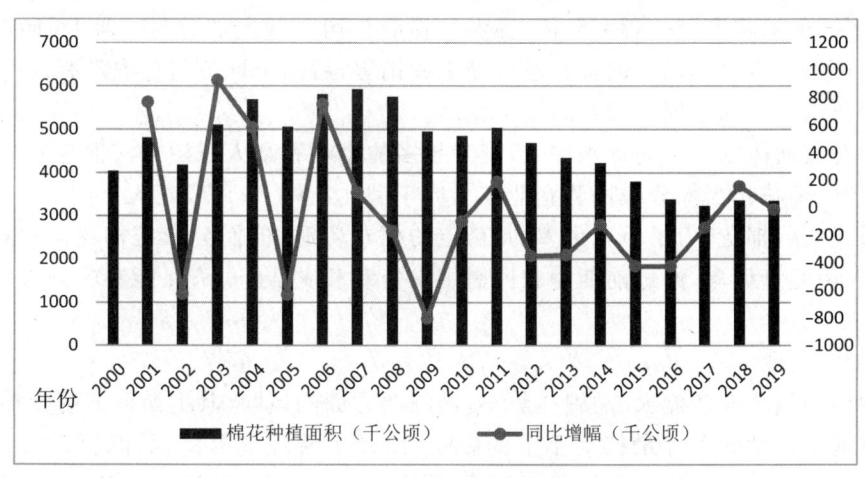

图1-15 中国2000—2019年棉花种植面积及同比变幅
(数据来源:中国统计年鉴)

---

① 杨楠."缺口时代"我国棉花产业的发展对策[J].中国棉花,2007(12).

除了产量易波动外,中国农户种植棉花还存在的问题主要是:大部分植棉农户的棉田经营规模较小,基础设施差,生产技术改造能力较低,导致棉花产量不高;植棉农户势单力薄,不能有效地预防和抵御自然风险,更无法抗御来自市场的风险,与棉花大市场的发展要求存在矛盾;植棉农户普遍文化水平较低,对棉花的选种、育种、栽培及防病虫害等技术无法做到专业化的把握。

3.棉花产业链中游环节的发展情况分析

(1)棉花初加工企业

中国棉花市场逐步放开后,中国的棉花经营主体逐渐出现了多元化的格局,经营主体如雨后春笋般地涌现,但是很多企业规模较小。随着加工环节重复建设现象日趋严重,加工能力远远大于棉花产量,形成加工能力严重过剩。这不仅造成设备的闲置和浪费,而且出现棉花抢购风潮,造成棉花价格大战,导致各棉花纤维加工企业为争抢原料,竞相抬价,混等收购、混等堆放、混等加工,降低收购标准,大量收购超水棉,严重影响了皮棉的质量,加剧棉花市场的无序竞争。从2003年底开始,国家实施了棉花质量检验体制改革,提高了加工企业的准入门槛,同时逐步淘汰那些规模小、设备陈旧的企业,改革取得了一定的成效,使得中国棉花加工布局更加趋于合理。但是另一方面,由于相关部门监管不到位,地方保护主义严重,致使200型小包不能如期退出市场,许多地方"两小一土"等无照经营现象常常屡禁不止,这些都对棉花检验体制改革的成果产生了负面影响,也严重扰乱了棉花流通秩序和市场。

目前,棉花初加工企业主要由供销社所属的棉麻公司、民营企业、经纪人组织、棉纺织企业下属单位组成。供销社所属的棉麻公司,其主要以经营棉花的购销流通为主,但同时也完成棉花的初加工活动。1999年以前,全国棉花购销由所在地供销社的棉麻公司垄断,棉花收购和销售是各地供销社系统较大的经营项目。1999年以后,供销社棉麻公司垄断棉花收购和销售的局面被打破,供销社棉花经营企业也受到严重冲击,市场份额被棉纺企业、其他经资格审核认定参与棉花经营企业划分,但各棉麻公司依旧是棉花收购和销售的经营主体。从目前实际情况来看,中国的棉花产业化程度较低,棉农与棉麻公司之间大部分是一种"买断"关系,即棉麻公司按照市场价格收购棉农的棉花进行加工和销售,后两个环节与棉农没有任何关系,这种初级的产业化水平不利于棉花产业的稳定发展。

随着棉花流通体制改革的逐步深入,越来越多的企业和个人开始介入棉花的收购、加工领域,地方生产的棉花相当部分被民营企业和个体小型轧花厂、农民经纪人上门收购。棉纺织企业以订单形式收购棉花,为了争取更多的、稳定的棉花资源,他们会依托棉花协会和棉花专业合作社,与农民签订订单,通过前期为农民提供农资和相关服务,确保能够收到农民种植的优质棉花。

(2)棉纺织企业

目前中国纺织企业产能大、品牌优势小,面临两方面的风险,其上游环节易受棉价上涨、原料采购成本增加以及库存存量持高不下的影响;而其下游环节易受国际经济、贸易政策的影响。中国的纱产量和布产量变化如图1-16和图1-17所示,呈逐年增加的趋势,纱产量从2000年的657万吨,2019年我国纱线产量2892.1万吨,国家统计局公布的2018年我国纱线产量2976万吨。经核算,2019年全国纱线产量相比2018年出现下跌,减少83.9万吨,同比下降2.8%。布产量从2000年的277亿米增加到2019年的575.6亿米,可看出中国的棉纺织业获得了较大的进步。我国布近十年产量数据统计,2018年布产量657.26亿米,2019年布产量

575.6亿米,同比下降12.4%(见表1-5)。据悉,下降原因可能与统计口径变化和化纤产量下降有关。

在过去的半个世纪里,纺织业在中国既是传统产业,也是优势产业,为国民经济作出了巨大的贡献。随着高科技产业的发展和国民经济结构的调整特别是国有企业的改革,使纺织业面临的问题进一步凸现,如企业的重组,劳动生产率的低下,设备的陈旧和技术的落后,等等。然而,纺织工业仍然是一个大产业并在整个经济结构中占据重要的地位。根据《纺织工业发展规划(2016—2020年)》(工信部规〔2016〕305号),我国纺织工业将以提高发展质量和效益为中心,以推进供给侧结构性改革为主线,以增品种、提品质、创品牌的"三品"战略为重点,把握"一带一路"、京津冀协同发展等历史机遇,提高产业创新能力,优化产业结构,创造竞争新优势,促进产业迈向中高端发展,争取把我国建成纺织强国。

表1-5 中国近十年布产量

单位:亿米

年份	布产量(亿米)	同比上一年度增长(%)
2019	575.6	-12.4
2018	657.26	-4.89
2017	691.05	-23.79
2016	906.75	1.59
2015	892.58	-0.12
2014	893.68	-0.44
2013	897.59	5.73
2012	848.94	4.27
2011	814.14	1.77
2010	800	6.18
2009	753.42	

数据来源:国家统计局。

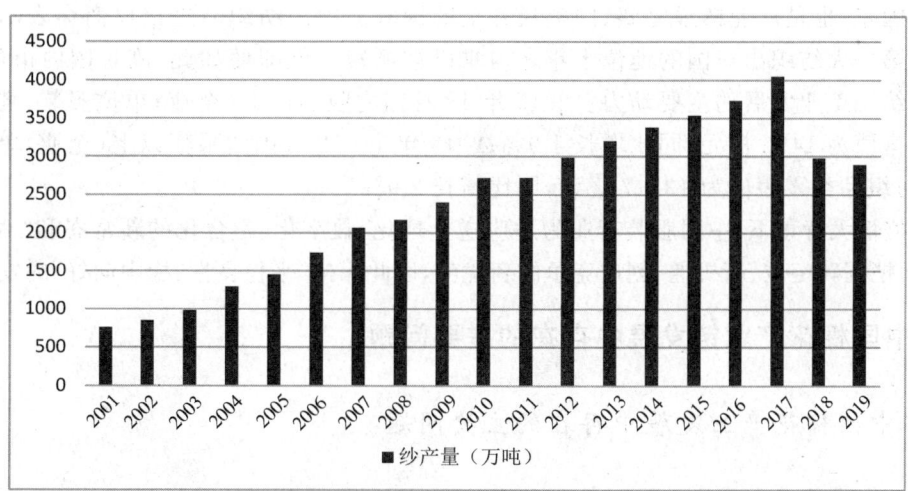

图1-16 2001—2019年中国纱产量

(数据来源:中国统计年鉴)

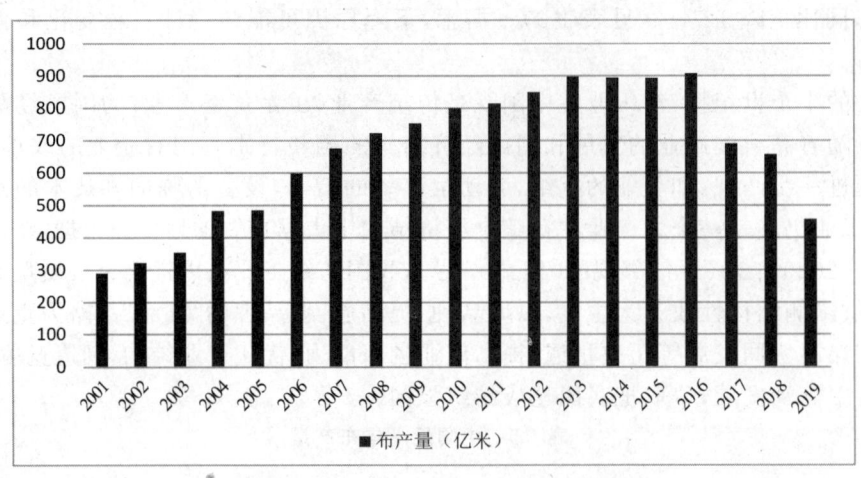

图 1-17 2001—2019 年中国布产量
（数据来源：中国统计年鉴）

4.棉花产业链的下游服装环节发展情况分析

棉花产业链下游环节主要由纺织品贸易商的国内销售和国外出口构成。在国内销售方面，中国纺织贸易业的市场压力较为突出。面对国际需求回暖和国内经济稳中向好的新形势，中国服装行业以强国建设为目标，坚持深化供给侧结构性改革，推动"三品"战略的有效实施，全面务实创新发展，总体上保持"稳中向好、稳中提质"的发展态势，产业整体素质大幅提高，转型升级成效逐步显现。

目前，纺织全产业链 80% 左右的销售收入在国内市场实现，纺织行业必须进一步明确国内市场的首要支撑和重要根基性作用，以国内市场为行业发展的根本立足点。一直以来，我国纺织工业都具有明显的国际竞争与发展优势，在全球纺织业中占据着龙头地位，不仅是生产规模最大的国家，也是产业链最完整、门类最齐全的国家。中国纺织品进出口商会表示，中国作为世界上第一大纺织出口国的地位十年之内难以被颠覆。但即便如此，满足国内市场需求仍然是我国纺织工业发展的主要动力。2019 年 12 月国内限额以上（企业）单位服装、鞋帽、针纺织品类零售值为 1490 亿元，同比增长 1.9%；2019 年 1—12 月国内限额以上（企业）单位服装、鞋帽、针纺织品类零售值为 13517 亿元，同比增长 2.9%。

新冠疫情大背景下，中国服装行业为适应逆全球化、数字化、融合化的新常态和"双循环"新战略，全面把握新定位、新机遇，创造竞争的新优势，以此保持"平稳良性、稳中向好"的发展态势。

二、中国棉花产业链发展中存在的主要问题

（一）中国棉花产业发展中存在的主要问题

1.棉花价格经常巨幅波动

2008 年金融危机以来，棉花价格波动幅度较大，价格的波动直接影响到中国棉花产业的发展。从国内角度看，由于土地成本和用工成本不断上涨，加上棉花市场价格与棉花预期偏差

较大,中国棉花产业常出现丰产不丰收的局面,再加上主产区低温和强降雨天气,棉花的质量和产量都大幅下降,且2014年以前中国棉花生产没有建立直接补贴制度,使得棉农种植积极性降低,棉花种植面积持续下滑,加剧了中国棉花价格波动,从而引起国家棉花价格大幅波动。中国棉花消费与棉花当期价格呈现负相关,但前期价格的指导性和当期价格的不可预见性,导致中国棉花量与棉花价格关联性较弱。从国际层面看,中国棉花进口国具有天然的产棉优势和出口政策,且进口国分布高度集中,加剧了中国棉花价格波动风险。根据发散性蛛网理论,由于棉花生产周期较长,因此存在供给时滞。农户的生产决策主要依据上一年棉花的出售价格,如果上一年棉花价格高,往往提高本年度农户的种植意愿,然而正是因为这种机制会导致本年度棉花过剩,依次循环又会导致下一年棉花短缺,循环往复加剧了棉花价格的波动。由图1-18可看出棉花价格和产量之间的变化,棉花生产价格指数波幅较大,呈W曲线波动,当年价格高,下一年基本会大跌。2002—2019年波动幅度较大的有9年,分别是2003年、2004年、2005年、2009年、2010年、2011年、2012年、2018年、2019年,其中2004年、2005年、2010年、2011年、2018年、2019年比上一年价格波动幅度超过40%。这正好验证了发散性蛛网理论。

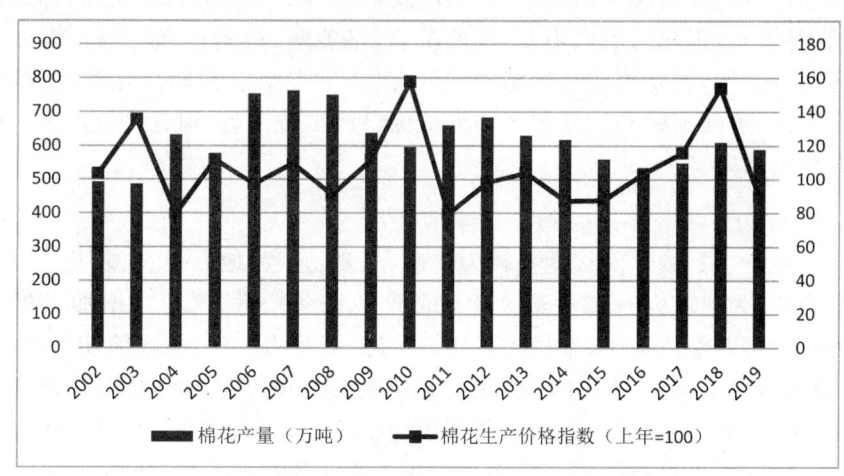

图1-18　2002—2019年我国棉花产量和价格波动

(数据来源:中国统计年鉴)

2.棉花供需存在周期性缺口

2001年底中国加入世贸组织后,棉纺织品出口量大量增加,国内的棉花产量远不能满足需求量,导致棉花进口量大幅上升。据中国棉花协会公布的信息,中国2019年棉花产量为588.9万吨,但是本年度中国棉花消费量为802万吨。可见,2019年棉花缺口已经超过213.1万吨。长期来看,棉花产需存在缺口应该是一种常态现象,而且这个缺口短期内不会呈现下降趋势,中国棉花对外依存度也有可能进一步增加。如图1-7所示折线部分是中国棉花供需的差额即棉花产量缺口。由此可以看出棉花供需缺口存在周期性的变化。

3.棉花生产成本高,机械化、智能化程度低

棉花从播种保苗、控害除草、整枝化控到采收,生产程序繁多,种植管理复杂,棉花生产人工成本高。虽然中国棉花品种众多,但大多品种表现为高矮不一、熟性偏晚、开花吐絮不集中。在棉花产量、品质、抗性上,缺乏棉花生育期、产量、纤维、吐絮等性状相互协调,适于农艺与农机结

合的棉花品种。目前,传统棉花品种在出苗性、抗病虫、早熟、株型、果枝始节位、吐絮、含絮力、抗倒伏、纤维品质等方面难以适应机采。由于棉花无法统一标准,统一生产,统一管理,导致生产成本和农艺要素价格攀升。新疆机采正在形成规模,但在耕地资源稀缺和棉花生产成本上升的背景下,长江、黄河流域棉花仍以农户个体经营的小生产模式为主,生产标准化程度低,产品档次低,植棉机械化水平低,阻碍了规模化和机械化生产进程,进一步增加了植棉的生产成本。

4. 棉花品质差,清洁生产能力低

随着纺织工业的发展,棉纺企业强调以较强、较细和纤维更整齐的棉纤维作为纺织原料。近两年,国产棉花因转基因抗虫棉全面推广,品种考核指标只重视名义单产,不重视纤维品质。包括新疆在内的纤维基本品质严重恶化,纤维细度变粗、纤维长度变短、纤维强度下降、纤维马克隆值增大,使现在纺织原料无法用于生产纤细、精美的棉纱和棉纺织品。近年来,中国气候异常,台风、干旱、渍涝、先旱后涝交替,以及旱涝急转对棉田生产威胁很大。棉田常年受灾面积占播种面积的3%—5%,最大绝收面积几百万亩。灾害导致基础产量水平下降,减产严重,进而引起市场和价格的大幅波动,又传导到生产波动。由于化肥的过度使用,棉田污染日趋严重;由于病虫害种类多,棉花防治效果差,致使苗病、枯萎病、黄萎病、烂铃病、蚜虫、棉铃虫、盲椿象等病虫害时有发生,致使棉花适纺品质偏低,清洁生产难以实现。此外,新疆棉区成为中国棉花优势主产区,黄河棉区和长江棉区的种植优势逐步被掩盖,棉花种植产区一枝独秀的现象增加了棉花供给风险。

5. 产供销不对接,产学研脱节

中国棉花产业产、供、销不对接现象较为普遍,主要是因为地方棉农、轧花厂、纺织企业、棉麻企业等各自为政,为追求自身利益最大化致使产业链条松散,无形中增加了棉企外部性成本。棉花流通仍以垄断经营为主,市场主体比较分散,竞争力不强,抗风险能力弱,规模优势难以充分发挥,整体效益不高。由于中国棉花专业合作组织和协会系统的不完善以及棉农组织化程度低,导致了分散的小农种植户无法得到预期收益。在企业与科研之间,中国棉花产业链中各主体并没有建立长期有效的耦合机制。棉花产业链各利益主体之间信息不对称,大学、科研机构无法切实了解棉纺企业的需求,而企业又无法及时跟踪大学、科研机构的科研成果,导致产学研无法真正的融合。

(二)中国棉花产业链发展中存在的主要问题

棉花产业和棉花产业链是两个不同的概念。棉花产业是以农业生产为核心的棉种培育、棉花种植、棉花加工、皮棉销售等相关主体的集合,对其研究时多采用静态分析。而棉花产业链是以棉纺织加工为核心的各相关主体及其之间的物流、资金流、信息流的结合体,包含棉花与纺织两大行业,对其进行分析时可采用动态研究。由于棉花产业链上游涉及种植业,中游涉及纺织业,下游涉及贸易业,与一般的农产品产业链有所不同,有其独特的特点。目前,中国棉花已经形成品种繁育、棉花种植、棉花初加工、棉纺织、纺织品销售的产业链模式,棉花产业链已初具规模,但是产业链上各个环节还存在一定的问题,阻碍了产业链的有效运行;同时产业链深度和广度有待进一步拓展,棉产品的附加值有待进一步提高。

1. 棉花产业链上游环节问题显著

一是棉籽品质较差。品种培育环节是新疆棉花产业链的初始环节,也是决定棉花质量的关键,由种子公司负责。现阶段,棉花种子市场建设不完善,呈现出品种"多、乱、杂"的现象,究其原因是种子市场已经放开,种子公司与日俱增,但研发出来的棉花种子良莠不齐。目前采摘和收购环节比较混乱,一方面棉农贩卖棉花时以次充好,另一方面棉花加工企业为了抢购资源,有时不分质量优劣,大量收购籽棉。棉花加工企业把收购来的存在质量问题的棉花加工成皮棉,并把棉籽返还给种子公司,这样种子公司就无法得到高质量的棉籽。二是新疆棉农生产水平较低,目前棉花生产环节主要存在三个问题:一是大部分植棉农户的棉田经营规模较小,基础设施差,生产技术改造能力较低,导致棉花产量不高;二是植棉农户势单力薄,不能有效地预防和抵御自然风险,更无法抵挡市场的经营风险,这不利于棉花产业可持续发展;三是新疆棉农的文化水平和教育程度普遍较低,对棉花的选种、育种、栽培及防病虫害等技术无法做到专业化的把握。

2.棉花产业链十分脆弱

中国棉花产业链涉及种植、收储、加工、纺织及服装等多个环节,整个产业链长,关联产业链多,产业规模大,而且棉纱和棉布出口是中国外贸出口和经济增长的主要支撑点。从棉花产业链的种植、加工、营销等多个环节来看,中国棉花产业链出现了以下几种现象:中国棉纺部门向外购买棉花加工制造,而棉花定价权又由国外卖方决定;中国棉纺产品出口,来料加工居多,批发、零售、产品设计、原料采购、仓储运输这些环节均由发达国家掌控,最终销售渠道、原料及产品双重定价权都由国外决定。因此,中国只能依靠廉价的劳动力,丰富的资源来进行加工制造去获得微薄的利润。同时,中国棉花产业还面临着市场波动、自然灾害、病虫害侵袭三大风险,再加上中国的三农问题比较严重,使得中国棉花产业呈现出"棉贱伤农"与"棉贵伤企"交替出现的困局,棉花产业链整体比较脆弱。

3.棉花产业链中各主体之间的利益分配不合理

棉花产业链是由棉花产业相关企业各个环节共同组成的,每一个环节的产品附加值都不相同。在棉花产业链中,中下游的纺织服装企业占据了大部分利润,而上游的棉农得到的收益较低,棉农如果没有补贴政策支持,则棉花生产难以为继。2017年9月中旬,新疆籽棉收购价格达到了7.5元/公斤[①],而一件普通的纯棉衬衫市场价格约为150元,以一件衬衫重量为150克计算,其价格增长了133倍,如果是著名品牌的衬衫,其增值倍数更多。这种不合理的利益分配,一方面导致了棉加工企业产能过剩,另一方面降低了棉农生产的积极性,这不利于产业链健康可持续发展。

4.产业链各节点合作机制不健全

在企业—科研之间,中国棉花产业链中各主体并没有建立长期有效的合作机制。而且棉花产业链各利益主体之间信息不对称,大学、科研机构无法切实了解到棉纺企业的需求,而企业又无法及时跟踪大学、科研机构的科研成果,这就导致了产学研无法真正的融合。

在棉农—棉花加工收购企业之间,棉农与棉花加工企业及棉纺企业之间缺乏沟通,经常出现棉农大量种植棉花而企业未必需要,企业需要大量棉花时棉农未必能够及时供给。这就造成棉农种植的棉花品种及产量不能满足纺纱生产的需要,又或者出现产能过剩。

在棉农—种子公司之间,棉农偏好产量高的棉籽,所以种子公司积极研发产量高的棉花种

---

① http://dc.cncotton.com/dc/index/cn/subpage.action.

子,以扩大产品销量,但是这种产量高的棉籽种植出来的棉花往往质量较低,达不到纺织企业的要求。种子公司或科研院所没有和产业链中相关企业建立起长期有效的合作机制,研发的产品满足不了企业的需求,而相关企业也无法获得最新的研究动态。

5.产业链条松散,环节间的利益矛盾形成"内耗"

在中国,棉花种植由千家万户的独立农户来完成,轧花收购由占棉花收购主体地位的国营棉麻企业和其他经济成分的轧花企业来完成,棉纺织工业则又是另一独立门户。三大环节互相独立、各自为政,拆散了棉花产业整链,形成了产业短链,并且链条松散。由于产业链条松散,一旦市场波动,三方利益均不稳定,极易受到市场的冲击,并且这种冲击往往使棉农、棉企难以应付,其中棉农受害最为严重,这直接影响了整个棉花产业的健康发展[①]。棉花生产、加工、流通和消费各环节本是统一的,各环节利益密切相连,形成利益共同体,但由于各环节利益主体不同,最终会形成各环节间利益分散,整个棉花产业链没有形成有机的利益连接机制和组成经济利益共同体,尤其是棉农的基本利益缺乏有效的机制加以保障。因此,中国棉花产业链各环节难以形成合力和一致的目标,这严重影响了中国棉花产业的健康稳定发展。

6.纺织业的竞争力不足

长期以来,中国纺织行业主要依靠数量上的扩张,以低价策略占据部分市场,2001—2019年,全国纱、布产量的年平均产量如图1-19、图1-20所示。虽然中国的纱布产量都在逐年增长,但是中国的棉花资源优势没有转化为棉纺织业的竞争力,加工深度有待进一步提高。从近些年世界纺织业的发展看,印度、巴基斯坦等国纺织业发展非常迅猛,它们拥有比中国更大的成本优势。目前中国纺织品出口利润已经很低,但是劳动力成本正在逐年不断提高,加之水电等支出成本,中国纺织业依靠数量扩张已经无法继续,因此中国纺织行业必须转变发展方式,提升产业层次。从未来发展局势看,提升产业层次是中国纺织行业的必由之路,中国纺织业必须依靠提升产业层次,挖掘产品附加值来提高我国棉产品的国际竞争力。

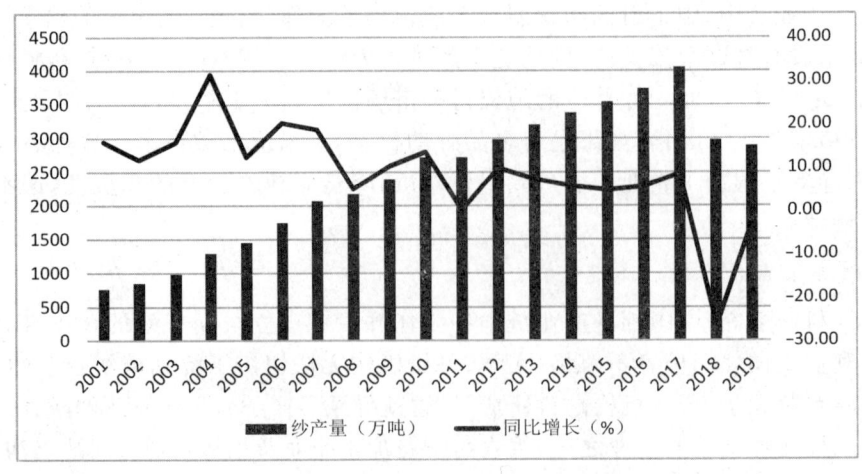

图1-19 2001—2019年全国纱产量及同比增长

(数据来源:中国统计年鉴)

---

① 魏敬周,刘维忠.棉花补贴政策对棉花产业链利益分配影响的理论探析[J].农业技术经济,2014(5).

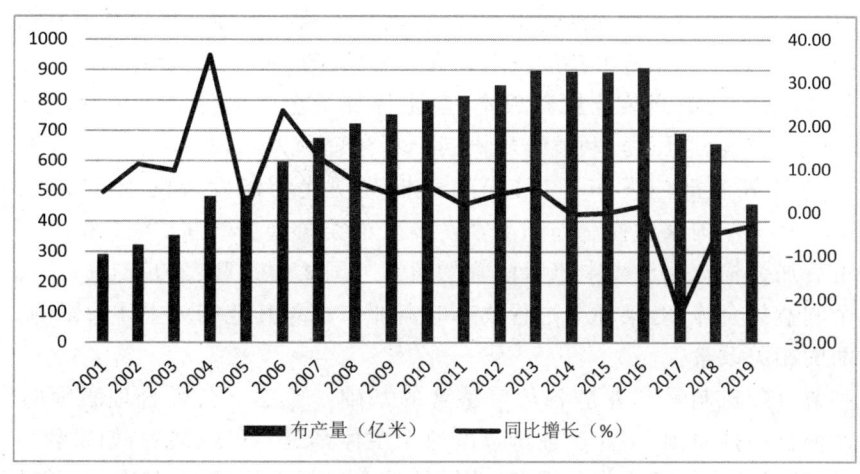

图 1-20　2001—2019 年全国布产量及同比增长
（数据来源：中国统计年鉴）

7.组织化程度低,棉花协会和合作社的作用有待加强

棉花协会和合作社作为棉花产业经济发展到一定阶段的产物,是棉农和企业之间的桥梁和纽带,是组织专业化的一种管理模式。目前由于中国棉花专业合作组织和协会系统的不完善以及棉农组织化程度低,导致了分散的小农种植户无法得到自己应有的收益,多数棉产品加工企业与农民的关系比较松散,纯属单纯的买断关系。由于没有规范的履约保障机制,企业与棉农签订的合同常常不能履约,一旦棉花售价较高,农民往往不愿意出售,棉花价低时企业往往压级压价,企业和棉农之间没有合理、稳定的契约关系。

8.棉花流通市场机制不健全,棉花市场体系尚未建立和完善

当前棉花流通虽已实现向市场经济体制过渡,但经营垄断局面尚未打破,条块分割、地区封锁的问题仍很突出;棉花价格由市场供求关系决定的新机制尚未形成。体制分割的格局导致市场主体比较分散,竞争力不强,抗风险能力弱,规模优势难以充分发挥,整体效益不高,影响了棉花产业优势的进一步发挥。棉花购销仍以传统方式为主,流通成本高;市场管理弱,无证企业充斥流通领域;国家宏观调控能力不足,每当丰歉交替的年份难以避免棉花价格大起大落,严重挫伤棉农的生产积极性,对棉花流通和纺织企业也造成沉重打击。

三、中国棉花产业链可持续发展对策

加强棉花产业链管理就是综合运用计划、组织、指挥、决策等管理职能,对棉花产业链上的人、财、物、技术等要素进行整合,从而提高整个棉花产业链的整体效率。对棉花产业链的管理主要从以下八个方面来分析。

（一）确立合理利益分配机制

棉花产业链中的主要矛盾是不同环节相关主体的利益分配问题。生产决定分配,加工纺织等附加值高的环节可以获得产业链中较多的利润,种植仓储等附加值低的环节只能获得产业链中较少的利润。同时,分配作为再生产中的重要部分,反作用于生产,如果利益分配不合

理,附加值低的生产流通环节会逐渐退出产业链,而附价值高的加工销售环节没有了生产要素也会陷入困境,这不利于产业链可持续发展。在目标价格改革中,资金补贴虽然保障了新疆棉农的基本收益,降低了纺织服装业原料成本,但是棉加工企业的棉花收购价格由市场供求决定,并增加了新疆棉花流通压力,利益分配机制仍不合理。为此,2016年国家发展改革委员会联合供销合作总社等十部门发布了《关于加快棉花现代物流发展的指导意见》(发改经贸〔2016〕567号),2017年国家质检总局和国家发展改革委员会公布了《关于取消棉花加工资格认定行政许可后加强棉花质量事中事后监管的通知》(国质检纤联〔2017〕137号)。然而,棉花产业链是一个利益集合体,对某环节进行改革时需要考虑对其他相关主体的影响,目前正缺乏从产业链层面的相关政策。

合理的利益分配机制是产业链各环节整合的基础。要确立公平合理激励的利益分配机制,首先,要遵循公平性原则,棉花产业链上的每个主体都是不可或缺的,如果利益分配有失偏颇,那么各主体难以产生长期合作关系,产业链的整合也就无从谈起;其次,要遵循利益与风险对称性原则,在目标价格改革下,各主体的利益和风险都有变化,棉农基本收益得到保障,但棉加工企业市场风险加大,如果利益与风险不对称,难以进行产业链的延伸;最后,还要遵循互利互惠性原则,棉花产业链发展过程中存在帕累托改进,确立互利互惠的利益分配机制,不仅可以让各参与主体都获得相应的利益,而且还会吸引新的主体加入棉花产业链。此外,确立公平合理激励的利益分配机制还要注意利益与投入挂钩,高投入高收益,这样就会形成激励机制,有利于产业链的提升。

(二)构建利益链接纽带,加强棉花产业链一体化

由于中国棉花产业链链条十分脆弱,产业链组织松散,因此,加强棉花产业链的利益链接机制十分必要。首先,考虑建立棉农、采购商及棉花加工商之间的利益链接机制,这样有利于发展棉花产业一体化。通过建立利益链接机制,实现市场与棉农收益共享,这样市场的收益与棉农的收益紧密相联,市场为了提高自身收益会为棉农销售棉花出谋划策,而棉农为了获得更高的收益会向市场提供质量更好的棉花,实现双向促进、利益共享。其次,减少棉花流通环节,畅通流通渠道,缓解棉花的销售难问题。通过建立利益链接机制,可将产地市场的棉花采购商汇集到市场,使棉农直接与采购商进行对接,减少中间流通环节,降低流通成本。

构建棉产地市场利益链接机制主要有以下两种方式:一是鼓励棉花合作社、专业种植大户等新型经营主体发展成为棉花企业或联合成立棉花产业协会来参与棉产地市场建设与运营管理,使新型经营主体成为市场的股东。二是积极发展会员制,根据各主体及采购商的需求,免收相关手续费,提供定制信息服务、小额贷款或贷款担保等差异化服务,吸引各类流通主体成为棉产地市场会员,进而形成以棉产地市场为核心,棉产地的棉农、经纪人和销地的采购商紧紧围绕的有机整体,建立顺畅的流通渠道。

(三)加强棉花价值链管理

在棉花产业链管理中,价值链是其中一个使农产品价值增值的链条,其基本原则是在符合市场需要的前提下,通过棉花价值链的有效管理,使棉花尽可能地发生增值。棉花产业链从棉花种子培育延续到植棉户或农场、棉花加工厂、棉花纺织厂、服装厂、商场,最终到消费者手中,在这个链条中存在着大量的价值增值的过程。因此,应从以下方面来提升棉花价值链的管理。

1. 各环节加大科技投入,提升棉花质量

棉花产业链各环节的科技创新与进步,是增强棉花产业综合实力、提高产业链整体素质和效益的关键环节。首先是加大在棉花产业技术方面的投入,政府要做好企业与科研院所之间的桥梁作用,实行互动与支持。在种子方面应加大优良品种的研发和推广力度,提高优良品种和配套技术推广的到位率;在种植方面首先应改善棉田基础设施的投入,完善田间排灌设施,改良土壤环境,提高棉田质量。其次要加大棉区技术推广服务力度,培养农村的技术能手成为棉花技术员,提高棉花生产的科技含量;在棉花深加工方面,加快对棉花加工设备的更新改造,进一步提高棉花的加工质量,同时要大力提高棉纺业科技含量与创新能力,引用和开发高新技术改造棉纺工业。

2. 强化棉花质量检测体系建设

目前,中国的棉花收购检验受到棉花价格和企业利益的影响,检验过程缺乏制度保证。为此需要进一步强化棉花质量体系建设,积极推进棉花质量检验体制的改革,严格执行棉花质量新标准。要把控制原棉"三丝"污染作为提高我国棉花市场竞争力的重要举措来抓;引导棉农搞好分摘、分晒、分存和分售;坚持质量与价格相结合,实行无异性纤维原棉优价和加价政策,从源头上抓好"三丝"的防治。

3. 积极推进棉花育种、种植、加工和纺织一体化进程,强化整链运作意识

棉花产业链上的各环节相互影响,当产业链中的某一个节点的效益发生变化时,会使其他关联产业相应地发生倍增效应,这种乘数效应造成产业链各环节在价值创造的过程中,既使产业链整体生产效率大于各个企业内部生产效率之和,也使产业链整体交易费用小于各企业间的内部交易费用之和。因此,提高棉花产业链整体的效率是非常有必要的。要加强产业链科研部门、棉花流通部门、棉纺织企业和棉农之间的联系,密切关注市场需求,棉纺织企业根据市场确定棉纱、棉布的品种和质量,同时将纺纱、织布所要求的原棉品质信息反馈给科研部门和棉农,棉农以此来确定原棉种植的品种和质量,轧花企业要从纺织质量多元化出发,根据纺纱生产地要求制定轧花加工工艺流程、技术参数,纺出优质棉纱。根据市场需求指导的棉花产业链的整体运作,有利于提升整条产业链的效率和综合盈利能力。

4. 推广轻简化和机械化新技术,降低生产成本

第一,培育机采棉新品种。以纺织行业对马克隆值、衣分、断裂比、强度等品质上的需求确定供给侧种业改革,选育突破早熟、高产、优质、抗性、农艺与农机配套的机采棉新品种;鼓励国际合作,引进国外优良种质资源,加强常规育种与生物技术育种的结合,充分利用杂交优势,广泛开展分子育种,培育出高适纺性棉花新品种。第二,研究开发轻简化育苗、机械化种植、智能化管理技术,解决高产和省工节本问题,满足小规模的植棉农户和地方植棉大户技术需求。按照"早熟品种+直播覆膜+机械采收"的技术思路,因地制宜加以推广应用,并研究轻简化、机械化栽培条件下棉花产量和品质的内在调控机制,对行株距和种植密度进行合理调整,促进叶枝成长发育。第三,改善盐碱地棉田灌溉条件,开展田间工程建设,建造库房和晒场,配备棉种精选处理设备,鼓励用于秸秆还田、机械施肥、智能灌溉等农业机械投入生产,加强棉花统一管理。只有让棉花供给无缝对接纺织行业需求,才能减少无效供给,扩大有效供给,使棉花产业提质增效,降低中国棉花进口依存度,提升棉花产业竞争力。

5. 优势主产区分散布局,保障棉花产业安全

中国棉花产业呈现新疆"一家独大"的局面,不利于分散种植风险,尤其新疆地区常常面临倒春寒和成熟期突然降温的现象,对棉花造成很大危害,阻碍棉花产业持续健康发展,因此,中国应在原有资源禀赋和国家政策基础上打造"三足鼎立"格局。中国棉花生产重点在向西部倾斜的同时,无论从棉花产业安全还是农业生态出发,都应该考虑黄河流域、长江流域和新疆3个棉区的平衡发展,农业生产不能违背自然规律。综合气候、生态和生产规模等各种因素,西北内陆棉区承担50%—60%的生产能力,长江流域和黄河流域棉区承担40%—50%的生产能力,在合理分工基础上注重品质布局。此外,中国应科学防治病虫害,治理棉田污染。一方面普及棉种包衣,在苗期病虫害就可以得到有效控制;另一方面广泛应用棉田除草剂,并加强棉花风险测报,实行统防统治较好地解决农村劳动力不足,提高种植水平和生产效率。为减少产量和品质损失,中国应在实现规模化、机械化基础上,加大科研力度,构建棉花病虫害、政策、纺织、贸易数据库,利用大数据分析,借力物联网信息化手段监测病虫害萌芽期,利用信息技术化控,减少病虫害爆发概率,降低风险,提高棉花产量和品质,增加有效供给。

6. 完善棉花供需调控体系,完善现代植棉业服务体系

大力发展中国的棉花生产,加大对棉花生产的科研投入,努力提高中国棉花的单产水平和总产量,扩大棉花市场的国内供给量,是不断满足国内纺织行业对棉花的需求,缩小国内棉花的供需缺口,抑制国际市场棉花价格进一步上涨的有效手段。为进一步完善中国棉花供给调控体系,首先应建立棉花信息公布平台和预警机制,做好棉花产前、产中、产后过程中的实时监控,有利于提前进行价格预测,解决植棉业信息滞后和不对称问题;其次应完善棉花市场监控体系,构建棉花统一交易平台,监测棉花收储和抛储机制,实现棉花供需平衡;最后要加快构建"集约化、专业化、组织化、智能化、社会化"农业经营体系,创新棉花种、管、收社会化、专业化的新型服务体系。同时,借力"一带一路"建设优化布局沿线国家棉花产业链,建立跨国涉棉公司,提高中国棉花企业的话语权和定价权。

(四)加强棉农合作组织的作用,形成棉花组织化管理

在棉花产业链管理中应加强棉花协会和合作社的作用,积极发挥自身的"龙头"企业的带领作用,使棉花"龙头"企业与中小棉花加工企业以及分散的棉农形成一种利益风险共同体。实现从良种培育、棉农种植、轧花厂加工、棉纺织厂制造、商场营销的专业一体化经营,从而提高棉花产业链的运行效率。

1. 加大产业化经营力度

棉花产业化经营的程度决定了棉花产业发展的高度,因此,加强中国棉花产业链的发展要从产业化经营的角度去考虑,首先要引导主产棉区(如新疆)积极推进棉花产业化经营,鼓励"龙头企业+农场"模式,促进棉纺企业和棉产地的紧密结合,发展和壮大棉农合作经济组织,鼓励龙头企业的订单生产,扩大规模种植,推行模式化生产,节约生产成本。

2. 完善棉农合作组织,提高棉农生产水平

棉农合作组织在棉花产业链中是连接上下游企业的纽带。首先,中国棉花生产大都为分散的农户,这种分散性决定了单个农户不会成为棉花产业链上独立的竞争主体,加上棉花生产存在一定的自然风险,决定了需要一个代表和维护农户利益的组织出现,即棉农合作组织。棉

农合作组织通过棉花合作社或棉花协会将分散在各地的棉农组织起来,批量产棉,这改变了棉农在棉花产业链中竞争的弱势地位,使棉农不再只是单纯的原料供应方和价格接收者,而是直接成为棉花产业链的参与者,棉农可以及时地获取棉花供求信息,减少在销售时由于信息极度不对称而带来的成交价格风险。通过棉农合作组织将棉农的植棉活动组织起来,实现棉花生产的专业化、规模化,从而实现规模效益,推进棉花产业化经营之路。其次,对棉纺加工企业而言,与棉农合作组织进行交易可以提高交易批量,形成长期、稳定的供求关系,降低交易成本。

3.完善棉花协会功能,构建产供销利益共享机制

为实现棉花产供销一体化发展,中国应鼓励建立具有话语权的由产学研共建的棉花协会,上下通达,发挥其收集、分析、发布行业信息及时的优势,利用协会协调行业内各环节利益主体之间的关系,搞好行业自律,建立起多户联保制度,用联保方式与棉企或中介组织签订合同,收购时实行编码可追溯制度,一旦发生质量问题联户赔偿,形成无形监管链条;打破地区、部门、所有制界限,通过租赁、承包、拍卖、股份制、兼并等形式重组棉花龙头企业,使棉农集中掌握较为完整、充分的市场信息,完善棉花产品质量标准化体系建设,扩大融资渠道,吸引工商资本投资涉棉行业,让龙头企业撬动棉花产业链发展;通过"国欣""银宫""白婆婆"等知名品牌的推广,构建棉农和棉企的零距离对接,实现棉花富民,全面推动棉花加工业向纵深发展;及时把整个棉花产业的发展纳入"棉籽—榨油—提炼棉籽蛋白—低聚糖,棉花—纺织,棉秸—发电"的产业循环链条,把棉花吃干榨净,实现零污染、零排放,降低各环节生态风险和经营风险。

(五)深化棉花流通体制改革,培育壮大流通主体

棉花产业链的流通体制建设十分重要,它是棉产品能否顺利从种植者到消费者手中的重要保证。因此,深化棉花流通体制改革,壮大棉花流通主体十分必要。

1.深化棉花流通体制改革

在棉花流通环节,首先,遏制低水平棉花加工企业建设势头,整顿棉花加工流通秩序,对中国的棉花加工企业重新进行严格的资格认定,取缔非法收购加工棉花的企业;其次,加强市场准入机制,提高门槛,促进中国棉花加工业的优良发展;最后,对现有的具有优良设备和技术的轧花厂、大型加工企业,实行统一管理、规模加工,保证皮棉品质的一致性;鼓励棉织企业和棉花经营企业建立长期、稳定的供应关系。

2.培育壮大流通主体

近些年,中国的农产品流通主体格局发生了深刻变革,为数众多的农民合作社、经纪人、批发商、龙头企业、行业协会等构成的农产品流通主体,覆盖了农产品产业链收购、运输、批发的各个环节,将千家万户的小生产与市场紧密联系起来,形成有效合理的市场分工。

具体到中国棉花流通领域中,其流通主体还存在着诸多问题,比如流通主体结构复杂、规模较小、市场谈判能力弱,各主体之间竞争多于协同,难以形成流通规模效益。

培育壮大流通主体主要通过两方面:一是通过对棉花农民合作社、棉花种植大户、家庭农场、棉花经纪人等流通主体培育,提高棉花生产和销售主体的规模化、专业化和组织化程度,有利于解决流通主体实力普遍不强的问题,实现"小生产"与"大市场"的有效对接;二是从提高棉花从业人员的素质入手,对各流通主体的人员进行知识培训,解决农产品流通主体人员整体文化素质不高,在市场对接、信息获取以及市场营销等方面能力不足的问题,提高农产品流通主

体人员的规模组织能力、信息获取能力和产品直销能力。

(六)完善棉花目标价格制度,加大棉花产业补贴力度

中国应完善和推广棉花目标价格制度,逐步实现目标价格与种植面积、产量或销售量相挂钩;打造棉花品牌规模效益,提高棉花产业补贴力度。借鉴美国棉农享受政府的生产性补贴、销售性补贴、贸易补贴、限制性补贴等提高竞争力经验,中国应补贴棉商、出口商、纺织企业、农机制造商,维持其产业链条的完整与可持续;应尽快了解当前中国棉花市场现状,对进口配额制度和滑准税做相应的调整,早日给中国棉纺织行业去枷。具体而言,在国家层面,提高棉花生产保险额度,增大中央和财政部门对保费的承担比例;对于农机制造商,将大型棉花采摘机补贴限额提高到占购机总额的30%;对于棉商应继续开展优质棉基地建设和新疆农田开垦,把新疆列为重大植棉基地,对出疆棉和出疆纱实行运输补贴,实现物流价值链增值;对于出口商,应按照WTO绿箱政策约定的8.5%进行微量补贴,对进口棉实行管制,可以延长棉花产业补贴链条,保证棉花产业上中下游和谐发展。

(七)推动棉花棉纱期货稳步发展

目标价格改革实施后,棉花价格由市场供求来确定。棉农往往根据上一年的生产情况来确定当年的种植规模,棉花的价格就在不断波动之中。由于棉花产业链之间存在价格传导,对于棉花加工企业来说,最重要的就是价格稳定,棉花价格稳定期货交易就可以实现套期保值的功能。棉花加工企业在收购籽棉时,可以在期货市场上卖出等量的期货合约,这样在交割时就可以锁定价格,达到稳定生产的目的。此外,期货价格是棉花市场的"晴雨表",如果棉花期货价格快速上涨,表明棉花现货价格上涨可能性加大,棉加工企业就应提前收购籽棉,而棉农则可以扩大棉花种植规模,反之亦然。所以推动棉花期货交易发展对提升棉花产业链非常重要。

根据国家发展改革委联合财政部公布的《关于深化棉花目标价格改革的通知》(发改价格〔2017〕516号),要利用保险、期货等金融工具,开展"保险+期货"试点。2017年8月18日,棉纺期货在郑州商品交易所挂牌交易,棉纱期货上市有利于促进棉花产业链上下游协调发展。棉纺企业可以根据棉纱期货价格及时调整产能、提高避险能力;棉布厂可以根据棉纱期货价格管理库存,降低采购成本。但是目前我国的棉花、棉纱期货交易仍存在一些问题,比如棉花期货市场交易量较小,难以实现及时发现价格波动的功能;金融衍生产品较少,缺少棉花期权等交易工具;棉纱期货的交割地点只有河南、山东、江苏和浙江,没有包括棉企集聚的新疆地区。所以中国棉花棉纱期货市场需要进一步完善。

(八)提升棉花产业综合发展能力

棉花产业链优化目的之一就是提升棉花产业综合发展。提高新疆棉花产业链的竞争力,不仅需要增加基础设施建设投入,而且要提高对科技研发的资金支持,还要鼓励印染、加工等棉纺织企业在新疆集聚发展,共享从原料生产到纺织服装销售的产业利润,降低流通成本。要统筹新疆与内地棉花产业的发展,研究如何建立集生产、加工、销售为一体的棉花产业链,优化棉花产业结构,淘汰棉花加工落后产能,通过差异化原则支持新疆棉纺织企业发展,以防止新疆与内地过度竞争,并发展机采棉、加快棉花生产经营方式转变、改进棉花产销数据信息系统。这些对充分发挥目标价格政策的市场化作用、提升新疆棉花产业竞争力具有重要的现实意义。

第二部分 中国棉花产业流通现状、问题与对策[①]

棉花一直以来是中国商品流通领域的重要商品。理顺渠道关系、减少不必要的流通环节、降低流通成本、提高流通效率一直是中国棉花流通体制改革的重要着眼点。和中国众多其他行业一样,中国棉花流通体制改革伴随着中国经济改革,本身打上了鲜明的时代烙印。从全国统购统销到逐步放开,棉花流通主体从完全国有到众多流通主体加入,中国棉花流通体制改革经历时代变迁,在实践中摸索,在改革中前行。

一、中国棉花产业流通体制改革回顾

本部分按照中国棉花流通体制改革的主要政策出台时间,结合中国棉花流通领域的重大事件,将中国棉花流通体制改革进行划分,具体分为如下几个阶段。

(一)棉花流通体制改革的起步阶段(1978—1991年)

从1954年到1978年,中国对棉花一直采取全额收购政策。党的十一届三中全会结束后,随着家庭联产承包责任制的逐步推广,棉花作为关系国计民生的重要商品,其生产继续受到国家的高度重视。中国相继出台了一系列鼓励棉花生产的政策,其中包括1978—1980年连续三次提高棉花收购价格。[②] 不仅如此,棉花生产被列入中央一号文件。比如1982年的中央一号文件就指出"在适宜的地区,发展国家急需的原料如棉花、糖料等生产"。

在诸多政策刺激下,中国棉花产量大增。中国棉花总产量从1978年的216.7万吨,提高到1984年的625.8万吨。棉花生产扩张,中国棉花供需在1982年就基本实现了平衡,中国从棉花进口国变成出口国。在原有的政策刺激下,各地棉花生产仍旧处于扩张状态,其中河北、山东和河南三省表现尤为突出。由于当时的棉花属于全国统购,衔接生产和消费的棉花流通渠道单一,棉花供过于求状态在中国历史上第一个丰收年1984年开始显现。

在棉花相对过剩、棉花库存积压以及财政紧张等多种压力下,1985年中央发布的一号文件《关于进一步活跃农村经济十项政策》明确指出,对棉花取消统购,采取合同定购。针对合同定购的棉花,北方按"倒三七",南方按"正四六"比例计价。定购以外的棉花也允许农民上市自

---

① 执笔人:袁平红;审稿人:刘敏。
② 1978年8月1日起,全国平均皮棉价格从115元提高到126元,棉花提价幅度为10%。1979年3月1日起国务院决定自3月起,棉花收购价格提高15.2%。1980年,国家再次提高棉花收购价格,全国平均提价幅度为10%。全国平均皮棉收购价格提高到每担172元左右。参见:程建华.改革为何反反复复?——我国棉花流通体制改革的历史分析[J].中国国情国力,1994(5):34-36.

销。① 这个文件的颁布,意味着棉花统购制度的结束,棉花流通从原有的单一流通渠道向多元化流通渠道方向发展。

由于中国棉花流通体制改革主要借助于收购价格的调整,伴随着棉花收购价格下调,从1985年开始,中国棉花连续几年减产。棉花生产供不应求状态开始凸显。1991年7月22日《国务院办公厅转发国务院生产办公室等部门关于整顿棉花质量、价格和严格执行国家调拨计划意见的通知》中曾明确指出,棉花收购和供应价格的管理权限在国务院。

在棉花流通渠道关系开始理顺的背景下,随着对棉花生产的逐步支持,中国在1991年实现了历史上第二个棉花丰收年,棉花产量567.5万吨②,国内市场自给得到充分保障,而且尚有盈余,实现出口棉花20万吨。在1978—1991年,中国棉花国内生产反反复复,收购价格也屡次变更,但是总体而言,理顺生产和消费关系的中国棉花流通体制改革总体处于起步阶段。

(二)棉花流通体制改革试点(1992—1998年)

借助于收购价格的调整,中国棉花流通体制改革朝着市场方向逐步迈进,但是这些改革总体来说并没有触及中国棉花流通体制改革的核心。

根据《国务院批转国家体改委关于改革棉花流通体制意见的通知》(国发〔1992〕55号),我国将在江苏、河南、山东三省展开流通体制改革先行试点,在此基础上向全国逐步推进,致力于构建"放开经营,放开市场,放开价格,逐步建立起在国家宏观调控下、以市场调节为主要手段、内外贸相互联结、高效畅通的棉花流通新体制"。③

国发〔1992〕55号同时提出,在试点省和产棉省(区、市)建立区域性棉花批发市场,并将其作为棉花市场建设的重点。在流通主体上,国发〔1992〕55号明确指出,开放棉花市场,允许棉花上市交易,棉花收购和供应价格从原有的国家定价向买卖双方协商议价转变。该文件被视为棉花流通体制从原有的计划经济向市场经济转变的重要标志。对于统购统销,棉花流通体制改革要从原有的以行政计划配置为主导,按照产、供、销的顺序进行计划制订的方式中走出来。棉花流通体制改革将朝着以市场为导向,按照销、供、产的顺序,向市场配置为主导的方式进行转变④,这对于中国棉花流通产业来说实属不易。

随着中国纺织服装产业的发展,工业企业用棉量激增,受制于气候等条件,中国棉花生产加上从国际市场上的进口两者结合,也不能满足国内用棉需求。多年来形成的中国棉花流通渠道比较单一(流通主体主要以供销社为主),流通环节众多,流通效率总体不高,制约了棉花流通在协调生产和消费上的功能发挥。流通领域中棉花品质混乱、库存积压等问题频频爆发。

1995年1月,国家计委市场价格司调查组对湖北、四川两省棉花流通问题的调查中就发现,由于棉花收购中存在多渠道抬价抢购、国家收购价格一涨再涨导致棉农惜售等原因,为了阻止棉花外流和抢夺棉花资源,棉花收购部门放松质量标准,导致原棉质量没有得到严格控

---

① http://www.mlr.gov.cn/zt/qt/xnc/snzc/200903/t20090311_116198.htm.
② 程建华.改革为何反反复复?——我国棉花流通体制改革的历史分析[J].中国国情国力,1994(5):34—36.
③ http://www.pkulaw.cn/fulltext_form.aspx? Gid=5950&EncodingName=big5.
④ 刘从九.改革流通体制建立棉花市场[J].财贸研究,1994(3):70—71.

制,出现调拨棉与收购棉等级差的矛盾。① 合肥联合大学《棉花流通问题》课题组对安徽省棉花流通进行调研后发现,当棉花收购价是国家规定的死价格而棉花的销售价格是市场价格而全国棉花由供销社棉麻公司垄断经营时,安徽省棉麻系统库存积压问题突出。到1998年5月底,安徽省棉麻系统年度收购棉花406万担,而只销售了170万担棉花,只有收购量的41.8%。如果加上1996年结转库存的话,则仅仅一个安徽省供销社棉麻系统就已经库存棉花296万担。② 棉花库存积压不仅带来资金占用问题,同时也损害了棉花品质。棉花每放半年就降一个级,尽管一年以后降级幅度变动不会太大,但是库存过多也会带来很多麻烦。由于国际市场棉价低于国内市场,加上化纤等棉花替代品在纺织行业使用量的比例上升③,棉花市场从卖方市场转变为买方市场。供销社棉麻系统手中持有的棉花库存消化已经成为一个重要问题。

这些问题追根溯源都和中国棉花流通主体中存在的诸多问题有关,比如流通主体垄断经营、流通成本过高以及国内棉花流通和国际棉花流通脱节等。为了解决这些问题,《国务院关于切实做好1997年度棉花工作的通知》(国发〔1997〕30号)明确指出,要压缩供销社的棉花经营流通费用。1997年9月29日出台的《全国棉花交易市场交易管理暂行办法》进一步明确指出,不仅要发展棉花交易市场,并且要将交易市场发展成为棉花流通的重要渠道。为了协调国内棉花生产和消费的矛盾,实现总量平衡,在1995年1月23日《国家商检局关于进口棉花检验分工的通知》(国检〔1995〕14号)的基础上,中国政府规定,从1998年起,各种贸易方式进口的棉花全部纳入国家进口总量管理。

(三)棉花流通体制深化改革阶段(1999—2010年)

基于棉花生产相对稳定、棉花替代品逐步增多的背景,中国开始对棉花流通体制改革进行进一步深化。1998年11月28日《国务院关于深化棉花流通体制改革的决定》(国发〔1998〕42号)的出台,被视为中国第一部关于针对棉花流通体制改革的政府文件。《国务院关于深化棉花流通体制改革的决定》明确提出,要逐步建立起在国家宏观调控下,主要依靠市场机制实现棉花资源合理配置的新体制。此次流通体制改革从1999年正式开始。

《国务院关于深化棉花流通体制改革的决定》明确指出,要实现棉花流通主体多元化,在原有的供销社基础上,棉花企业、农业部门所属的良种棉加工厂和国营农场、经资格认定的纺织企业均可以直接收购、加工和经营棉花。1999年全国供销社系统的棉花收购企业9470家,农业部门的棉花收购企业近300家,经资格认证可以收购棉花的纺织企业200家左右,流通主体多元化特征初步显现出来。④

在逐步打破全国棉麻公司垄断中国棉花流通的同时,全国棉麻公司的改革也同步进行。《国务院关于深化棉花流通体制改革的决定》明确指出,全国棉麻公司要成为面向市场,同时自主经营、自负盈亏、自我发展、自我约束的经济实体。

---

① 国家计委市场价格司调查组.对湖北、四川两省棉花流通问题的调查[J].经济改革与发展,1995(3):51—54.

② 合肥联合大学《棉花流通问题》课题组.关于安徽省棉花流通问题调研报告[J].江淮论坛,1998(6):65—70.

③ 仅安徽化纤使用量超过35%。数据来自:合肥联合大学《棉花流通问题》课题组.关于安徽省棉花流通问题调研报告[J].江淮论坛,1998(6):65—70.

④ 罗英姿.入世对我国棉花流通体制的影响及政策建议[J].国际贸易问题,2001(10):6—8.

在流通基础设施建设上,《国务院关于深化棉花流通体制改革的决定》提出要培育棉花交易市场。该决定提出以全国棉花交易市场建立为中心、集中产销区为依托、通过计算机网络管理的方式,建立起反应灵敏的棉花供求和价格信息系统。该决定希望通过棉花流通信息的高效收集、传递、分享和分析,降低棉花流通中的信息不对称,逐步理顺供求关系。

2001年,在多项措施保证下,原本比较单一的棉花流通渠道逐步丰富,棉花购销价格放开并基本由市场形成。棉花流通体制改革取得了初步成效。但是由于棉花流通企业自主经营、自负盈亏等现状并没有得到有效扭转,加上棉花流通渠道多元化竞争格局尚未形成,2001年7月21日《国务院关于进一步深化棉花流通体制改革的意见》(国发〔2001〕27号)出台,旨在针对阻碍棉花流通体制改革的诸多问题进行解决。

针对棉花流通主体多元化问题,国发〔2001〕27号提出从2001年度起,凡符合《棉花收购加工与市场管理暂行办法》规定、经省级人民政府资格认定的国内各类企业,均可从事棉花收购。针对棉花流通市场垄断问题,明确提出要打破垄断,鼓励流通企业跨区直接收购或者委托代理收购,实现市场有序竞争。针对棉花这种特殊的农产品,明确提出组建国家储备棉管理公司,实现储备与经营彻底分开。

针对加入世界贸易组织的需要,除了具备条件的纺织企业和棉花经营企业外,对具备条件的外贸流通企业逐步赋予棉花进出口经营权。丰富棉花流通主体的同时,提出要将国内棉花流通与国际棉花流通相互结合,要综合运用出口及储备等宏观调控手段,充分发挥棉花流通实现供求平衡、稳定价格等方面的功能。

为了落实棉花流通体制改革,保障棉花购销放开的同时,加强市场与质量管理,《国务院办公厅关于印发〈棉花收购加工与市场管理暂行办法〉的通知》(国办发〔2001〕65号)和《国务院办公厅关于做好2001年度棉花工作有关问题的通知》(国办发〔2001〕67号)先后出台。

为了进一步推进棉花流通体制改革,中国积极探索新的棉花流通交易方式。2004年棉花期货品种获批,并于同年6月1日在郑州商品交易所正式挂牌。2009年2月26日,国家棉花交易中心在合肥开业运营。

为保障国内棉花流通秩序,同时保护国内棉花产业发展,自2004年以来中国对棉花进口实行配额政策,配额等信息一般在每年的9月下旬发布。比如2009年9月28日,发展改革委发布公告《2010年粮食、棉花进口关税配额数量、申请条件和分配原则》(2009年第12号),棉花进口关税配额量为89.4万吨,国营贸易比例33%。[①] 2010年9月25日,国家发展改革委制定了《2011年粮食、棉花进口关税配额数量、申请条件和分配原则》并予以公告,2011年度棉花配额数量仍为89.4万吨。[②]

(四)临时收储、目标价格补贴试点与棉花流通体制全面改革(2011年—至今)

由于2010年国内棉价曾大幅起落,2011年3月28日,国家发展和改革委员会、财政部、农业部、工业和信息化部、铁道部、国家质检总局等八部门联合发布《2011年度棉花临时收储预案》(2011年第5号公告)。新疆、山东等13个棉花主产省份实行临时收储。2011年度国家共收储了312万吨棉花。2012年9月10日,根据《2012年度棉花临时收储预案》,中储棉公司

---

① 《2009年棉花产业大事记》.
② 《2010年棉花产业大事记》.

启动了2012年度棉花临时收储预案,收储时间从2012年9月至2013年8月。棉花临时收储价定为每吨20400元,比2012年每吨提高600元。2013年4月12日,《2013年度棉花临时收储预案》发布,确定2013年度棉花临时收储价格为标准级皮棉到库价格每吨20400元,确定的收储时间为2013年9月1日至2014年3月31日,执行地区为新疆等13个棉花主产省市区。连续三年的临时收储政策,对稳定中国国内棉花市场价格起到了一定的作用。

但是,随着国际棉花市场价格变动,临时收储政策带来的弊端也逐渐显现出来。在这种独特的流通体制下,纺织企业如果有用棉需求,他们只有在国家放储时,从中储棉以及各个承储仓库通过竞拍方式才能获得国储棉。随着国际市场棉花价格的下跌,临时收储政策在2011年下半年遇到了挑战。国际棉价从19000元/吨逐步下降到到岸价15000元/吨左右。在国内独特的流通体制下,国储棉的起拍价在19000元/吨徘徊,加上竞拍后的手续费、出库费和资金利息,国内棉价大部分时间在19000—21000元/吨左右徘徊。国内外棉价格差在4000元—6000元/吨。[①]

在国内外棉花价格倒挂的背景下,我国对棉花仍旧使用配额制度。2011年9月11日,国家发改委公布《2012年粮食、棉花进口关税配额数量、申请条件和分配原则》,明确棉花配额数量为89.4万吨,国营贸易比例33%。[②] 2011年,我国进口棉花数量达到336万吨,约占我国棉花总消费量的30%。2012年9月26日,国家发改委公布2013年粮棉进口关税配额数量,其中棉花89.4万吨,国营贸易比例33%。由于国内外棉价差异很大,下游的织布企业可以从国际市场上自由进口棉纱,棉花的国内国际价格差异给纺织工业的上游棉纺企业带来巨大冲击。不仅如此,加上我国棉花品质在国际市场上属于中等水平,织布企业大量使用高品质的进口棉纱,也对国内棉农生产产生了不利影响。在三年的临时收储政策刺激下,国家皮棉库存总量达到1100万吨,占全球库存的60%。[③] 中国巨大的棉花库存压力,加上国际国内市场棉花价格倒挂,要想保证中国棉价在合理区间波动,必须寻求新的政策工具和手段。

2014年1月19日,中共中央、国务院印发《关于全面深化农村改革加快推进农业现代化的若干意见》明确指出,从2014年开始对新疆棉花目标价格补贴试点。2014年4月5日,国家正式启动棉花目标价格试点,这标志着从2011年开始的棉花临时收储政策的结束。2014年,国内棉花市场价格为每吨14000元,2014年,棉花目标价格为每吨19800元。2014年7月,《棉花目标价格改革试点方案》由国家发改委印发。经国务院批准,2015年我国棉花目标价格为每吨19100元。尽管在实际操作中棉花目标价格补贴的政策执行成本很高,但是2016年我国决定继续在新疆实行目标价格,每吨18600元。值得注意的是,尽管从2014年开始实施新疆棉花目标价格改革以来,棉花目标价格呈现逐年下降的趋势,但是棉花目标价格对于促进我国棉花价格回归市场起到了重要的作用。

在目标价格的激励下,尽管中国棉花产量从2014年的617.83万吨逐步下滑到2016年的530万吨,但是中国棉花的质量却在悄然提升,这在中国棉花的主产区——新疆表现得尤为明显。2014—2016年,新疆棉花平均长度由28.7毫米增长到29.1毫米,平均断裂比强度值也由

---

① 发改委已初步形成棉花流通体制改革征求意见稿,http://news.xinhuanet.com/fortune/2013－09/24/c_125435713.htm。
② 《2011年棉花产业大事记》。
③ http://field.10jqka.com.cn/20141024/c568007007.shtml。

下滑趋势转变为上升趋势。① 这意味着目标价格在某种程度上为倒逼中国棉花市场改革,尤其是推动棉花种植与市场的对接起到了一定的引导作用。

为了确保中国棉花产量下降的同时中国棉花品质逐步提升,2017年中国政府决定继续推行棉花目标价格政策,并且改变之前一年一定的方式,直接将棉花目标价格改为三年一定。2017年3月,国家发展改革委、财政部联合印发了《关于深化棉花目标价格改革的通知》,在对享受目标价格补贴的棉花数量上限进行限定的同时,确定2017—2019年新疆棉花目标价格水平为每吨18600元。② 在目标价格激励下,中国的棉花产量在2018年实现了609.6万吨。受灾害性天气、种植效益等多种因素影响,2019年中国棉花种植面积有所减少,棉花产量随之下降,总产量为588.9万吨。2000—2019年中国棉花产量见表2-1。

表2-1 中国棉花产量(2000—2019年)

年份	棉花产量(万吨)	人均棉花产量(公斤)	棉花单位面积产量(公斤/公顷)	棉花播种面积(千公顷)	占全国农作物总播种面积的比重
2000	441.73	3.5	1093.08	4041.21	2.59%
2001	532.35	4.19	1106.8	4809.8	3.09%
2002	491.62	3.84	1174.96	4184.16	2.71%
2003	485.97	3.77	950.92	5110.53	3.35%
2004	632.35	4.88	1110.78	5692.87	3.71%
2005	571.42	4.38	1128.88	5061.8	3.26%
2006	753.28	5.75	1295.26	5815.67	3.82%
2007	762.36	5.78	1286.44	5926.12	3.86%
2008	749.19	5.66	1302	5754.14	3.68%
2009	637.68	4.79	1288.57	4948.72	3.12%
2010	596.11	4.46	1229.42	4848.72	3.02%
2011	659.8	4.9	1309.6	5037.81	3.10%
2012	683.6	5.06	1458.15	4688.13	2.87%
2013	629.9	4.64	1449.5	4345.63	2.64%
2014	617.83	4.53	1463.25	4222.33	2.55%
2015	560.34	4.09	1475.87	3796.69	2.28%
2016	529.95	3.84	1584.41	3345	2.01%
2017	548.6	—	1698.6	4845	—
2018	609.6	—	1818.3	3352.3	—
2019	588.9	—	1763.7	3339.2	—

数据来源:除2018年、2019年数据,其余的数据都来自中经网统计数据库。2018年数据来自http://www.stats.gov.cn/tjsj/zxfb/201812/t20181229_1642170.html;2019年数据来自https://baijiahao.baidu.com/s?id=1653136837931409202&wfr=spider&for=pc。

---

① 目标价格改革试点3年后:棉花市场变好了吗?http://internal.dbw.cn/system/2017/06/16/057679162.shtml.

② 2017—2019年新疆棉花目标价格确定将对市场有何影响,http://info.texnet.com.cn/detail-631506.html.

二、中国棉花流通产业发展现状分析

从1978年中国棉花流通体制改革起步,到2020年这整整42年间,中国棉花流通体制从统购统销到逐步放开,从供销社棉麻公司独家垄断到国内、国际流通企业的逐步参与,从封闭式的中国棉花流通到开放条件下的中国棉花流通,中国棉花流通产业呈现出其明显的特征。

(一)流通主体多元化趋势凸显,逐步打破供销社棉麻系统的垄断格局

我国棉花市场由皮棉和籽棉两个市场构成。相对于籽棉市场来说,皮棉市场具有开放性、充分竞争的特点,而籽棉市场则具有棉麻公司相对垄断的特征[1]。在籽棉市场上,数量众多、规模小、分散生产的棉花种植户要和市场相结合,只有通过供销社系统的棉麻公司来实现。按照三不放开的政策,中国棉花曾一度由国家统一定价、棉麻公司统一经营。[2] 在棉麻公司垄断中国棉花流通尤其是籽棉流通的时候,棉麻公司既要实现政府职能目标,又要实现企业目标,两者往往存在冲突,导致棉麻公司的行为选择发生严重扭曲。棉麻公司利用其对棉花经营垄断与信息独占的优势,在棉花购销中以获得最高购销差价为目标选择企业利益最大化。

尽管棉花流通体制改革的初衷是通过棉麻公司主导的流通主要渠道从而实现棉花供求平衡,但是由于棉花市场上价格与经营的分离,加上政府政策对棉麻公司经营行为和经营空间进行严格界定,导致棉麻公司的市场行为不仅没有达到预期的政策目标,反而成为棉花购销中的利益隔板、风险漏斗和信号放大器(杜珉,1996)[3]。商品流通在社会再生产中的职能作用,为实现生产与消费的动态联系,也就是实现生产者与消费者之间的商品交换,以此来促进生产的发展和满足变化着的消费的需要(纪宝成,1993)。[4] 随着中国一系列棉花流通体制改革政策出台,众多的流通主体开始进入棉花收购、加工和销售环节,流通主体多元化凸显,供销社棉麻系统的垄断格局逐步被打破。

在中国棉花流通主体中,既有来自中国本土的流通企业,比如原有的供销社棉麻系统下属企业,农业部认定的企业,也有来自国外的棉花交易主体。

根据中美协议,到2007年中国将允许外国企业从事全方位的流通服务,享受国民待遇,即外商可以直接参与棉花收购、加工、经营,并承诺将进口配额的67%赋予非国营贸易企业。[5] 中国2011—2013年发布的中国棉花进口关税配额就充分体现了这一要求,即棉花国营贸易比例33%。国际上的重要棉花交易商,比如来自法国的世界上最大的棉花贸易商路易达孚已经参与中国棉花的交易。2015年中国发放了89.4万吨1%关税内棉花进口配额,与2014年持平。2016年进口配额仍旧维持在89.4万吨,其中国营贸易比例为33%。棉花进口关税配额在2017年、2018年、2019年、2020年均保持不变,均为89.4万吨。

---

[1] 沈元秋.关于棉花政策的若干思考[J].价格理论与实践,2000(7):26—27.
[2] 杜珉.棉花流通企业在双重角色冲突中的行为选择[J].中国农村经济,1996(12):25—28.
[3] 杜珉.棉花流通企业在双重角色冲突中的行为选择[J].中国农村经济,1996(12):25—28.
[4] 纪宝成等.商品流通论:体制与运行[M].北京:中国人民大学出版社,1993:14.
[5] 罗英姿.入世对我国棉花流通体制的影响及政策建议[J].国际贸易问题,2001(10):6—8.

(二)在棉花交易方式上,呈现出现货交易和期货交易结合的特点

纵观中国棉花交易,呈现出国内市场以现货交易为主、国际市场以期货交易为主的双重特点。

在国内市场上,中国棉花交易主要以现货交易为主,尤其是籽棉交易更是如此。由于棉花仍旧主要是小农户生产,根据棉花的不同品质,从棉花采摘到最后销售的分摘、分晒、分存、分售仍旧没有实现。在不同的棉花市场,交易方式仍旧比较落后。在籽棉市场,由于单个棉农生产规模小,进入正规市场的交易成本高,大部分棉农仍旧采取等候棉花经纪人上门收购的方式销售籽棉,棉农、棉花经营企业和棉花经纪人主要采取一对一交易。

在现货市场方面,中国从1999年10月才真正进入市场化进程,开始试运行全国棉花现货交易市场。[1] 中储棉信息中心目前成为全国最大的棉花现货交易中心。在皮棉市场,尽管已经有棉花企业和棉纺企业在全国棉花市场通过电子交易系统进行交易,但是仍旧存在棉花企业与棉纺企业之间、棉花企业与棉花企业之间的一对一交易,而且没有固定交易场所。

和现货交易相比,期货交易则具有价格发现、节约交易成本和规避市场风险、能够优化棉花资源配置等多方面的功能。从2004年棉花期货品种获批并在郑州商品交易所正式挂牌以来,中国积极探索期货交易。2011年10月20日,渤海商品交易所棉花期货交易品种上市,该期货品种以新疆生产的棉花作为报价的基准。棉花企业和纺织企业在交易所系统内实现交易直接对接,完成销售和采购,从而缩减中间贸易流通环节,降低生产、经营成本,中国产棉大区的新疆涉棉企业将成为直接收益者。不仅如此,期货交易的发展也有利于中国棉花流通企业从国际市场上调度棉花资源,满足国内生产和消费需要。

随着《2018年自治区棉花"价格保险+期货"试点方案(试行)》的印发,新疆在博尔塔拉蒙古自治州博乐市、喀什地区叶城县、阿克苏地区柯坪县正式启动"价格保险+期货"试点工作。

随着中国加入世界贸易组织,中国棉花流通逐步参与全球流通,中国棉花进出口贸易尤其是棉花进口量在逐步扩大(表2-2)。根据海关资料,1980—2001年,中国共进口610万吨棉花,出口465万吨棉花,年均进口棉花29万吨,出口棉花22.2万吨,同期世界年均棉花贸易量是606万吨,我国年均进出口量分别占世界棉花总平均贸易量的4.7%和3.6%(杜珉,2006)。[2] 世界棉花的绝大部分贸易量集中在少数大国之间。自2007年以来世界棉花的主要出口国为美国、印度、澳大利亚、巴西、乌兹别克斯坦、希腊和土库曼斯坦。这7个国家的出口量大约占世界棉花出口总量的80%。

由于纺织产业的发展,尤其是国内棉花流通体制改革导致的2011年以来出现的转圈棉现象,中国纺织企业的棉花进口量逐年增加。根据美国农业部统计数据,2010—2011年中国进口棉花260.8万吨,占当年世界棉花进口量的33.56%(张立杰等,2012)。[3] 中国棉花进口量的增加以及随之带来的棉花对外贸易依存度的提高,加剧了中国棉花对国际市场的依赖。在国

---

[1] 刘从九.我国棉花流通体制改革与期货市场的预期功能[J].中国棉花,2003,30(11):2—4.
[2] 杜珉.WTO与中国棉花简明读本[M].中国农业出版社,2006:13—40.
[3] 张立杰,寇纪凇,李敏强.棉花流通体制改革后国际贸易对国内棉花价格影响分析[J].农业技术经济,2012(7):32—38.

际市场上,中国棉花进口贸易则主要通过期货交易来实现,其中美国纽约期货交易所在全球棉花价格形成中发挥主导作用。

从表2-2可以看出,从2013年开始,中国棉花进口量开始出现下降,随着2014年中国对新疆棉花实行目标价格改革,这种下降趋势更为明显。2014年中国棉花进口量为243.92万吨,比2012年下降了269.55万吨。2015年、2016年中国棉花进口量下滑趋势更为明显。比如,2016年中国棉花进口量仅达89.83万吨。从2017年开始,中国棉花进口量逐步回升,2018年进口量达到157万吨,进口金额为317159.2万美元。2019年中国棉花进口数量继续增加,达到185万吨。

表2-2 中国棉花进出口情况(1998—2019年)

指标 年份	棉花出口量(吨)	棉纱线出口量(吨)	HS52章棉花出口额(亿美元)	棉纱线出口额(万美元)	棉花进口量(万吨)	HS52章棉花进口额(亿美元)	纺织用合成纤维进口量(万吨)
1998	44992	133578	28.1	42154	20	25.81	94
1999	236322	173987	32.91	52802	5	23.56	83
2000	292475	210602	37.3	63083	5	27.89	100
2001	52366	246056	36.58	72175	6	29.41	92
2002	149538	388413	48.94	100673.8	18	33.27	104
2003	112020	504060	62.2	137796	87	46.5	106
2004	9092	431031	65.87	133380	191	68.98	99
2005	4962	469532	74.38	139993	257	70.78	84
2006	12956	577240	88.77	182637.6	364	91.09	62
2007	21004	583776	93.59	193347	246	77.18	51
2008	16361	547247	106.91	197311.5	211	74.45	32
2009	8249	537527	96.07	181593.2	153	61.8	35
2010	6453	525104	130.67	225100	284	106.21	37
2011	25698	392909	154.98	225620.5	336	147.3	35
2012	17558	447413	148.38	218233.1	513	186.81	33
2013	6733	523286	175.47	251515.9	414.8	172.29	38
2014	13470.2	431379.4	163.04	206262.1	243.9	127.56	34.03
2015	28915.68	343935.48	157.99	166817.62	147.27	102.54	33.95
2016	7757	355657	149.67	—	89.83	77.44	32
2017	—	—	—	—	116	—	—
2018	—	—	—	—	157	—	—
2019					184.9		

数据来源:除了2017年、2018年外,其余的数据皆来自中经网统计数据库。2017年、2018年数据来自http://www.chyxx.com/shuju/201903/719555.html;2019年中国棉花进口数据来自https://www.sohu.com/a/377076101_120113054。

从表2-3可以看出,2015—2019年中国棉花进口来源国的基本结构变化情况。美国、澳大利亚、印度、乌兹别克斯坦、巴西这5个国家是中国棉花进口的主要来源地,从这些国家进口的棉花占2016年中国棉花进口总量的86.45%。2017年中国从这些国家进口的棉花占中国棉花进口总量的89.7%,比2016年有所提高。与2015—2017年相比,2019年中国从主要国家进口棉花的数量占中国棉花进口总量的比重虽然有所下降,但是依旧保持在84%的水平。受贸易战等因素的影响,中国从美国进口的棉花数量下降。与此同时,中国从巴西进口的棉花数量激增,巴西已经成为中国棉花进口最大来源国,比重高达27%。

表2-3 中国棉花主要进口来源国(2015—2019年)

棉花主要进口来源国	2015年 棉花进口数量(万吨)	占中国棉花进口总量的比重	2016年 棉花进口数量(万吨)	占中国棉花进口总量的比重	2017年 棉花进口数量(万吨)	占中国棉花进口总量的比重	2019年 棉花进口数量(万吨)	占中国棉花进口总量的比重
美国	51.85	35.21%	26.34	29.45%	50.6	43.8%	36.06	20%
印度	24.24	16.46%	11.84	13.24%	11.2	9.7%	—	11%
澳大利亚	25.18	17.10%	21.84	24.42%	25.8	22.3%	39.8	22%
乌兹别克斯坦	17.15	11.65%	9.31	10.41%	9.3	8.1%	—	4%
巴西	14.16	9.61%	7.99	8.93%	6.7	5.8%	50.54	27%
主要进口来源国进口量合计	132.58	90.03%	77.32	86.45%	103.6	89.7%	—	84%
当期中国进口总量	147.27	100%	89.44	100%	116	100%	185	100%

数据来源:(1)2016年全年中国进口棉花分析,http://news.ctei.cn/bwzq/201702/t20170215_2352717.htm。
(2)2018年中国棉花产量、播种面积、进出口及价格走势分析,http://www.chyxx.com/industry/201806/648438.html。
(3)2019年中国棉花种植面积、产量、进口量及下游市场分析,https://www.sohu.com/a/377076101_120113054。

从表2-4可以看出,在中国棉花进口总量下滑的同时,中国各地区棉花进口总量也随之发生变动。但是中国棉花进口地主要集中在东部沿海地区的格局并没有发生变化。2015年,山东、北京、江苏、上海和新疆分别进口棉花47.8万吨、22.6万吨、37.52万吨、11.63万吨和6.2万吨。[①] 2016年,山东省进口棉花总量虽然比2015年下降了9.43万吨,但是山东省占中国棉花进口总额的比重却比2015年提高了10.44个百分点。从表1-4看出,2016年山东省、江苏省和北京市三地棉花进口占中国进口总额的比重为83.03%,比2015年提高了9.75个百分点。可见,中国棉花进口地主要集中在山东省、江苏省和北京市三个地区。2017年至2019年,这三地依旧保持领先态势。以山东省为例,2019年1—12月,山东省棉花进口数量为70.71万吨,比2018年增长2.8%。[②]

---

① 2015年中国进口棉花分析,http://www.cottonusa.org.cn/scfx/ydbg/201602/t20160222_2185271.html。
② 2019年1—12月山东省主要进出口数据 http://www.customs.gov.cn/jinan_customs/500341/500343/500344/2919381/index.html。

表 2-4 中国各地区棉花进口量对比(2015—2016 年)

棉花主要进口地	2015 年		2016 年	
	棉花进口数量（万吨）	占中国棉花进口总量的比重	棉花进口数量（万吨）	占中国棉花进口总量的比重
山东省	47.8	32.46%	38.37	42.90%
江苏省	37.52	25.48%	22.81	25.50%
北京市	22.6	15.35%	13.08	14.62%
主要进口地进口量合计	107.92	73.28%	74.26	83.03%
当期中国进口总量	147.27	100%	89.44	100%

数据来源：作者根据（1）2015 年中国进口棉花分析，http://www.cottonusa.org.cn/scfx/ydbg/201602/t20160222_2185271.html；（2）2016 年全年中国进口棉花分析，http://news.ctei.cn/bwzq/201702/t20170215_2352717.htm 的数据整理分析。

(三) 棉花交易市场建设受到高度重视，流通基础设施不断完善

棉花交易市场建设是推动中国棉花流通体系建设的重点内容。全国棉花交易市场最早于 1998 年成立，中心市场在北京。从 2009 年 2 月 26 日国家棉花交易中心在合肥开业运行以来，加快棉花交易市场建设一直是棉花流通体制改革的关注重点之一。截至 2013 年底，全国棉花交易市场中心交易商数量达 4200 多家，在全国共设立 168 家指定交割（监管）仓库。[①] 2014 年 1 月 16 日全国棉花交易市场数据中心在北京落成并投入使用。随着中国棉花生产布局的变更，尤其是新疆在全国棉花交易中地位日益突出，任剑和布娲鹣·阿布拉(2011)提出在新疆建立原棉国内交易所的想法，并对具体选点进行了说明：南疆可以考虑喀什与阿克苏为塔里木西部市场，库尔勒为塔里木中部市场；北疆石河子为准噶尔东部市场，奎屯与乌苏为准噶尔西部市场；吐鲁番或哈密为东疆市场。[②]

在供给侧改革的宏观背景下，在棉花交易市场等有形市场建设的同时，如何通过互联网推动棉花领域流通创新，提升棉花流通效率，正成为棉花流通产业发展的政界、业界和学界共同关心的重大理论和现实问题。为了有效解决涉棉企业的融资难问题，2011 年 11 月 23 日中国建设银行北京分行与全国棉花交易市场共同推出"e 棉通"网络融资服务。[③] 截至 2013 年 3 月末，已有 52 家涉棉中小企业签订可循环支用"e 棉通"借款合同 14.9 亿元，发放贷款 8 亿元。[④] 由于整个棉花流通需要解决的不仅仅是资金问题，对于参与流通的企业来说还要考虑棉花品质、棉花物流等相关问题。这就要求整个棉花行业需要加强商业模式创新。

从全球棉花流通发展态势来看，现货和期货交易相互结合，实现线上线下互动成为新的趋

---

① http://www.cottonchina.org/cnceweb/info/gywm.html? a=d＄0＄gywm/qycl.html.
② 任剑,布娲鹣·阿布拉.构建新疆棉花现代流通体系的对策和建议[J].决策咨询通讯,2011(3):50—54. 具体引自第 51 页.
③ 建行推出"e 棉通"网络融资业务 为中小企业融资书写新篇章,http://news.timedg.com/2011-11/23/7389188.shtml.
④ 网络银行"e 棉通",http://www.zcmall.com/jrbaike-wangdaipingtai/info-89828.html.

势。2014年9月27日,中国棉花O2O公共平台——国家棉花资源监测信息平台正式推出。该平台的推出将对完善中国棉花信息建设,提高流通效率具有一定的促进作用。随着"互联网+"上升为国家战略,"互联网+"农业为棉花流通提供了新方向。

2016年1月,齐鲁商品棉花交易平台挂牌交易并且实现正式上线运营,并顺利完成了977.23吨澳大利亚棉花在线交易。① 为进一步释放互联网经济活力,2016年4月15日国务院办公厅关于实施"互联网+流通"行动计划的意见发布。将互联网与棉花结合起来,推动棉花流通体系创新,是中国棉花流通体制改革中的重要举措。2016年9月1日,全国棉花交易市场电子商务网站——e棉网正式上线。在e棉网网页上,有e棉仓单、e棉交易、e棉资金、e棉物流和e棉专属四大板块。在e棉专属板块,包括新疆监管棉入库预约、出疆棉公路运输监管、出疆棉运费补贴申报三个系统。在e棉仓单板块,则可以看到100%真实仓单资源、商品棉挂牌交易、商品棉竞卖交易和进口棉交易四个方面的内容。这为互联网、大数据、云计算等背景下全国棉花商品流、信息流、资金流等的整合,提供了统一的大平台。在中国国内棉花市场,随着国内棉花期货与期权市场的快速发展,期货仓单棉日益受欢迎,库存数量占比随之提升。传统的中国国内棉花采购和销售的定价模式正在被改变。可以预计,随着《新疆纺织服装产业发展规划(2018—2023年)》印发实施,新疆的棉花交易市场将日趋完善。

三、中国棉花流通中暴露出的主要问题

(一)棉花流通主体规模化、组织化程度不高

中国棉花流通体制改革一直致力于塑造具有国际竞争力的棉花流通组织。但是无论从国内市场还是从国际市场来看,中国棉花流通组织都体现出明显的规模小、组织化程度不高、对棉花产业链主导权缺失的特点。

从流通主体来说,尽管供销社棉麻系统涌现出一批大型企业,比如中储棉,但是和国际上的大型棉商相比,无论在规模还是组织化水平上都存在不小的差距。以从事棉花贸易有220年历史的美国为例。美国参与棉花流通的企业组织化程度比较高,具体表现在贸易商数量相对较少、平均规模较大。在美国,经过长期竞争,棉花贸易商只有十来家,其中10家棉商占有整个美国90%以上的棉花资源。在这些棉商中,包括达利文公司、爱伦堡公司、斯泰普棉花合作社、加州棉花合作社、平原棉花合作社等大的棉商棉花经营量已经接近或者超过100万吨。② 在美国,棉花加工领域的规模化、组织化程度也比较高。棉花从地头田间机采后,由于轧花厂大量分布在产棉区,因此几乎全部籽棉采取的都是棉垛运棉加工的方式,这样能大大缩短运输距离。2011—2012年,美国有680家轧花厂正常运转,加工1520万包棉花,平均每家企业加工数量为22353包。③ 可见,美国涉棉企业平均规模较大。反过来看,中国棉花加工企业数量众多,2011年有资格的棉花加工企业数量为4000家左右,无资格的棉花加工企业数量

---

① http://www.51zixuewang.com/news/fdf0roc620160126c6n435847652.html.
② 丁好武.借鉴美国棉花流通模式,加快推进我国棉花市场体系建设[J].中国棉麻流通经济,2003(5):27—30.
③ 《2013美国原棉采购指南——美国国际棉花协会》,第10页,http://www.docin.com/p-620162043.html.

大约有8000家。① 据北京中棉设备成套设备有限公司提供的数据分析，中国的棉花加工能力，平均3000吨，也就是13000包，中国棉花加工企业的加工规模只有美国的58.15%。

在国际棉花交易中，美国国际棉花协会（CCI）就是将美国的棉农、轧花商、仓储商、棉商、棉籽加工商、合作社和纺织企业七个组成部分作为一个整体，参与全球棉花交易。该协会下属企业大多历史悠久，具有丰富的贸易经验。以Calcot公司为例，该公司有87年历史，是由来自加利福尼亚、新墨西哥和得克萨斯以及亚利桑那的棉花生产者组成的合作社。②

和来自美国等发达国家规模庞大、组织化程度高的棉花交易商相比，中国棉花流通产业缺乏可以与之抗衡的棉花流通企业。中国的棉花贸易商以购销为主，缺乏对整个棉花产业链的主导权或者说控制力。在国内市场上，随着路易达孚等大型国际棉商等的进入，中国棉花国内流通渠道的主导权也开始受到影响。在国际市场上，作为世界棉花的最大生产国与棉花消费国，中国棉花价格受世界棉花价格的影响远大于其对世界棉花价格的影响，中国棉花对世界棉花价格的话语权还很弱。③流通具有媒介生产和销售的功能，培养具有国际话语权的大型中国棉花流通组织迫在眉睫。

（二）棉花仓储物流设施体系不健全，流通成本居高不下

中国一直高度重视棉花仓储物流基础设施建设，但是由于棉花标准化程度滞后、产销存在时空差异等原因，棉花流通成本居高不下的问题并没有得到有效解决。

中国棉花主产区主要集中在新疆。2015年新疆棉花总产量为350.3万吨，占全国比重的52.5%。④ 新疆的原棉一部分本地消费，一部分输送国内市场尤其是沿海发达地区。从图1我们可以看出，新疆的棉花出疆存在运输时间集中、运输方式相对单一、运输成本高等特点。总而言之，中国棉花运输成本高，而且总体的物流效率比较低下。

相比较而言，美国等发达国家棉花流通过程中标准化程度较高，一般靠近产地进行轧花。靠近原料产地进行棉花加工，大大降低了运输成本，节省了流通费用。在仓储环节也是如此。在美国，棉花从轧花厂运送到仓库后，无论货主经过多少次变更都不需要频繁移库，只有需要出口或销售到纺织厂时才办理出库手续，这就大大减少了棉花装卸、搬倒等中转费用，降低了流通成本。⑤

在中国棉花每转手一次，就发生一次移库费用。不仅如此，在棉花运输、仓储过程中，由于受到仓储物流技术的限制，在籽棉采购运输中仍旧存在大量的手工记录信息行为，这些都无形中增加了流通成本。一直以来，运价与储存成本是新疆棉花价格的重要决定因素。"大概一吨新疆棉加工出来的成本为18500元，从新疆拉到内地最少500元，这只是运费，中间还有装卸、仓储费用等。还要进行汽运等'短倒'才能运到纺织厂。"⑥在中国，由于缺少专业的仓储运输

---

① 李德玉，李伟.中美棉花加工业对比[J].中国棉花加工，2012(5).

② www.calcot.com.

③ 张立杰，寇纪淞，李敏强.棉花流通体制改革后国际贸易对国内棉花价格影响分析[J].农业技术经济，2012(7):32-38.

④ http://info.texnet.com.cn/detail-570078.html.

⑤ 丁好武.借鉴美国棉花流通模式，加快推进我国棉花市场体系建设[J].中国棉麻流通经济，2003(5):27-30.

⑥ 拿什么"焊接"棉花产业物流链？http://www.chinawuliu.com.cn/zixun/201211/15/195022.shtml.

体系,棉花从田间地头到最终的用棉企业,中间经过多个环节,每个环节都发生相应的损耗和成本。这些成本最终会累积到最终用棉企业的生产成本中,这种价格传递不仅会推动用棉企业的综合成本上涨,同时不利于国际竞争力的提升。

值得关注的是,随着中国棉花目标价格继续实行,新疆作为我国棉花的主产区,在全国棉花中的主导地位日益突出。新疆棉花产量占全国的比重从2014年的59.5%提高到2015年的62.5%,①2016年进一步提高,最终达到67.3%②。随着2017—2019年中国棉花目标价格的继续执行,尤其是在纺纱等环节也有相应的优惠政策,以及"一带一路"战略实施带来的巨大商机,越来越多的涉棉企业进入新疆。在新疆棉花生产比重提高的同时,新疆涉棉企业数量也随之增加,这将为新疆棉花的本地生产、本地加工带来极大的便利。新疆棉花的生产和消费状况见图2-1所示。

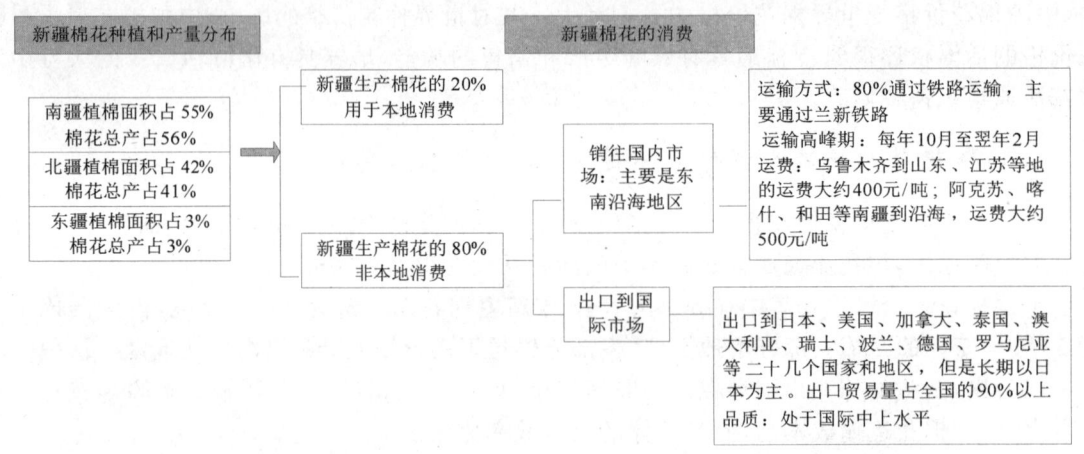

图2-1 新疆棉花的生产和消费状况

资料来源:作者根据王会艳(2008)、杨忠娜等(2013)的论文资料整理、绘制而成。

新冠肺炎疫情的暴发给中国棉花的生产、采摘、运输、仓储等环节带来巨大压力。这在中国新疆表现尤为明显。如何在做好疫情防控的同时,做好2020年棉花的采摘工作、运输等后续工作,减少流通环节,降低流通成本,提高流通效率是当务之急。

(三)棉花、棉纱期货交易在起步阶段,对生产的引导功能有待发挥

在棉花贸易发达的美国,总体来说主要是期货交易。美国已经没有有形的棉花现货市场。包括美国农场主、棉商、合作社、纺织企业都主要依靠纽约交易所的棉花期货交易。在传统的期货交易方式上,美国棉花流通积极采用电子商务技术,进行流通模式创新。1999年美国成立了Telcotn电子商务公司,在此基础上专门成立了从事网上交易的THESEAM公司。

和美国相比,中国棉花交易仍旧以现货交易为主,期货交易为辅。尽管我国已经在郑州推出了棉花期货交易品种,而且已有的实证研究发现,新疆棉花现货市场价格与期货市场价格短

---

① 新疆棉花产量占全国六成多,http://news.163.com/16/0104/10/BCFRTPSQ00014AED.html.
② 统计局2016年全国棉花产量、种植面积数据解读,http://www.askci.com/news/chanye/20161220/09495683769.shtml.

期波动明显,但是长期趋向均衡。从具体实践来看,棉花期货市场对新疆棉花现货市场价格有明显的引导作用,而新疆棉花现货市场价格对期货市场价格影响不大(孙良斌,2011)①。其中很重要的原因就是现货市场主体对棉花期货市场的信息反应存在时滞。加上新疆棉花生产者数量众多,主要是分散的农户,参与棉花交易的经营者相对来说规模偏小,导致参与期货交易的市场主体套期保值量小,难以对郑州棉花期货交易价格形成产生引导作用。以农户规模为例,棉花期货市场上,一张合约为5吨/手,许多分散的以家庭为单位的农户难以达到该合约提出的要求。其次,即使是中国棉花重要的产区——新疆,全区的涉棉企业也只有100家左右在期货公司开户交易,交易活跃的账户数量则更少。② 其中新疆天利期货经纪有限公司、新疆金石期货有限公司、万达期货有限公司乌鲁木齐营业部、宏源期货公司等几家公司尽管参与棉花期货经营,但是总体来说交易量也偏少,而且规模不够大。所有这些均阻碍了棉花期货交易的快速发展。

事实上,对于中国来说,需要采取期货交易的不仅仅是棉花,还有与棉花紧密相关的棉纱。我国是世界上最大的棉纱生产国、消费国和进口国,产量约为625万吨,占全世界产量的37%,表观消费量约为788万吨,进口量约为178.5万吨。据中国棉纺织行业协会统计,我国拥有规模以上棉纺织企业9000余家,其中棉纱生产企业5400多家。③ 然而,棉纱国际价格波动幅度过大,给中国棉纱行业带来不可低估的风险,为了实现对棉纱价格波动风险的有效管理,2017年6月30日证监会批准郑商所开展棉纱期货交易。总体来说,无论棉花还是棉纱期货交易,在中国都属于起步阶段,对生产的引导功能尚未全面发挥。

四、推动中国棉花流通发展的具体对策

(一)通过并购、重组等方式,提高中国棉花流通组织化程度

回顾中国棉花流通体制改革三十多年来的轨迹,结合国际棉花流通发展趋势,中国棉花流通体制改革要改变过去的仅针对价格进行改革的方式,重点在于塑造具有国际话语权的中国棉花流通组织。要提高中国棉花流通组织化程度,首先需要大型棉花贸易企业的形成。依托多年的国内市场运营经验,要大力推动中国储备棉总公司(简称中储棉)等国营棉花流通企业做大做强,将其打造成为可以和国际棉商抗衡的中国棉花流通主力军。大型棉花流通企业的形成,可以通过并购或者重组方式形成。2016年11月24日,国有粮企巨头中国储备粮总公司收编中国储备棉管理总公司。该收购的顺利完成,有利于提高中国在全球粮食和棉花交易中的地位。

值得注意的是,棉花流通企业组织化程度提升并不能完全解决中国棉花流通问题。在供给侧改革的大背景下,更要从棉花生产端入手。针对中国棉花分散化、小规模单个家庭生产的

---

① 孙良斌.新疆棉花现货与期货市场价格动态关系的实证分析[J].安徽农业科学,2011,3(8):4958—4960.

② 孙良斌.新疆棉花现货与期货市场价格动态关系的实证分析[J].安徽农业科学,2011,3(8):4958—4960.

③ 证监会批准郑商所开展棉纱期货交易,http://finance.sina.com.cn/money/future/fmnews/2017－06－30/doc－ifyhrxtp6376515.shtml.

现状，要大力发展棉花专业合作社，通过合作社来降低单个棉农进入棉花市场的交易成本，同时通过专业合作社加强对棉花种植品质等的控制，加强对棉农期货市场知识的传递，在棉花种植结构等方面进行相应安排，为棉花后续流通做好准备。

基于中国棉花生产与消费的不对称，要多措并举，将先进的技术引入棉花生产环节，确保中国棉花总产量的相对稳定。一方面要加强对棉花制种技术的研发，另一方面要在后续环节减少相关种植成本（用水、用电、用工等），提升棉农的生产积极性。比如将无人机技术引入棉花行业就是其中一例。为了提升新疆棉农种植的积极性，在原有的补贴基础上，新疆明确将对多动无旋翼植保无人机进行财政补贴。

（二）加快运输等物流基础设施和体系建设，提高中国棉花流通效率

中国棉花流通效率的提升，不仅仅要从棉花生产环节入手，同时要逐步改善棉花在运输、储存和中转等环节中的流通基础设施。具体来说，要推动棉花包装的标准化。标准化包装不仅有利于运输，而且有利于降低棉花流通过程中发生的不必要的损耗。同时，对现有的棉花运输从铁路运输、公路运输方式逐步向集装箱运输转变。尽管中国目前棉花并不具备集装箱运输的条件，比如目前轧花厂并没有加夹包机，同时现有的火车车站也并不具备集装箱的匹配能力，但是仍旧需要创造条件，推动棉花实现集装箱运输。在改善棉花包装和运输等基础设施条件的同时，要大力推进棉花物流信息系统建设。通过电子数据交换、全球定位系统、自动化仓储系统等方式，提升棉花物流运作的效率。在仓储设施建设上，模仿美国经验，靠近产地对棉花进行轧花，并且逐步提高棉花期货交易所占比例，减少不必要的倒库，根据最终需求来实现移库，节省物流环节，降低物流成本。

棉花内部的仓储流通效率提升，需要国家铁路网络尤其是高铁网络的支撑。为了加速中国棉花的流通尤其是提升运输速度，国家发改委正致力于加速中国新疆与内陆省份的交通运输网络建设。根据2019年7月20日国家发改委发布的《中长期铁路网规划》，2025年之前，新疆将有5条高速铁路被打通，直达北京、青岛、连云港、三亚、广州等地。新疆高铁网络的形成，将为中国棉花生产与消费的匹配提供广阔的市场空间。

（三）促进期货交易、电子商务深度发展，推动中国棉花流通方式创新

尽管期货在中国发展缓慢，但是从全球棉花市场价格形成和发达国家棉花参与国际贸易的方式来看，期货贸易在全球棉花交易中的套期保值功能和引导生产功能已经得到了充分验证。电子商务的兴起也为中国棉花流通方式创新提供了新的可能。

要推动中国棉花流通的发展，需要在现有基础上，大力推动期货交易。期货交易首先要从种植环节入手。通过棉花流通企业主导的合作型经济组织，或者是棉花流通企业主导的棉花价值链，将数量众多、规模小的单个分散农户进行整合，有针对性地缩减棉花种植品种，扩大单个品种的种植规模。同时，在开发适合新疆棉花的机采设备基础上，推动中国棉花的标准化建设，引导更多的棉农参与期货交易。所有这些都离不开对涉棉农户和企业的关于棉花、棉纱的现货和期货交易的相关培训。在培训中，务必采用这些涉棉农户和企业能够听得懂的语言进行讲解，同时要给这些企业尤其是涉棉农户进行相应的技术指导，从根本上解决期货发展的基础问题。

除此以外，针对日益兴起的电子商务，积极探索适合棉花交易的电子商务模式，整合线上

线下资源,真正发挥电子商务对中国棉花产业链的重塑功能。值得注意的是,在当前条件下,迫切需要警惕棉花流通中出现的电子商务热。从中国棉花流通实际来看,无论棉花采取线上交易还是线下交易,从技术上来说并不难实现,真正难以实现的是如何对交易的棉花品质提供保障。"互联网+棉花"的主要特点在于互联网能够降低信息不对称,解决许多传统流通方式中的市场交易不透明问题。在电子商务背景下,棉花融资平台、棉花交易平台、棉花物流配送平台、棉花交易的大数据平台的成功建立,以及实现这些平台建立的初始目标,都离不开棉花在库功能检验和质量追溯机制的保障。[①]

在当前条件下,要实现互联网对棉花行业的改造,就必须加快对棉花进行在库检验工作的推动,尤其是对每包棉花都要进行在库检验。检验获得的数据不仅要建设成数据库,更要根据棉花保存时间、保存条件以及由此发生的品质变化等进行实时动态检测和检验,构建中国所有在库棉花品质的数据库,而不是停留在粗略的棉花库存总量上。这项工作能否在短时期能完成,并且在整个行业推行开来,将关系到中国棉花流通行业能否真正利用互联网经济提升行业流通效率、提升行业可持续发展、做好棉花产业预警进而保障中国棉花产业安全,因此这是当前整个棉花流通体系改革中最核心也是最为迫切的工作。

在新冠肺炎疫情肆虐的今天,中国棉花产业也需要做好疫情防控工作,既要关注全球疫情冲击下的世界棉花生产状况,也要将与棉花交易相关的活动实现从线下到线上的转移。

(四)以"一带一路"建设为契机,倒逼中国棉花流通体制改革稳步推进

2020年是改革开放四十二周年,中国流通体制改革伴随着中国改革开放也在逐步推进。与改革开放初期相比,中国棉花国内流通取得稳步进展,中国棉花参与国际流通的广度、深度也发生了显著变化,但是中国棉花国内流通和国际流通一体化工作仍有待进一步推进。

从2013年开始,中国推行"一带一路"倡议。位于中亚的哈萨克斯坦、乌兹别克斯坦、塔吉克斯坦、吉尔吉斯斯坦、土库曼斯坦等国是仅次于美国的棉花净出口地区,同时也是世界上棉花单位面积生产成本最低的地区。中国应该充分利用"一带一路"倡议落实的历史机遇,和中亚五国在棉花领域进行深度合作。中国和中亚五国棉花的产能合作,势必会遇到包括棉花育种技术、棉花栽培技术、棉花加工技术、棉花运输储藏等多方面的挑战。中国应该充分利用这一机遇,倒逼中国国内棉花流通体制改革。与此同时,中国也要清醒地认识到,棉花流通体制改革是一个系统工程,仅仅从流通环节入手是不够的。这就需要以"一带一路"建设为契机,在把握好生产和消费关系的基础上,倒逼中国棉花流通体制改革。

2020年新冠肺炎疫情的暴发,使全球棉花主产国的棉花生产受到不同程度的冲击。国内棉花生产受到洪涝灾害等天气影响,这在湖北、安徽、江西、湖南等省份表现明显。棉花国际供给能力不稳定、棉花国内市场消费回暖、美国制裁中国的棉花纺织行业……多重挑战叠加。中国棉花流通企业迫切需要理顺供求关系,为确保棉花生产和消费的稳健运行提供组织保障。

---

① http://futures.hexun.com/2015-06-12/176706528.html.

第三部分　中国棉花产业绿色发展价格支持机制报告①

棉花是集大宗农产品和纺织工业原料于一身的重要经济作物。棉花产业绿色发展以来，国家出台了棉花临时收储、棉花目标价格、"目标价格＋期货"、"价格保险＋期货"、棉花生产生态补偿等支持棉花产业绿色的政策，逐步建立起了一套以目标价格为内核、与市场经济要求相适应的绿色发展制度框架，取得了较为显著的成效，积累了重要经验。在高水平开放新格局下，中国棉花产业绿色发展受到国内国际两个市场（以下简称"双循环"）棉花资源的作用，特别是国际棉花资源对国内棉花产业绿色发展形成巨大影响。目前在处理两个市场棉花资源关系，完善棉花产业绿色发展价格支持体系方面，取得了巨大进步，但还存在着新的突出问题，因而亟须优化相关棉花产业绿色发展价格支持政策，推进棉花产业高质量绿色发展。

一、棉花产业绿色发展价格支持机制政策演变②

（一）"双循环"棉花资源状况

加入WTO以来，中国棉花供需形势发生了较大变化。目前中国是世界纺织品生产大国、出口大国和棉花生产大国、进口大国。面向未来，随着中国进入高水平开放新阶段，受多种因素影响，中国棉花产业还会发生大的变化。这些变化对中国棉花产业支持政策的设计和优化将产生重要影响。

1. 棉花"双循环"市场需求数量增加

近20年来，随着中国加入WTO，中国纺织品、服装出口迈上新台阶，形成了棉花内外需都较大的"双循环"格局，棉花需求总量增加并不断调整。纺织业在中国既是传统产业，又是优势产业，在改革中经历艰难曲折，不断创新，由大到强，逐步实现了质量跃升、市场拓展、体制切换、多元化发展和创新驱动，已经成长为支撑世界纺织工业体系平稳运行的核心力量。1999年，中国已基本完成"三年压缩1000万陈旧落后棉纺纱锭"的任务，纱锭产能约为3400万锭。2008年，中国纱锭产能突破亿锭，到2010年左右达到最高峰1.2亿锭。随后，纱锭开机率下降，实际开工数为每年七八千万锭。从2011年开始，中国纤维加工总量连续6年在世界上的占比在50%以上。

目前，中国纺织工业体系发达，纺织业的大发展拉动了棉花需求的不断增长，但实际用棉呈波动态势。其主要原因包括：一是棉花等属于传统的天然纤维，受种植业规模限制，这些纤

---

① 执笔人：卢辞、王清漪、董刚、钟雅苏；审稿人：唐敏。
② 主要参考资料为秦中春、宁夏撰写的《加入WTO以来中国棉花产业的发展态势与政策优化》一文，载改革，2020-07-07。

维产量难以大幅增加,甚至出现了下降;二是由于人们对差异性和功能性的需求,化纤的应用越来越广泛,涤短和粘短成为重要的棉纺原料,再生涤纶、原生涤纶和黏胶等产量不断提高,形成了对棉花的替代。根据中国化学纤维工业协会专家的测算,2011—2017年,中国的纺织用棉(包括国产棉和进口棉)分别约为1050万吨、880万吨、810万吨、710万吨、675万吨、715万吨、755万吨。2017年,中国纺织纤维加工总量达到5430万吨,占全球比重超过50%;其中,化纤4533万吨,占比为83.5%;棉花755万吨,占比为13.9%;其他纤维142万吨,占比为2.6%。从2018年起,美国对中国纺织品进行了加税,导致中国纺织品出口增长回落,同时中国对进口美棉进行了反制加税,影响了美棉价格,短期内对中国棉花总消费及整个供求格局造成了较大冲击,纺织用棉有所减少。

目前中国是世界上最大的棉花消费国。美国农业部等发布的报告显示,世界棉花总消费量从20世纪90年代中期到2007/2008年是持续上升的,从2008/2009年到2011/2012年有所波动,2012/2013年以后呈回升趋势。2017/2018年世界棉花总消费量(包括纺织用棉和损耗等)为2600万吨,比上年度增长150万吨。2017/2018年中国棉花总消费量为850万吨,排名第一,占世界棉花总消费量的比例为32.69%;印度为540万吨,排名第二;巴基斯坦为230万吨,排名第三;土耳其为150万吨,排名第四;巴西为70万吨,排名第五。

2.棉花"双循环"供给的国际影响越来越大

近20年来,中国棉花生产发展不断调整,曾经大幅增长,但先增后减。全国棉花总产量在2007年前波动上升,到2007年达到峰值(759.7万吨),2007年后波动下降(见图3-1、图3-2)。近几年来,中国棉花生产发生重大变化。2014—2019年,中国棉花总面积和总产量先降、后升、再降,棉花单产在持续上升后也开始出现下降。据国家统计局公布的数据,2019年全国棉花种植面积达333.92万公顷,产量588.9万吨,单产1764公斤/公顷,与2014年相比有降有升,其中面积下降20%,产量下降6.5%,单产上升16.9%。在这6年中,棉花生产发展方式出现重要转变,棉花生产不断从分散棉区向规模高产棉区集中,全国棉花主产区发生重要分化,黄河流域和长江流域棉区生产大规模缩减,新疆棉区先缩减后回升。迄今黄河流域和长江流域棉区生产仍在不断缩减,但新疆棉区从2017年起已连续3年回升,全国三大主产棉区种植规模已从过去的"三足鼎立"逐步演变到现在的"二八现象","黄河流域和长江流域占20%,新疆占80%"。2019年新疆种植棉花面积254.05万公顷,占全国的比重为76.1%;棉花产量500.2万吨,占全国的比重为84.9%;棉花单产1969.05公斤/公顷,是其他棉区的1.7倍以上。

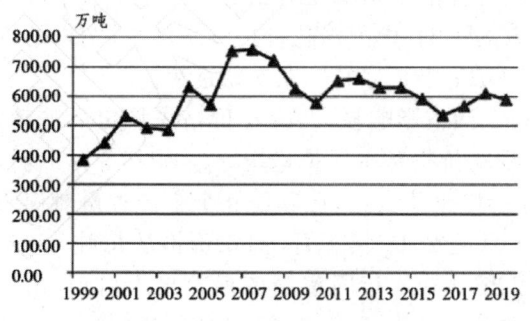

图3-1 1999—2019年中国棉花总产量

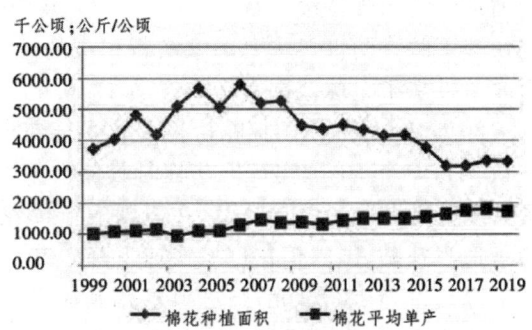

图3-2 1999—2019年中国棉花种植面积和单产

近几年来,中国棉花流通形势发生了重要变化。2011—2013年,中国棉花产销脱节,棉花进口激增,而棉花库存高企,形成"外棉入市、国棉入库"的奇特现象。从2014年起,国家不再开展棉花临时收储,转而加强对棉花加工和流通的监管和服务,主要由轧花厂在收购农民籽棉加工后,直接向纺织企业等销售棉花,不仅缩短了流通环节,而且完善了价格形成机制。全国轧花厂在改革中经受洗礼,加速优胜劣汰和优化重组。全国棉花价格在经历大起大落后,价格信号走向合理化,推动了产销对接,促进了产业升级。全国棉花进口有所减少,国产棉的产销流通从脱节、不畅逐步转为顺畅,"外棉入市、国棉入库"的格局发生了根本性改变,纺织企业效益好转,纺织服装业的国际竞争力增强,国内外棉花价格质量"双倒挂"和棉花产业国际竞争力下降问题有所缓解。国家适时组织棉花临时储备拍卖,棉花期末库存逐年降低。据中储粮总公司报告,截至2018年末,中国棉花去库存任务基本完成。

目前,中国是世界上主要的棉花生产国,但仍产不足需。根据美国农业部等发布的报告数据,世界棉花总产量从20世纪90年代初期至2007/2008年是波动上升的,2008/2009年至2015/2016年有所下降,2016/2017年后呈回升趋势。2018/2019年世界棉花总产量为2590万吨,与上年度持平,在近5年属于次高。2018/2019年中国棉花总产量为600万吨(与中国国家统计局公布的当年数据610万吨,略有差异),排名世界第一。尽管中国棉花产量很大,但与棉花需求相比,仍然供不应求,需要从其他国家进口棉花,且受国际影响越来越大。从世界棉花贸易来看,中国是主要的棉花进口国之一,但不同年份棉花进口数量变化较大,2014/2015年以前很长一段时间,中国是世界上最大棉花进口国,2015/2016年后受政策调整影响,棉花进口量有所下降。2017/2018年世界棉花总进口量为840万吨,比上年度增长60万吨,其中孟加拉国棉花进口量为160万吨,居世界第一;越南棉花进口量为140万吨,居世界第二;中国棉花进口量为120万吨,居世界第三;土耳其棉花进口量为80万吨,居世界第四。

3.棉花价格大起大落至历史低位

近20年来,中国棉花价格经历了大起大落,价格变动呈现多个周期。影响棉花价格变化的因素越来越多。主要包括:棉花市场供求的基本面的影响,棉花生产的自然条件、技术进步和区域布局的影响,棉花临时收储政策实施和调整的影响,国家宏观经济的影响,其他政策的影响,等等。

受中国加入WTO带动纺织品服装出口增加的利好影响,中国棉花价格从2002年初的7993元/吨快速上涨到2003年11月的17555元/吨。在经历了短暂的稳定后,又受棉花进口量增加影响出现持续下跌。2005—2008年,中国棉花价格基本稳定,此后受国际金融危机影响快速下跌。受世界主要国家实行积极的经济政策的影响,中国棉花价格逐步恢复,宽松的货币政策带来了全球范围大宗农产品2010年9月至2011年8月的暴涨暴跌过程。

2011年以后,中国棉花价格变化受棉花产业政策调整影响较大,棉花价格先稳定后波动。2011—2013年,中国实行棉花临时收储政策,全国棉花价格基本保持稳定。2014年3月以后,国家取消棉花临时收储政策,在新疆实行棉花目标价格改革试点,在其他9个主产省份对棉农给予适当补贴,国内棉花价格快速下降。2014年4月至2015年1月,棉花价格从每吨18437元下降到每吨13539元,与进口棉花到岸税后价相当。2015年国家储备棉轮出库启动,由于市场供给充裕,需求平淡,全球产大于需,国内棉花价格进一步下降,至2016年3月为每吨11884元。2016年前后,由于国内棉花生产持续缩减,棉花产需缺口明显。2016年3月储备棉轮出库启动初期,拍卖数量和出库速度都不能满足用棉企业需求,且拍卖底价低,激发了企业用棉热情,造成企业抢拍,推动棉花价格提升。同时,期货市场做多资金涌入,期棉价格先于现货市场上涨,激励现货价格持续反弹。2016年下半年,纺织品服装出口形势好转,为棉价复苏提供了重要支撑。这一轮棉价上涨一直持续到2018年8月左右。

2018年第四季度以后,中国棉花价格运行出现新情况,价格再次大落并出现波动。2018年第四季度以来,中国棉花市场价格出现持续大幅回落,最近一轮棉花市场价格周期性回升势头被提前中断,涉棉企业和内地棉农损失较大。这次棉花市场新变化的主要原因是受中美贸易摩擦的冲击和传导,包括美国对中国产品不断加税、中国进行反制加税以及贸易摩擦对未来预期的影响等。除此之外,还有其他多方面的因素,如中国棉花支持政策的调整,棉花、棉纱大量进口,中国新一轮高水平开放,等等。2018年,中美发生经贸摩擦,中国的棉花进口和纺织品服装出口牵涉其中,纺织产业受到波及,市场预期的不确定性导致纺织企业谨慎采购原料。2018年9月新棉上市,由于棉花产量较2017年仍有增加,对市场形成了较大压力。在阶段性供给宽裕、需求不明朗的格局下,国内棉价持续下行,再次处于历史低位,未来市场还可能会进一步波动。

4.棉花产业上下游调整重组转型升级

在世界历史上,棉花产业不仅是重要的种植业,而且曾经作为重要的制造业,是工业革命的摇篮、杠杆和跳板,在现代世界的形成过程中还一度主导了世界贸易。英国正是对棉花产业链条实行全方位控制才成为当时世界的引领者。近20年来,中国棉花产业的转型升级加快,产业链上下游和行业服务发展变化较大。

一是全国棉纺工业向沿海地区、有下游市场的地区、有政策和资源优势的地区集聚。以上海、青岛、天津等大城市为代表的老棉纺基地实现功能转换,目前仍具备一定的技术、管理、信息、贸易等优势,但已经逐步退出纱、布等纺织品生产,棉纺工业向以山东、江苏、浙江、福建等沿海地区的新型产业园区集中,江苏和浙江的色纺纱产品和色织布产品、河南的针织纱产品、福建的混纺纱产品、广东的牛仔布产品、浙江的弹力布产品等得到大力发展。二是剥离了社会职能,引入了民间资本,形成了多种形式的产权主体,提升了多元化经营和技术进步水平,国有及国有控股企业比重由2000年的38.5%下降至2018年的2%左右,目前棉纺工业的构成已经以民营企业为主。三是全国棉纺工业跨国经贸联系不断扩大。中国一批棉纺企业不仅面向国内外两个市场营销产品,而且统筹利用国内和国际两种棉花资源从事生产经营。在"一带一路"倡议推动下,一些棉纺企业利用投资输出产能和资本,积极参与国际产融结合。截至2018年,中国棉纺企业在世界各地的投资规模达到了约350万锭。四是全国棉花产业的上下游联合与合作加强。在市场倒逼机制作用下,棉花上下游开展联合合作,出现了多种新模式。有的是棉花种植者(通常以大农户、经营单位为主体)向棉花加工环节延伸;有的是棉花加工流通企业向上游种植、下游纺织环节延伸;有的是大型优势棉纺织企业,向上游棉花加工收购环节延伸,根据订单要求,指导加工企业优化棉花加工质量。有的则是采取农业合作社模式,产业链各环节参与,实现产业链一体化经营。这些模式有效降低了生产成本,缩短了流通环节,共同促进了棉花质量提升。五是全国棉花产业行业信息化水平大幅提高。以全国棉花交易市场为代表的棉花市场信息和产业信息服务不断健全和完善,目前农民种植的棉花在经过加工环节后,由各轧花厂按照全国统一规范要求包装编码并对棉花数量实行"包包称",由纤维检验机构等对棉花质量等实行"包包检",通过互联网实时提交各项数据,建设和形成了全国棉花大数据系统,为全国各地、各单位棉花市场交易和有关部门实施棉花产业政策提供了及时准确的信息化保障。

(二)推进棉花"双循环"资源的产业政策

棉花产业政策是与棉花产业发展、棉农支持保护和棉区建设管理有关的政策。中国对棉花产业政策的调整时间早、力度大、有新意。党的十一届三中全会后,各地推行家庭联产承包责任制,国家对棉花生产实施了一系列支持政策,中国棉花生产快速发展。1983年12月,国家停止了对城乡居民发放布票、絮棉票的统销政策,纺织品、针织品和絮棉实行敞开供应。1992年8月,国务院批转国家体改委《关于改革棉花流通体制的意见》,决定于1993年以山东、河南、江苏作为棉花放开试点省,实行棉花供需直接见面,棉花收购和供应价格由国家定价改为由买卖双方协商议价,后来由于棉花连续减产,供求矛盾加剧,改革试点工作没有进行下去。1998年12月,国务院作出《关于深化棉花流通体制改革的决定》,决定从1999年起开始,棉花的收购价格、销售价格主要由市场形成,国家不再作统一规定,这标志着中国棉花流通体制从计划经济时期的统购统销调整为主要依靠市场机制进行合理配置。中国加入WTO以后,国家先后对棉花产业"双循环"政策进行了一系列调整,取得了显著成效。

1.中国棉花产业"双循环"政策的调整情况

第一,深化棉花流通体制改革,推进全国棉花市场建设,加强棉花行业服务。2001年7月,国务院在北京召开全国棉花工作会议。随后,国务院发布《关于进一步深化棉花流通体制改革的意见》。从此,参与棉花收购加工的市场经营主体很快实现多元化,棉花行业服务不断创新和完善。2006年,外商获批进入中国市场从事棉花流通业务。从2002年6月起,中国棉花价格指数通过中国棉花信息网正式对外发布。2002年12月,全国棉花交易市场推出商品棉电子撮合交易。2003年9月,中国棉花协会正式成立。2004年6月,棉花期货在郑州商品交易所上市交易。2019年1月,棉花期权在郑州商品交易所上市交易。

第二,取消对外贸易计划管理,实行棉花进口关税、滑准税以及配额管理。2001年11月,中国加入WTO,国家对外贸易计划管理制度改为关税配额管理制度。2005年1月,全球纺织品服装配额取消。2005年4月,国家建立棉花滑准税管理制度,先后于当年4月和7月发放滑准税棉花配额70万吨。2015年,国家暂时中断棉花滑准税配额发放。2018年6月,由于国内棉价大幅上涨,国家再次启动棉花滑准税配额。

第三,推进优质商品棉基地和棉花生产保护区建设,加强棉花质量检验监管。就优质商品棉基地建设而言,中国自1985开始建设优质商品棉基地,2001年以后国家继续推进这项工作并有所调整。从2007年起,国家加大对新疆棉对外运输的扶持。2019年1月,中央"一号文件"提出恢复启动新疆优质棉生产基地建设。就棉花生产保护区建设而言,2017年4月,国务院印发《关于建立粮食生产功能区和重要农产品生产保护区的指导意见》,其中,划定棉花生产保护区233.3万公顷。就棉花质量检验监管而言,2004年9月,全国棉花质量检验体制改革开始进行试点。2012年11月,新修订的GB1103—2012《棉花细绒棉》国家标准正式发布,并于2013年9月正式实施。

第四,实行和取消全国棉花良种补贴政策,开展全国棉花高产创建活动。2007年,国家实行良种补贴政策。2009年4月,农业部开始实施全国棉花高产创建活动。2015年,财政部、农业部启动了调整完善农业"三项补贴"政策的试点工作。2016年4月,财政部、农业部印发《关于全面推开农业"三项补贴"改革工作的通知》,取消了棉花良种补贴。2019年2月,农业农村部发布通知,为保证棉糖自给水平,力争将棉花面积稳定在333.3万公顷,保证必要的自给水平。

第五,实行和取消全国棉花临时收储政策,保护棉农利益,保证棉花市场供应。2011年,中国棉花市场价格大幅回落,给棉农造成了较大损失。2011年3月,国家发展和改革委员会等八部门联合发布《2011年度棉花临时收储预案》,并自2011年度开始进行棉花临时收储。2012年度、2013年度,国家继续实行棉花临时收储,并提高了临时收储价格。2014年后,国家完善重要农产品价格形成机制,全国取消棉花临时收储。

第六,在新疆开展棉花目标价格改革试点,实行"价补分离",完善棉花价格形成机制。2014年1月,中央"一号文件"明确启动新疆棉花目标价格补贴试点。2014年4月,国家发展和改革委员会、财政部明确将新疆棉花目标价格定为19800元/吨。2014年5月,新疆启动棉花种植面积统计核实工作。2014年9月,新疆棉花目标价格改革试点工作实施方案正式发布并实施。2015年后,国家继续在新疆实施棉花目标价格补贴试点,并对改革方案不断进行完善和创新。总体上,迄今已实行两轮改革,其中2014—2016年为第一轮改革,2017—2019年为第二轮改革。从2015年开始,新疆从棉农申报登记开始抓起,开发建设棉花信息平台,为改革提供了支撑和保障。

第七,在新疆以外棉花主产省份开展棉农定向补贴,保护种棉农民利益和区域生态环境。从2014年起,中国在新疆以外的九个棉花主产省份开展了棉农定向补贴工作。2015年、2016年,国家在9个省份继续实行这一政策。2017—2019年,国家完善定向补贴政策操作办法,由农业农村部牵头,会同财政部等组织实施。

第八,改革和完善国家棉花专项储备管理机制,提高国家储备效能,推进政府更好发挥作用。2003年3月,中国储备棉管理总公司成立。2016年11月,中国储备棉管理总公司整体并入中国储备粮管理总公司,进行机构改革。2019年11月,国家粮食和物资储备局与财政部发布公告,启动棉花专项储备收储新机制。

2.棉花产业政策的成效分析

第一,解决了中国棉花产业资源配置机制的转型问题,棉花生产、流通、消费由价格信号来引导,棉花价格由市场供求关系决定,市场在棉花资源配置中的作用日益增强。中国从20世纪90年代开始探索棉花流通体制改革,但长期未取得预定效果,2001年以后,逐步实现重大突破。近20年来,除了2011—2013年国家启动棉花临时收储预案外,在其他绝大多数年份,中国棉花价格都是由市场供求形成的。目前中国棉花价格多样而复杂。2014年以来,中国推进棉花价补分离改革,完善了棉花价格形成机制,国内外棉花价差显著缩小并实现接轨联动,"外棉入市、国棉入库"格局发生了根本性改变。2011—2013年国内外棉花价差保持在4000—6000元/吨的高水平,2014年至2016年上半年价差缩小至2000元/吨,2016年下半年至2018年价差基本维持在1000—1500元/吨,2019年价差下降到1000元/吨以下。随着中国棉花价格形成机制的调整完善,国内外棉花市场竞争加剧,新疆棉花生产的比较优势和竞争优势增强,全国棉花生产布局和流通形势发生较大变化。

第二,解决了中国棉农利益保护方式不适应新形势的问题,由国家通过税收免除、宏观调控、市场监管、保险支持和提供价外补贴等方式予以保护,国家财政资金使用的效率及精准性和政府补贴的合理性显著提高。中国棉农在棉花产业发展中处于弱势地位,如何在市场经济条件下对棉农的合理利益提供保护是一道难题。经过改革探索,中国已建立起一套国家对棉农利益予以保护的新机制,使种棉农民利益得到一定保护。这套机制主要由农业税收减免、加强宏观调控、开展市场监管、实行保险支持和提供价外补贴等组成,在实践中还在不断完善,总体上支持保护效果较好。特别是2014年以来,在新疆棉花目标价格补贴试点中,采取宏观上核算差价补贴而微观上按交售量及面积、质量等补贴的办法,通过"专业仓储监管＋在库公证检验"制度与信息平台的建立和完善,大大提高了补贴的精准性和有效性。不仅如此,国家财政对棉花目标价格补贴的总预算是限额的,政府补贴的合理性也有所提升。

第三,解决了中国部分地区棉花生产经营效率过低的问题,推动了农业结构调整和棉花生产方式转变,促进了棉花质量提升和经济社会稳定发展,保护了生态环境。中国各地棉花生产资源条件和生产水平相差较大,与农业现代化发展要求不相适应。经过改革后,在市场机制作用下,不同效率的棉花生产经营者加速分化,高效率的棉花生产得到加强,低效率或无效的棉花生产逐步退出市场,总体上棉花的质量等级和单产水平不断提升,全国棉花生产效率提高,中国棉花生产的国际竞争力有所增强。全国效率提升最显著的是新疆,在新疆内部,次宜棉区逐步退出生产,低产棉区棉花生产下降,优势棉区稳定发展。不仅如此,机采棉的推广和普及,提高了种棉效率,降低了种植成本,特别是人工成本支出。在国家支持和市场竞争下,新疆棉花生产持续稳定发展,不仅巩固了新疆优质商品棉基地建设成果,而且保证了新疆农民获得稳定的基本收入,维护了新疆经济发展和社会稳定大局。随着棉花生产布局的优化,棉区生态环境得到保护。

第四,解决了中国纺织业用棉成本一度过高的问题,推动了棉花产业链上下游合作,提高了中国棉花和纺织产品的国际竞争力。纺织业用棉成本是棉花生产、加工和流通环节的成本和利益的综合体现,深刻影响着棉花国际竞争力,中国这个指标曾经一度过高,问题较为严重。从2014年起,中国实施棉花价补分离改革,解决了这一问题。改革后,全国棉纺织骨干企业亏损面从2014年开始逐年下降。2017年第二轮改革后,当年亏损面下降超过10个百分点。由于中国棉花价格不再包括补贴,国内外棉花价差显著缩小,中国棉花和纺织服装进出口逐步恢复正常。

3.棉花产业政策调整的经验教训分析

第一,为正确认识和处理好政府与市场的关系提供了借鉴。经过多年的改革开放,中国的经济体制已经发生重大变化,在实践中如何处理好政府与市场的关系,十分具有挑战性。中国从2011年起制定和启动棉花临时收储预案,曾经被认为是一个好政策,并且实施了3年。但实践证明,这个政策的设计是有缺陷的。从该政策的实施和取消看,它不仅暴露了市场机制对棉农的利益分配存在失灵,而且反映了政府机制在解决该问题时存在的局限性。在市场经济中,农产品价格变化的重要性、敏感性和复杂性会超越一般人的想象,价格本身复杂而且难以预测,总体上存在大幅波动,且这种波动在不断变化,农民不可抗拒,政府也难以预测和调控。在政策设计上,政府对农产品价格调节要十分小心,除非出现重大突发事件以及调节时间很短且明确,否则不应对农产品价格进行调节。

第二,为未来国家优化棉花产业政策提供了良好基础。国家在新疆实行棉花目标价格补贴的基本做法是可行的,这项政策还可以进一步完善、创新和推广。2014年,中央"一号文件"提出要逐步建立农产品目标价格制度,当时在学术界和政策层面是存在争议的。经过各方面的积极努力,2014—2016年新疆棉花目标价格改革试点成功实现预定目标。从2017年起,国家在新疆开展第二轮棉花目标价格改革试点,效果得到进一步提高。实践证明,国家在新疆开展棉花目标价格改革的做法是基本可行的。其关键点是：国家不再对棉花进行临时收储，加强市场流通服务体系建设；国家采取在宏观上核算差价补贴、控制补贴总量，而在微观上按交售量及面积、质量等补贴的办法，由中央财政对符合条件的棉花实际种植者提供限额补助；国家从生产源头入手进行监管并与销售进行衔接，促进棉花实际种植者重视市场波动风险；国家利用现代信息技术提升公共管理和服务水平；国家提出解决问题的目标任务，加强组织领导协调，新疆各级党委和政府牵头深入解决各种具体问题。这项改革在农业支持保护政策中具有开创性。从目前的政策性质来看，已经引入"蓝箱"政策，在实践中可有效操作。下一步，这项政策还可以进一步完善、创新和推广，建立棉花基本收益保险与绿色发展补贴制度，从而将现行的补贴政策进一步转型为"蓝箱"与"绿箱"相结合的新型补贴政策。

第三，为国家进一步完善和创新农业支持保护制度提供了实践借鉴。从源头入手抓好产业信息平台建设，建立农产品市场购销制度、农产品目标价格制度和农产品储备贸易调控制度等相结合的政策框架，是重要且可行的。中国是 WTO 成员国，国内农业支持政策要符合 WTO 农业改革的大方向，与高水平开放环境相适应。近 20 年来，中国棉花产业政策的调整为中国农业支持保护制度提供了重要参考，目前已率先建立带有"蓝箱"性质的农业补贴新政策，形成由农产品市场购销放开制度、农产品目标价格制度和农产品储备及进出口调控制度等相结合的新型支持保护政策框架。这些政策符合 WTO 农业改革的大方向，适应了高水平开放环境的要求。特别是近 6 年来，在棉花产业政策调整中，贯彻和遵循了"放管服"的改革思路和改革方法，确保了改革取得实质性成果并实现了预期目标。从改革操作上看，对改革方案中涉及的各有关部门和单位的职能、责任、权利等工作安排和相关的人、财、物、信息等资源配备进行统筹深入考虑，坚持注重顶层设计与"摸着石头过河"相结合，坚持加强组织领导与加强技术支撑相结合，坚持统一标准补贴与适当兼顾特殊相结合，坚持搞好制度设计与建立强有力的工作队伍相结合，为新时代深化中国农业支持保护制度改革探索了新路径，提供了实践借鉴。

二、高质量发展视域下棉花目标价格补贴[①]

2014 年以来，国家在新疆实施棉花目标价格改革试点，同时对山东、湖北等 9 个内地棉花主产区给予中央财政补贴。2017 年 3 月，国家发改委、财政部印发《关于深化棉花目标价格改革的通知》，提出继续深化棉花目标价格改革，积极研究探索新型棉花补贴方式。棉花补贴方式决定了国家棉花补贴资金的分配，对棉花种植者起着重要的政策引导作用。党的十九大报告指出，我国经济已经由高速增长阶段转向高质量发展阶段。按照高质量发展要求，农业农村部提出推动农业由增产导向转向提质导向。2019 年 2 月，农业农村部等国家七部门联合印发《国家质量兴农战略规划（2018—2022 年）》，提出要加快推进农业高质量发展，推动产业兴旺、促进乡村振兴。在这一背景下，构建适宜当前高质量发展要求的棉花目标价格补贴方式已成为当务之急。

---

① 棉花目标价格补贴是指在棉花价格由市场形成的基础上，国家有关部门制定能够保障棉花生产者获得基本收益的目标价格，当采价期内市场平均价格低于目标价格时，国家根据棉花目标价格与市场平均价格的差价、棉花实际种植面积、产量等因素，由中央财政专项安排给予棉花生产者补贴。

(一)棉花目标价格改革试点补贴方式利弊分析①

1.新疆棉区目标价格补贴方式

2014年,新疆维吾尔自治区棉花目标价格改革开始试点,明确棉花目标价格改革补贴资金按照棉花种植面积与籽棉交售量相结合的方式进行分配,即中央财政补贴资金的60%用于面积补贴,40%用于籽棉交售量补贴。2015年,新疆对棉花目标价格补贴方式进行了调整,确定了北疆以及南疆的巴州按产量进行补贴,南疆阿克苏、喀什、克州、和田4地州继续按种植面积与籽棉交售量相结合的方式进行补贴。具体而言,当年补贴资金总额的90%用于兑付全区棉农籽棉交售量补贴,10%用于兑付南疆4地州基本农户的面积补贴。与新疆地方上的补贴不同,自2014年目标价格改革试点以来,新疆兵团一直采用按产量(籽棉交售量)进行补贴。

将棉花质量纳入目标价格补贴是新疆棉花目标价格改革试点的一次新尝试。2017年新疆在塔城地区沙湾县、昌吉州玛纳斯县等6个棉花主产地开展棉花目标价格补贴改革与质量挂钩的试点工作,给予满足质量补贴标准的棉花实际种植者0.2元/千克的质量补贴,补贴对象为土地规模在300亩以上、种植品种单一的棉花实际种植者。新疆兵团从8个棉花主产师且列入《兵团棉花优势区域布局方案》的团场中选择了16个团场进行试点,在国家预拨棉花目标价格补贴资金到位后,兵团预留资金总额的10%用于补贴与质量挂钩的试点对象,质量补贴标准与新疆地方一致。新疆棉花目标价格补贴与质量挂钩试点突出了"优质优补"的要求,形成了"产量+质量"的加法模式,在该模式下补贴分两次进行,首先按产量对棉花进行补贴,其次对符合一定质量标准的棉花按产量进行二次补贴。

2.内地棉区棉花补贴方式

2014年,国家在新疆启动棉花目标价格改革试点工作的同时,同步确定了中央财政对内地棉花主产区的补贴范围和补贴标准。内地棉区补贴范围包括山东、江苏、安徽、河北、河南、湖北、湖南、江西、甘肃9个省份。2014年度按2000元/吨标准进行补贴,之后年度按照新疆补贴标准的60%进行补贴,上限不超过2000元/吨。中央财政根据国家统计局核定的棉花产量对内地主产棉省份进行补贴,各省份可自主决定具体补贴方式。2015年11月,天津市也实施了棉花补贴政策,补贴资金由地方财政承担,成为内地第10个实施棉花补贴的省份。内地棉花补贴方式大致分为两种:一是按照产量与面积相结合的方式进行补贴,实施这种补贴方式的主要有河北、安徽、湖北等省份;二是按照植棉面积进行补贴,实施这种补贴方式的主要有山东、江苏、江西、天津等省份。产量与面积相结合的补贴方式具体操作如下:省财政部门根据各县棉花产量来拨付中央补贴资金,各县再根据当地实际植棉面积发放补贴,即县域层面按产量补贴,以突出"多产多补",棉农层面按面积补贴。按面积进行补贴的方式操作较为简单,即根据中央财政补贴资金总额和全省棉花种植面积,来确定全省统一的亩均补贴标准即可。

3.不同棉花目标价格补贴方式的利弊

单纯按照产量进行补贴的方式具有以下优点:补贴直观;符合按劳分配原则;能够引导棉农增加各类投入、提高产量;有利于农业技术的推广与应用;有利于农业生产组织规模化。但

---

① 主要参考资料为孙鲁云、王力撰写的《高质量发展视域下棉花目标价格补贴方式的重构》一文,见价格月刊,2020-02-15.

存在以下不足:产生"重量轻质"倾向;存在较大的套补空间;一些实际种植者运输、交售困难,棉花交于经纪人销售,得不到充分补贴;气候等原因导致减产时,棉农获得的补贴可能减少甚至没有;补贴发放需在收获后,较为迟缓。其中,最大的不足在于"重量轻质"倾向,以及按产量补贴所必需的轧花企业等主体参与带来的道德风险问题。

单纯按照面积进行补贴的方式具有以下优点:补贴直观简便;利于稳定和扩大种植面积;种植面积统计相对准确;补贴发放时间相对较早。但存在以下不足:鼓励"懒人种地"的倾向;不利于棉农增加投入、推广先进技术;盲目扩大植棉规模,不利于植棉区布局的优化;工作量与工作要求比单纯按产量补贴要高;一些承包土地的实际种植者难以获得补贴;面积核查过程可能产生干群矛盾。其中,最大的不足在于鼓励"懒人种地"的倾向。

按照种植面积和产量相结合的方式进行补贴,能有效避免以上两种补贴方式的弊端,相对较为合理。但存在以下不足:工作量大,行政成本高;方案复杂,补贴相对不直观;补贴资金发放次数多、环节繁杂等。

总之,三种棉花目标价格补贴方式各有利弊。面对高质量发展棉花的迫切需求,单纯按照产量进行补贴已不合时宜,单纯按照面积补贴带来的"懒人种地"倾向又难以克服。目前,新疆棉花目标价格补贴与质量挂钩试点,即"产量+质量"补贴模式,可以在一定程度上克服"重量轻质"倾向,对促进土地流转、棉花规模化经营具有重要意义,但"优质优补"的激励政策仅对规模种植户(土地规模300亩以上)有作用,对改变一般棉农"重量轻质"倾向意义不大。此外,按产量补贴带来的道德风险依然存在,甚至会增加。这是因为在"产量+质量"补贴模式中,对符合一定质量要求的棉花再次按产量进行二次补贴,产量依然是补贴的重要参照因素。有鉴于此,构建一种新型棉花目标价格补贴方式迫在眉睫。

4.棉花目标价格补贴存在的"套补"漏洞

第一,单纯按产量补贴存在着套补漏洞。单纯按产量补贴需要解决的一个基本问题是如何准确核准棉农的棉花产量。在这一环节中,除了棉农外还有轧花企业这一行为主体。实践中,棉花产量主要以棉农交售给轧花企业的籽棉数量为依据,即以轧花企业向棉农开具的籽棉收购发票为依据。为获得更多的补贴,棉农、轧花企业都有虚报棉花(籽棉)产量的动机,同时还会面临以下约束条件:(1)籽棉产量补贴必须在合理范围内。如新疆地方设置了补贴产量预警上限,新疆兵团棉农实际交售的籽棉数量不能超过预测产量的4%,对超出部分不予发放补贴;因特殊客观原因导致高产的,需要棉农申请且有关部门予以严格审核。(2)企业籽棉收购量折算成皮棉与在库检验的成包皮棉公定重量相差5%以内。这一限制实际是对籽棉数量与皮棉数量之间的关系进行了规范,即要求衣分率(籽棉轧花后得到的皮棉占籽棉重量的比例,一般在33%~42%)必须在合理范围内。籽棉数量是依据轧花企业向棉农开具的税务发票及磅单信息来确定的,具有一定的可操作性,而皮棉则需经过在库公检,其数量由当地纤维检验所提供。(3)对新疆享受目标价格补贴的棉花数量进行上限管理。2017年国家发展改革委、财政部在《关于深化棉花目标价格改革的通知》中指出,对新疆享受目标价格补贴的棉花数量进行上限管理,超出上限的部分不予补贴。具体补贴数量上限为:以2012—2014年为基期的全国棉花平均产量的85%。根据国家统计局数据,2012—2014年,全国棉花产量分别为684万吨、631万吨和616.1万吨,3年平均产量按照85%计算为547吨。截至2019年,新疆棉花历史最高产量为511.1万吨(2018/2019年)。可见,此上限管理在当前尚未形成实际约束。

第二,棉农、轧花企业仍有空间套取国家补贴。如在以产量为补贴依据的条件下,通过虚增籽棉产量、虚开籽棉发票来获得更多补贴。虚增籽棉产量的途径可以概括为"循环转圈"、"借鸡生蛋"和"无中生有"等。其中,销售棉"循环转圈"是指轧花企业将已经送入专业棉花监管仓库的皮棉,通过虚假购销合同方式出库,对其更换包装后再次送入监管库,重复送检后将"转圈"的皮棉折合成籽棉,再向合适的棉农开出籽棉发票,虚增籽棉产量;自用棉"循环转圈"是指具有自用棉资格的棉花加工企业,将企业仓库内已经公检的皮棉再次送入专业棉花监管仓库,进行二次公检,形成虚增皮棉,进而折换成籽棉再向合适的棉农开出籽棉发票。"借鸡生蛋"是指利用不符合补贴条件的籽棉或皮棉套取补贴资金,如通过采购新疆以外的籽棉或疆内外皮棉、进口棉等来虚增疆内籽棉产量。"无中生有"是指通过人为调低衣分率来提高籽棉数量,同等数量的皮棉凭借较低的衣分率可以折换出更多的籽棉。

第三,"无中生有"对籽棉产量虚增的影响。循环转圈、借鸡生蛋对籽棉产量虚增的影响是显而易见的。这里重点分析"无中生有"对籽棉产量虚增的影响。以1吨籽棉为例,假设实际衣分率为40%,经过轧花产生0.4吨皮棉。若将衣分率人为降低1个百分点,即调整为39%,籽棉数量将增至1.026吨,即籽棉虚增0.026吨。通过运算可知:当衣分率人为降低1个百分点时,籽棉虚增度为2.4%~3.1%;当衣分率人为降低2个百分点时,籽棉虚增度为4.9%~6.5%;当衣分率人为降低3个百分点时,籽棉虚增度将高达7.7%~10%。

第四,确定籽棉产量虚增的天花板。以新疆兵团为例,棉农实际交售的籽棉数量不超过预测产量的4%,这构成了籽棉虚增量的天花板。即便如此,籽棉虚增产量导致的棉花补贴漏洞也是巨大的。在单纯按产量补贴模式下,籽棉产量每虚增1%,棉花补贴资金也将提高1%。在国家棉花补贴一定的情况下,参与"套补"棉农和轧花企业实际已经侵占了其他守信棉农的利益。为控制套补,自治区政府采取了许多措施。如针对循环转圈主要采取了在库取样和专业仓储防范措施,要求在库公检机构加强入库核查、出库管理及企业核查;针对借鸡生蛋主要采取了严格控制疆外棉进疆的公路运输及铁路运输渠道、加强疆外棉的甄别等措施。此外,自治区政府还采取了畅通举报机制、实施不良信用"黑名单"制度等来进行防范。

第五,单纯按面积补贴也存在着套补漏洞。单纯按面积补贴需要解决的一个基本问题是如何准确核准棉农的植棉面积。植棉面积的核准工作量非常大,对相关人员的工作要求非常高,认定时间节点和标准对最终核准植棉面积都有重要影响。在该补贴方式下,容易产生棉农盲目扩大种植面积、虚增面积等现象。但总体来看,通过在不同时点进行遥感测量方式获得的植棉面积数据能够有效防范虚增面积现象,且虚增面积较虚增产量更易识别。

(二)高质量棉花目标价格补贴方式构想与模拟

1.高质量棉花目标价格补贴方式构想

现有棉花目标价格补贴方式存在一些弊端,构建棉花产业高质量发展的棉花目标价格补贴方式至关重要。高质量发展的棉花目标价格补贴方式构想包括三个要点:(1)保障棉农基本收益,稳定棉花生产;(2)体现竞争机制,引导棉花高质量生产;(3)减少政策漏洞。为此,引出一个"有效补贴面积"的概念。有效补贴面积是棉花种植者获得棉花目标价格补贴资金的依据,主要是通过整合棉花实际种植面积、产量因素和质量因素获得,具体计算公式如下:

$$S_v = S \times a \times b \qquad (1)$$

其中,S_v 为有效补贴面积,S 为棉花种植面积,即自治区审定的有效种植面积。a 为单产系数,b 为质量系数。具体指标分解如下:

$a = \{(0.9,\text{实际单产} < \text{区内平均单产} \times 90\%), (1.0, \text{区内平均单产} \times 90\% \leq \text{实际单产} \leq \text{区内平均单产} \times 110\%), (1.1, \text{实际单产} > \text{区内平均单产} \times 110\%)\}$ (2)

$b = \{(1.2, \text{质量要求一档}), (1.0, \text{质量要求二档}), (0.8, \text{质量要求三档})\}$ (3)

其中,一档质量要求可设置为:经加工后的皮棉质量达到"双29"级(即长度达到29mm以上、断裂比强度在29cN/tex以上、马克隆值为A级3.7—4.2),且连片种植土地规模在300亩以上、种植品种单一的棉花;二档质量要求为:经加工后的皮棉质量达到"双29"级;其余为三档质量要求。

在自治区层面,当皮棉市场平均价格低于目标价格时,启动目标价格补贴。补贴资金总额的计算公式为:

$$\pi = (P_t - P_m) \times q \tag{4}$$

其中,π为补贴资金总额,P_t为目标价格,P_m为市场平均价格,q为全区皮棉数量。具体资金分配计算公式为:

$$Q = T \div S_{v1} \times S_{v2} \tag{5}$$

Q为地州(市)补贴资金下达额,T为全区补贴资金总额,S_{v1}为当年全区有效补贴面积,S_{v2}为当年地州(市)有效补贴面积。补贴标准根据当年补贴资金总额和政府审定的全区有效补贴面积确定。补贴标准可以按公式$r = T \div S_{v1}$,$e = S_{v3} \times r$计算。其中,r为补贴标准,T为补贴资金总额,S_{v1}为全区有效补贴面积,e为棉花生产者获得的棉花补贴,S_{v3}为棉花生产者有效补贴面积。

2.新型棉花目标价格补贴方式的统计模拟

为测算目标价格补贴政策下按产量进行补贴带来的套补空间,同时考察新型补贴方式对套补空间的挤出效应,笔者拟对两种补贴方式下不同套补行为的套补空间进行统计模拟。如上文所述,将套补行为分为"循环转圈""借鸡生蛋""无中生有"3个类型。前两类套补行为不同,但虚增产量的效果相同。为方便描述,将"循环转圈""借鸡生蛋"定义为Ⅰ型,将"无中生有"定义为Ⅱ型。图3-3给出了套补者在两种补贴方式下的套补行为作用路径。

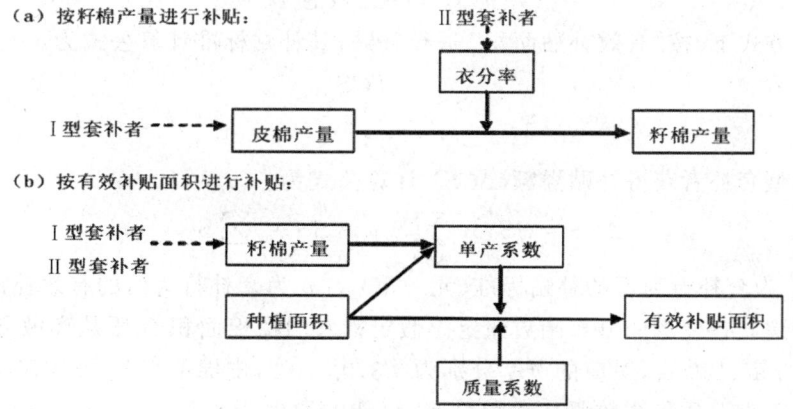

图3-3 两种补贴方式下套补行为作用路径

假定目标价格为P_t,当年度皮棉市场平均价格P_m,该地区棉花实际种植者数量为n。在这一模拟中,需要的基础数据还包括棉花种植面积S(亩)、籽棉产量Q_s(千克)、籽棉单产Y_s

（千克/亩）、衣分率 r（%）、皮棉产量 Q_L（千克）、皮棉单产 Y_L（千克/亩）、单产系数 a、质量系数 b 等。

将棉花实际种植者分为守信者和套补者两类。守信者如实上报自身植棉信息，并按规定领取棉花目标价格补贴；套补者虚报自身植棉信息，通过违规手段获取更多棉花目标价格补贴。假定套补者的比例为 p，构成集合 J_1，其中 Ⅰ 型套补者构成集合 J_{11}，Ⅱ 型套补者构成集合 J_{12}；守信者人数为 n_0，构成集合 J_0；所有棉花种植者构成集合 J。

《新疆棉花目标价格改革试点工作实施方案》指出，国家根据目标价格与市场平均价格差价以及国家统计局调查的新疆棉花产量测算补贴资金总额。值得注意的是，棉花市场价格不是指籽棉价格而是指皮棉价格，市场价格也不是指单个棉农的棉花实际出售价格，而是指自治区市场平均棉花价格。据此，新疆补贴资金总额（TCS）计算公式如下：

$$TCS = (P_t - P_m) \times \sum_{i \in J} Q_L \times 10^{-3} \tag{6}$$

其中，P_t 为目标价格（元/吨），P_m 为当年度皮棉平均市场价格（元/吨），Q_L 为皮棉产量（千克）。皮棉产量和籽棉产量之间的关系为：

$$Q_L = Q_S \times r \tag{7}$$

其中，Q_S 为籽棉产量，r 为衣分率。棉花目标价格改革试点框架下，单纯按产量（籽棉交售量）进行补贴时，补贴标准 SS 的计算公式为：

$$SS = \frac{TCS}{\sum_{i \in J} Q_S} \tag{8}$$

如图 3-3 所示，Ⅰ 型套补者通过虚报皮棉产量得到更多的籽棉产量，Ⅱ 型套补者通过修改衣分率数据得到更多的籽棉产量。套补者获得补贴溢额（ΔCS_i）计算公式为：

$$\Delta CS_i = SS' \times \sum_{i \in J} Q'_S - SS \times \sum_{i \in J} Q_S \tag{9}$$

其中，SS' 为套补行为后的补贴标准（元/千克），Q'_S 为套补行为后的籽棉产量。$i=1,2$，分别表示 Ⅰ 型套补者、Ⅱ 型套补者。守信者损失补贴额（ΔCS_0）为：

$$\Delta CS_0 = -\Sigma \Delta CS_i \tag{10}$$

新型补贴方式下，按"有效补贴面积"进行补贴，其补贴标准计算公式为：

$$SS = \frac{TCS}{\sum_{i \in J} S_V} \tag{11}$$

Ⅰ 型、Ⅱ 型套补者获得补贴溢额（ΔCS）计算公式为：

$$\Delta CS = SS' \times \sum_{i \in J_1} S'_V - SS \times \sum_{i \in J_1} S'_V \tag{12}$$

其中，SS' 为套补行为后的补贴标准（元/亩），S'_V 为套补行为后的有效补贴面积。

以下分别建立各变量的分布函数假定。假定棉农的植棉面积 S 服从离散分布，可能的取值为 50 亩、100 亩、150 亩，对应的概率分别为 0.3、0.5、0.2，皮棉单产 Y_L 服从 $N(150, 10^2)$ 的正态分布（单位：千克），质量系数服从离散分布，可能的取值为 1.2、1.0、0.8，对应的概率为 0.1、0.5、0.4。衣分率 r 服从 $N(38.5, 1.5^2)$ 的正态分布（单位：%）。套补者的比重为 p，是否为套补者则服从二项分布 $B(n, p)$。套补者集合中，Ⅰ 型套补者比重为 p_1，是否为 Ⅰ 型套补者服从二项分布 $B(n \times p, p_1)$。

确定性参数如表 3-1 所示。假设目标价格 $P_t = 18600$ 元/吨，当年度皮棉市场平均价格

$P_m=15000$ 元/吨,该地区共有棉花实际种植者 $n=100000$ 名,套补者的比重 p 为 1%,其中 I 型套补者和 II 型套补者各占 50%。

表 3-1 确定性参数取值

目标价格 P_t（元/吨）	市场平均价格 P_m（元/吨）	棉花种植者数量 n（人/吨）	套补者的比重 p（%）	I、II 型套补者比例
18600	15000	100000	1	1:1

研究考察 I 型套补者通过循环转圈、借鸡生蛋等方式虚增籽棉产量 1%,II 型套补者人为调低 1% 的衣分率,即衣分率 $r'=r-1$ 后,套补者和守信者的补贴变动情况。以植棉面积 S、皮棉单产 Y_L、单产系数 a、质量系数 b、衣分率 r 等作为输入变量,以套补者在套补前后补贴溢额比重 $\Delta CS/CS$(%)、套补溢额 ΔCS 占补贴资金总额 TCS 的比重(‰)为输出目标变量,运用 R 语言编程进行统计模拟。模拟次数设定为 2000 次,模拟结果如表 3-2 所示。

表 3-2 统计模拟结果

补贴方式	套补者类型	$\Delta CS/CS$	(%)	$\Delta CS/TCS$	(‰)
按产量补贴	I 型套补者	0.99	0.03	0.05	0.01
	II 型套补者	2.66	0.03	0.13	0.01
	合计	1.82	0.04	0.18	0.01
新型补贴	I 型套补者	0.44	0.10	0.02	0.01
	II 型套补者	1.19	0.15	0.06	0.01
	合计	0.81	0.09	0.08	0.01

注:模拟次数为 2000 次。

结果表明,在既定假设条件下,单纯以籽棉产量为依据的补贴方式:套补者实施套补手段使自身获得的补贴金额增长了 1.82%,其中 I 型套补者补贴额增长 0.99%,II 型套补者补贴额增长 2.66%。套补者获得补贴溢额占总补贴资金的比重为 0.18‰,即补贴资金中的 0.18‰ 由套补者通过违规手段从守信者手中侵占,其中 I 型套补者占比 0.05‰,II 型套补者占比 0.13‰。新型补贴方式下,套补者实施套补手段使自身获得的补贴额增长比例降至 0.81%,其中 I 型套补者的这一比例降至 0.44%,II 型套补者的这一比例降至 1.19%。套补者获得补贴溢额占总补贴资金的比重则由 0.18‰ 降至 0.08‰。实践中,这一比重会更低,原因在于新型补贴方式使得籽棉产量的虚增与违规获益之间的关系变得模糊。两者明晰的关系为套补者之间进行利益分配提供了方便,而模糊关系则增加了套补者收益的不确定性,进而增加了套补者进行利益分配的难度、降低其套补动机。

必须指出,这里提出的高质量棉花目标价格补贴模式仍然存在一些问题。譬如,为核准棉花产量,实施棉花专业仓储和在库公检制度,显著增加了棉花目标价格补贴政策的执行成本,降低了执行效率。再如考虑产量、质量因素时,不可避免地增加了轧花企业、棉花纤维检验所等行为主体。作为棉花补贴过程中重要的参与主体,它们的道德风险问题仍不能完全避免。补贴方式涉及因素较多,补贴金额的发放时间相对较晚。在具体实施过程中,补贴方式中质量、产量系数的核定可根据实际作出调整,同时可考虑棉花生产保护区、棉农绿色生产义务、预先补贴额等因素,不断完善这一补贴模式。

(三)目标价格改革对棉花产业链影响分析[①]

1.目标价格对棉花产业链增值效应的机理分析

棉花产业链反映了棉花产业内部各环节以及棉花产业与外部相关产业的关系,是与棉花生产相关的所有产业的集合。当前棉花产业中的主导产业链为:棉花育种—棉花种植—棉花流通加工—棉纺织—服装制造—服装贸易—服装消费(见图3-4)。

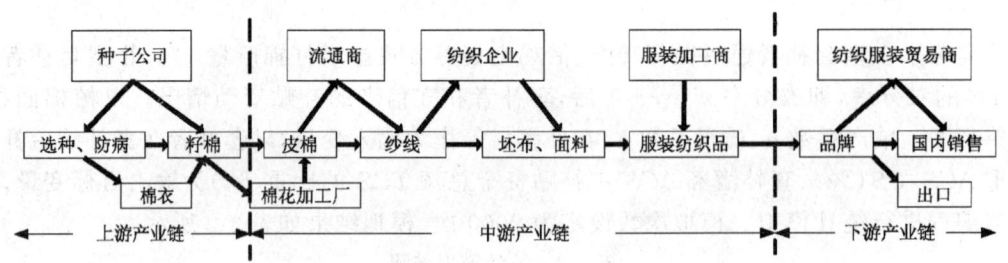

图3-4 棉纺织加工为主导的棉花产业链

目标价格通过棉花产业链对棉花产业带来增值效应。其具体表现:一是改变棉农弱势地位。棉农不仅可以从棉花生产中获益,而且下游产业链的棉花深加工和贸易也能够通过产业链将利益输送至上游棉农,从而保证棉农预期收益,保护棉农生产积极性,稳定棉花生产。二是增加棉花产品附加值。棉花及加工产品的附加值随着产业链的延伸和扩展而不断增加,据专家测算:纺纱、织布、印染、成衣各级产业链可分别实现50%—300%、30%—100%、100%—300%、30%—1000%的增值。三是带动相关产业发展。棉花产业链形成和拓展可带动良种培植、纺织机械、印染业、服装行业等诸多相关产业的连锁发展,对促进经济发展,增加就业和收入具有积极作用。

2.目标价格政策实施效果分析

2014年,新疆开始试点棉花目标价格改革,该政策核心内容是:国家对高于目标价格的市场价格不予干预,对低于目标价格的市场价格,国家将差价部分以补贴形式发放给棉农。棉花目标价格改革取得了明显成效,对棉花产业产生了积极影响。

第一,棉花价格回归市场。国内外棉花价格倒挂现象在目标价格政策实施后逐步得到缓解,两者波动趋势逐渐趋同,国家棉花数据中心数据显示:2013年国内外棉花差价最大时每吨差价达到7672.77元,而2014年目标政策实施以后的差价均值低于2013年,且呈逐渐下降趋势,国际棉花价格优势不复存在,棉花进口量下降(见图3-5)。2015—2018年棉花进口量一直稳定在100万—150万吨的较低水平,较目标价格政策实施前大幅减少。这反映出棉花价格在目标政策实施后开始回归合理,同时也促进了国内外棉花市场协调发展。

[①] 主要参考资料为赵玉明、秦远建撰写的《新疆棉花产业链优化路径选择研究——基于棉花目标价格改革背景下的分析》一文,见价格理论与实践,2019-12-25.

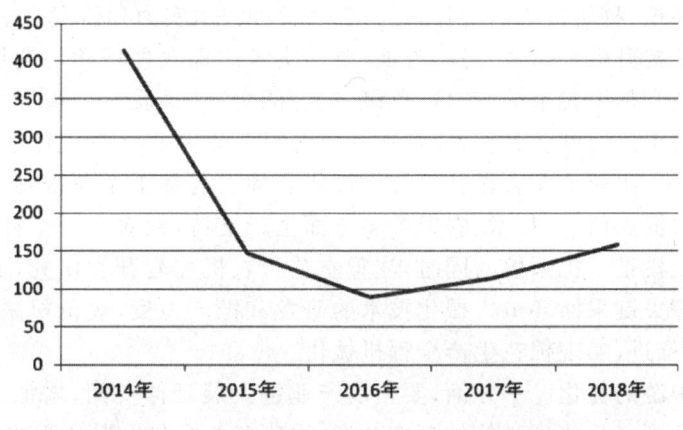

图 3-5　2014—2018 年我国棉花进口量(万吨)
（数据来源：国家棉花数据中心）

第二，棉花种植高产高效集中化发展。2018 年新疆棉花产量占到全国的 83.8%，保持持续增长态势(见图 3-6)，新疆国内棉花优势产区地位已逐渐形成。由于有了政策托底保障，棉农种植积极性空前提高，带动了更多棉花生产加工业向新疆地区集中。

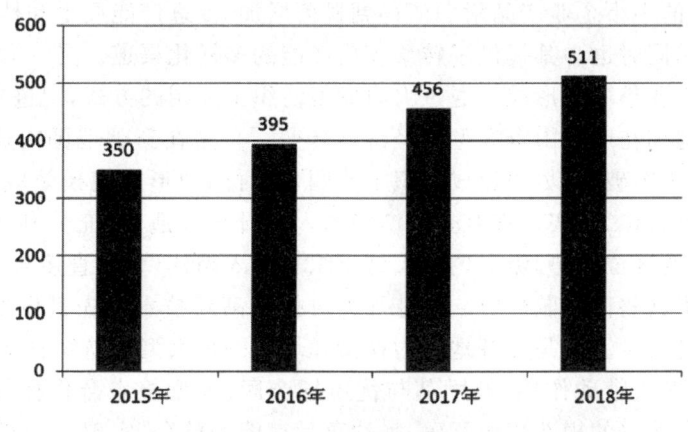

图 3-6　2015—2018 年新疆棉花产量(万吨)
（数据来源：国家棉花数据中心）

第三，产业竞争力随棉花质量提升而增强。在目标价格政策的促动下，市场对棉花价格的调节作用得以充分发挥，棉花价格逐步走上市场化轨道，棉花加工企业和棉农直接面对市场需求，倒逼他们更加关注棉花生产质量。2016—2017 年新疆棉花长度超过 29 厘米，质量品质有了大幅提升，得到众多棉纺织企业的认可，减小了国内企业对国外进口棉的依存度，带动了全疆棉纺织业的快速发展，全盘激活了棉花产业链，全疆棉纺织业投资仅 2014—2016 年三年就超过了 1978—2013 年的投资总额。

3.目标价格改革下新疆棉花产业链优化路径建立

第一，产业链上游的优化。首先，棉农的质量意识在目标价格改革实施后有所增强，但是种子市场上劣质棉种的混入以及棉种品种繁多，成为棉农选择适合种植高品质棉种的障碍。

一方面,要加强与高校、科研机构的合作,提升自身育种技术实力和研发水平,加强最新研究成果的转化应用,不断提升棉种质量;另一方面,要切实考虑棉农种植和后期加工纺织的实际需求,培育出兼顾种植和加工要求的,产量、色级、抗害能力、纤维质量等指标全面达标的高品质棉种,加大市场销售推广力度。其次,以合作社或纺织企业为主导整合上游棉花生产环节。将分散的棉农组织起来,组建棉花合作社。合作社代表棉农与加工企业谈判,提高价格话语权。同时,合作社向棉农提供信息、技术、农资等多方面生产支持,棉农在合作社内利益共享、风险共担。最后,在大规模推广机采棉的同时,注重农艺与农机配套开发研究,尤其要加大棉花采摘、棉花秸秆处理等关键采摘环节机械化技术的研发和推广力度,规范机采棉质量标准,以南疆棉区为重点全面推进,实现棉花生产全程机械化。

第二,产业链中游的优化。一方面,要拓展产业链发展延伸空间,增加产品附加值。基于棉花、棉加工产品及副产品使用价值的深度开发,构建多条棉花生态产业链向棉花产业链中游横向延伸:一是"棉籽—棉籽油—食用油/生物柴油"产业链,通过将棉籽转化成生物柴油、食用油等产品,实现向油脂、农资等行业的产业延伸。二是"棉短绒—精制棉浆—黏胶纤维"产业链,利用棉短绒生产黏胶纤维,增加棉加工的产品层次,满足黏胶材料广阔的市场需求。三是"棉秸秆—生物质燃料—发电"产业链,利用棉秸秆燃烧取代燃煤进行生物质燃料发电,可以将棉秸秆变废为宝,既缓解了能源缺口,又增加了经济效益。综上,通过产业链的延伸能够使众多处于产业链中游的中小企业产品附加值得到显著增加,促进产能质量和档次的提升,提高抵御市场风险的能力,同时也为其提供了转移落后产能的多样化渠道。另一方面,要构建纺织工业园区,促进纺织产业集群的形成。通过大力发展纺织工业园的方式,促进新疆棉纺织产业集群的形成,推动新疆棉花产业由资源型向经济型转变。一是在新疆范围内选择最具有优势和发展潜力的地区作为突破口,尽快建成纺织工业园,短时间内形成规模效应,改变当前纺织企业小而散的不利局面。二是实现现有企业产能的入园升级改造,并充分利用棉花生产资源优势和濒临中亚地区的区位优势,吸引内地大型纺织企业入园建厂,或直接与内地规模成熟的纺织工业园对接,吸引其整体入园投资。支持加大对拥有高新技术和先进设备的棉纺织知名企业、核心企业的引进力度。三是在各地着力扶持和培育一批大型棉纺织骨干企业,充分发挥其规模化产能优势和龙头带动作用,鼓励其与优质棉产区、大型棉农合作社等建立深度合作关系,通过优化中游产业链的棉花资源配置,加快落后产能的整合,实现中游产业链利益均衡化,形成发展合力,避免出现无序竞争。此外,棉纺织行业作为劳动密集型产业,应注意人才的培养,大力推行终身职业技能培训制度,面向职工、就业重点群体大规模开展职业技能培训,加快建设棉纺织行业知识型、技能型、创新型从业者。

第三,产业链下游的优化。棉纺织产品的内外贸销售构成了棉花产业链的下游环节,主要利益主体为纺织服装贸易厂商。纺织服装企业在棉花目标价格改革带来的生产成本降低这一有利条件下,经济效益并未出现大幅增长。针对近年来纺织服装类产品线上销售增速明显的实际情况,新疆棉花产业链下游环节要将线上销售作为产业链下游延伸的重要方向,积极开发和利用电商平台,基于大数据分析结果调整产品结构和制定营销策略,准确迎合消费者喜好,实施精准化营销。下游厂家要根据销售和顾客信息大数据,动态感应消费趋势,设计产品和预测产量,实施精准化生产,减少库存积压,逐步完成向"响应快、个性化、小批量"的柔性生产体系的过渡。一方面,新疆当地纺织服装企业在依靠本土力量不断推动产品向中高端升级的同时,应积极承接内地纺织服装产业的产业转移,依靠内地企业的产品研发和品牌营销优势提升地区产品优势,建立与内地时尚地区的产业纽带,最大程度挖掘当地消费市场。另一方面,新疆棉花产业链下游企业应充分利用产业、区位、政策的多元优势,借助"一带一路"战略契机,积极向中西亚等潜力地区延伸产品市场,拓展国际贸易渠道,弥补本土市场发展空间的不足。

4.目标价格改革下新疆棉花产业链配套环节优化

第一,物流业务的整合。一是为提高棉花产业链的整体效益,需要迅速组建一批实力雄厚的大型物流企业;二是实行棉花仓储细分化,按照棉花质量等级分类打包存储,并推行严格的仓库监管体系;三是促进物流企业、设施等向物流节点中心聚集,围绕物流节点建设物流网络,发挥物流产业集群效应。物流业务整合后,棉花产业链的物流节奏将明显加快,产业链各企业利益更趋向一体化,相互非合作竞争状态将得到改观。

第二,大力发展供应链金融。一是提升金融机构服务棉花产业链的积极性,引导民间资本和基金加强对产业链核心企业的扶持培育,建立金融服务核心企业数据库,鼓励金融机构围绕核心企业上下游业务拓展业务范围。二是创新供应链金融模式,金融机构应设计多样化、多层次金融产品组合,编制无缝融资网络,实行简便化、定制式服务模式,满足棉花产业链主体不同阶段、环节的融资需求。三是完善供应金融环境建设,在棉花产业供应链金融中增加农业保险业务和信用担保服务,为棉花产业风险分担和规避提供保障。

第三,加强信息管理与整合。一是加强基层信息网络建设,突出棉农和基层企业在产业链信息网络中的承上启下作用,使其保持与上下游的信息畅通,保证对棉花供求信息的及时收集、传递,避免盲从效应。二是构建棉花产业链信息平台。不同领域和区域的涉棉金融机构、工业企业、流通企业等都可以通过平台接受或发布信息,促进棉花产业链信息共享和交流,使产业链各环节的合作更加紧密和流畅。三是整合信息资源,统一数据口径,建立新疆棉花产业链数据库,为科研机构研究、企业规划生产、政府统计分析和政策制定提供有力数据支持。

三、"保险+期货"棉花产业绿色价格支持机制

(一)棉花"保险+期货"运用[①]

2016年以来,"保险+期货"已连续4年被列入中央一号文件,2019年中央一号文件进一步明确提出"扩大'保险+期货'试点,打通金融服务'三农'各个环节"。"保险+期货"模式通过改变原有的农产品价格风险转移方式和农产品补贴方式,促进了农产品价格机制的完善和现代农业的发展,保障了农民的基本收入,促进了经济发展。近几年,棉花"保险+期货"模式试点在棉花价格补贴市场化运作上做出了有益探索,对促进棉农增收致富、贫困棉区脱贫摘帽具有重要价值。

1.棉花"保险+期货"运行机制

随着我国农产品价格形成机制的市场化改革深化,农产品与市场的联系越来越紧密,价格波动风险逐渐显现,期货市场所特有的对冲机制为缓解农产品价格风险提供了新的路径。保险公司基于棉花期货价格,开发棉花目标价格保险产品;棉农/合作社通过购买棉花目标价格

---

① 主要参考资料为张亚林等撰写的《棉花"保险+期货"模式助力南疆主产棉区脱贫攻坚》一文,见中国棉花,2020-02-15.

保险用以保障收益。期货市场具备价格发现、套期保值、风险规避的功能,可以通过博弈形式实现远期市场化价格,棉花期货价格对现货价格的影响程度较大。基于期货市场特有功能,保险公司购买期货公司的场外看跌期权对承保的棉花价格保险进行"再保险",以对冲棉花价格下跌带来的赔付风险;期货公司依据商品期货交易所公布的棉花价格为基础进行卖空操作,对冲向保险公司卖出看跌期权的风险,将风险回归于市场,最终形成风险分散、各方受益的闭环,实现多方共赢。当保险期内棉花结算价格低于目标价格时,保险生效,棉农/合作社则通过保险公司获得赔付;同时,保险公司行使看跌期权,期货公司根据合约进行赔付,减轻保险人的损失。棉农/合作社通过购买棉花价格保险,可提前锁定目标价格,保障收入,稳定生活。当保险期内棉花结算价格高于目标价格时,保险不生效,虽然棉农/合作社白交了保费,但因棉花价格上涨而获得较多的收益。

2.棉花"保险+期货"机制优势

第一,充分发挥市场在资源配置中的决定作用。新疆实施的棉花目标价格补贴政策,发挥了市场调控作用,初步建立了棉花价格形成机制,很大程度上保障了棉农的基本收益,具有普惠性。但现行的棉花目标价格补贴资金要通过各级财政、农业部门进行逐级审核发放,耗时费力,耗费了相当高的行政成本。棉花"保险+期货"模式将上述政府行为转移到保险公司,通过保险公司提供相关服务,减少交易费用,操作简捷、管理高效,可减轻政府的工作压力,保障棉农收益;且可进一步依靠市场机制实现棉花资源的有效配置,提高棉农的风险防控意识,促使棉农认识到棉花价格风险也是市场经济的必然产物。

第二,探索农业补贴"黄箱"政策向"绿箱"政策转变。世界贸易组织(WTO)在《农业协定》中约定"黄箱"政策的补贴总额不能超过农业总产值的8.5%。在新疆实施的棉花目标价格补贴政策受到WTO农业协议限制,属于限定的"黄箱"政策。近年来,我国棉花目标价格补贴额超过了WTO规定的限额。而基于"保险+期货"模式的棉花价格保险属于"绿箱"范畴,为市场化价格补贴机制探索出了一条新路径,将发挥保障棉农种植收益"稳定器"的作用。

第三,建立南疆棉花产业长效扶贫机制。作为新疆国民经济和社会发展的支柱产业,棉花占新疆农作物面积的比重高达45%—50%,占新疆棉农收入的60%—65%,占少数民族集中地区棉农收入的80%左右。因此,如何降低棉花价格波动对贫困棉农的影响,是棉花产业发展中的重大问题。通过引入棉花"保险+期货"金融工具,提前锁定棉花目标价格,提高棉农种植积极性和种植收益,对建立长效扶贫机制,促进南疆棉花产业绿色发展,从而以棉花产业带动当地区域经济健康发展起到重要作用。

3.棉花"保险+期货"机制不足

第一,保险费的缺口问题。"保险+期货"机制本质上是利用场外期权产品,解决保险损失的赔付问题。纵观2016年山东省滨州市、2018年新疆维吾尔自治区阿克苏地区柯坪县和新疆生产建设兵团第三师51团、第六师等棉花"保险+期货"模式试点,保险费为1050—1500元·公顷^2,不管是兵团模式还是地方模式,保险费大多是由政府、期货交易所、期货公司和企业分担,期货交易所和期货公司支持的资金占大部分,棉农承担的保险费相对较少。作为追求利润最大化的市场主体,期货交易所和期货公司难以长久支持该项费用。试点阶段之后,若政府不能填补这部分专项资金空缺,棉农的保险费投入则会相应提高,这将增加棉农的经济负担,会严重影响棉农参与"保险+期货"模式的积极性。

第二,南疆棉农的认可度有待提高。当下,棉农普遍对自然灾害保险比较熟悉,对期货金融工具较陌生,棉花"随大流"现象比较严重,棉农自身还未充分认识棉花价格保险的作用、特点以及与自然灾害保险的区别,对以期货价格为理赔依据的价格保险更是知之甚少。但随着棉花"保险+期货"模式试点的推进,"期货也能保价格,棉农也能用期货"逐渐被接受认可。然而,要棉农主动将其融入生产经营活动中,还有待时日。再加上南疆大多数是少数民族棉农,棉农文化水平偏低,接受新生事物能力较差,急需通过电视、广播、报纸等媒体对新兴的棉花"保险+期货"模式进行大力宣传推广,重点面向植棉大户、植棉合作社等新型经营主体,提高棉农的普及度和认可度。

4.棉花"保险+期货"机制推行

第一,优质棉"订单生产+保险+期货"发展模式。棉花"保险+期货"机制是在棉花目标价格的基础上为棉农收入再上一个保险,可有效地保障棉农收益,使其避免因棉花价格下跌而遭受损失。依托科技力量,围绕棉花"良种+良法"技术集成示范,大力发展优质棉"订单生产"可让棉农种植出品质优良且符合下游用棉企业需要的棉花,实现"优质、优产、优价";大力推行国家棉花产业联盟发展模式,继续推进棉花质量与补贴挂钩试点,提升棉花品质,将"保险+期货"模式与优质棉"订单生产"相结合,则可通过发展优质棉"订单生产+保险+期货"模式让优质棉的生产、加工、销售形成产业闭环,既可让棉农得到"产量、质量、收入"三重保障,也可以大大提高棉农种植积极性和下游用棉企业签订"订单生产"的信心,助力优质棉产业绿色发展,建立"造血式"扶贫模式。

第二,引入银行、基金等信贷机构。由于缺乏对应的抵押品和信用保证,南疆贫困棉农除了面临棉花价格下跌风险外,对采购生产资料和发展乡村经济的融资也举步维艰、困难重重,无法获得信贷资金。通过引入银行、基金等信贷机构参与试点,帮助参保棉农解决田间生产资金的短缺问题。参保棉农通过参与"保险+期货"模式试点,规避棉花价格下跌的风险,保障收入,提高自身在银行、基金等信贷机构的信用水平,从而使银行、基金等信贷机构放心地对符合贷款条件、有融资需求的棉农发放贷款,帮助其解决农业生产的资金短缺问题。

(二)棉花"价格保险+期货"机制进一步探讨[①]

为进一步完善棉花价格补贴机制,2018年新疆在博乐市、柯坪县和叶城县开展了棉花"价格保险+期货"试点工作。在对三个试点地区充分调研的基础上,从总体目标角度对试点取得的初步成效进行分析:试点推进了棉花产业融合,有效规避了WTO"黄箱"政策的约束,保障了棉农的基本收益,降低政府财政成本,基本达到了预期的改革目标。但是试点中还存在棉花价格保险的目标价格过高、棉农的保险意识淡薄、赔付机制不完善、缺乏农业保险人才、风险对冲工具不足等问题。

1.新疆棉花"价格保险+期货"机制内涵

第一,新疆棉花"价格保险+期货"机制目标。新疆自治区发展改革委、财政厅和新疆保监局共同制定的《2018年自治区棉花"价格保险+期货"试点方案(试行)》明确提出了试点目标

---

① 主要参考资料为王力等撰写的《棉花"价格保险+期货"试点改革的思考——基于新疆棉花主产区数据的分析》一文,见价格理论与实践,2019-12-27.

（如表 3-3 所示）。经新疆自治区棉花目标价格改革领导小组审定，2018 年棉花市场平均价格为 15218 元/吨。2018—2019 年度棉花价格保险的赔付资金主要分两次进行。第一次赔付是由保险公司对基本农户和生产经营单位的理赔相关信息进行复核校验、公示，确认信息无误后，核算赔款，在 2019 年 2 月 28 日前一次性全额赔付给棉农。第二次赔付是针对实际交售量超试点县市确定的单产预警上限（500 公斤/亩）的农户，核实信息后在 4 月 21 日前进行赔付。理赔具体情况如表 3-5。

表 3-3 新疆棉花"价格保险+期货"试点方案的具体目标

序 号	主要内容
1	持续稳固和壮大新疆棉花优势产业，推进棉花产业融合发展
2	积极应对 WTO 国际贸易规则等诸多挑战
3	有效化解棉花市场风险，保障棉花实际种植者基本收益
4	减轻国家财政负担

第二，棉花"价格保险+期货"运行方式。棉农向保险公司购买棉花价格保险，保费由自治区承担（自治区棉花目标价格改革领导小组办公室通过政府采购方式确定保险费率），当市场平均价格低于目标价格时，由保险公司向棉农进行理赔；为了分散经营风险，保险公司可以选择向期货公司购买场外看跌期权，最终将风险转移到资本市场。运行模式见图 3-7。

图 3-7 棉花"价格保险+期货"运行模式

第三，棉花"价格保险+期货"机制运行情况。试点地区（博乐市、柯坪县、叶城县）符合棉花目标价格改革要求的实际种植者参加棉花目标价格保险试点，不再享受棉花目标价格产量补贴，当棉花市场平均价格低于保险目标价格时，保险公司按照合同履行赔付义务。具体方案如表 3-4。试点理赔具体情况见表 3-5。

表 3-4 新疆棉花"价格保险+期货"试点具体方案

类 别	内 容
参保对象	基本农户和农业生产经营单位 （国有农场、非农公司、种植大户、合作社等）（以下简称棉农）
保险标的	棉农交售的籽棉
保险目标价格	18600 元/吨
保险公司	中国人民财产保险新疆分公司、中华联合财产保险新疆分公司、 中国太平洋财产保险新疆分公司、中国人寿财产保险新疆分公司
保险期限	2018 年 9 月 1 日—2019 年 1 月 31 日
保险数量	自治区棉花目标价格改革信息平台统计的试点地区棉农实际棉花交售量
保险费率	12.6%
保险费	保险目标价格×保险费率×保险数量

续 表

类 别	内 容
棉花市场平均价格	棉花期货市场平均价格和棉花现货市场平均价格进行对比,取较低者
理赔条件	当棉花市场平均价格低于保险目标价格时,保险公司启动保险理赔
赔付金额	(保险目标价格－棉花市场平均价格)×实际棉花交售量
2018年赔付情况	每公斤籽棉赔付1.34元

注:资料来自新政办发〔2018〕104号文件;数据来源:实地调研。

表3-5 新疆棉花"价格保险＋期货"试点理赔具体情况

	皮棉总交售量(吨)	保单价格 (元/吨)	棉花市场平均价格 (元/吨)	赔付金额(万元)
博乐市	77468	18600	15218	26199.67
柯坪县	12327	18600	15218	4169.30
叶城县	29798	18600	15218	10077.68

注:①实际棉花交售量:籽棉交售量×平均衣分率;籽棉交售量时间截止到2019年1月31日信息平台统计试点的数据。②棉花期货市场平均价格:根据郑州商品交易所2018年9月1日—12月31日期间各交易日CF1901期货结算价格算术平均值作为棉花期货市场平均价格。③棉花现货市场平均价格:根据2018年9月1日—12月31日期间信息平台统计的全疆籽棉交售价格加权平均值折算成皮棉价格作为棉花现货市场平均价格。数据来源:实地调研。

第四,保险公司风险对冲的局限。目前,参与棉花"价格保险＋期货"试点的保险公司由于风险分散措施比较有限,在风险对冲时只能通过期货公司进行场外期权交易从而达到分散风险的作用。然而,在当前的试点中,保险公司并没有购买看跌期权来分散风险。这主要有两方面的原因:一是试点项目的中标公告公布太晚,保险公司没有合适的入场时机购买看跌期权。新疆自治区2018年12月初才公示保险公司的中标公告,中标的保险公司后续还要签署相关商务合同,因而没来得及做再保险。二是棉花"价格保险＋期货"方案内对保险公司买期权的入场和离场时间都有明确规定,保险公司可操作的时间有限。所以,在此次试点中,关于保险公司分散风险方面的试点效果还未能体现。

2.棉花"价格保险＋期货"机制效果

根据试点方案的总体目标,结合试点县(市)的实施情况,从棉花产业融合、规避WTO"黄箱"政策约束、保障棉农收益、减轻国家财政负担四个方面评估改革试点的成效。

第一,推进棉花产业融合发展。产业融合是不同产业间或同一产业内相互渗透、相互交叉,最终融为一体,逐步形成新的产业形态的过程。由于棉花对自然条件的依赖性较强,生产周期也较长,受供给、需求以及库存的影响,不同季节其价格波动比较大,因而棉花的市场风险较大。保险、期货同属于第三产业的金融业,政府通过实施棉花"价格保险＋期货"方案,使金融业积极引导棉花产业与第三产业的融合发展。棉花产业与保险业的融合发展不仅为棉农规避了价格风险,保障了棉农收益,还拓展了保险公司的业务范围,完善了保险产品种类,实现产业间互利共赢。

第二,有效规避WTO"黄箱"政策的约束。棉花价格保险不受WTO"黄箱"政策的约束。政府对于棉花"价格保险＋期货"政策的支持手段并不是把保费资金直接发到棉农手上,而是把棉农需要缴纳的保费拨付给保险公司。因此,不会对棉花的市场价格产生扭曲作用,有效避开了WTO"黄箱"政策的约束。保险公司对农户的赔付不受WTO"黄箱"产品总值8.5%微量允许的约束,并且可以间接加大政府对于棉花产业的支持力度。

第三,降低市场风险,保障棉农的基本收益。棉农向保险公司购买棉花价格保险,降低了棉花的市场价格波动风险,不管市场价格是涨是跌,棉农都能够获得稳定的收入保障。在保险期间,引入轧花厂托底收购,轧花厂以15600元/吨,折合二级籽棉7.6元/公斤的托底价收购参保农户的棉花,每公斤皮棉出售价格较上年实际约增加0.11元,稳定了棉花的收购价格,棉农不用担心轧花厂压价,提高了生产积极性。此外,由于棉花市场平均价格是棉花期货市场平均价格和现货市场平均价格中的较低者,因而"价格保险+期货"模式的理赔标准不会低于棉花目标价格补贴标准,很好地保障了棉农的基本收益。2018年参加棉花"价格保险+期货"试点的棉农每公斤棉花得到的赔付是1.34元,这一标准明显高于2019年新疆其他县(市)棉农领取的目标价格补贴款(0.918元/公斤)。

第四,降低政府财政成本,减轻国家财政负担。实施棉花"价格保险+期货"方案后,政府只需要缴纳一部分保费,就可以发挥政府补贴的杠杆作用。而且利用保险公司已有的组织资源,补贴效率也会更高。此外,政府工作人员只需要与保险公司统筹协同开展相关工作,至于各乡镇、各村的棉花种植面积测量、承保资料签字、赔付资金发放等相关工作,都由保险公司进行操作,简化了政府的工作环节,在一定程度上减少了政府的行政成本,减轻了财政压力。同时,由于保险产品价格提前知道,用于棉花"价格保险+期货"的财政支出基本能够准确预算。因此,相比于棉花目标价格政策,棉花"价格保险+期货"有效地降低了财政风险。

3. 棉花"价格保险+期货"机制运行缺陷

第一,棉花价格保险的目标价格过高。为保证试点地区棉农利益不受损,使农户在短期内愿意接受棉花价格保险,棉花价格保险的目标价格参照了2018年自治区棉花目标价格水平(18600元/吨),但是该价格的设立并不科学,远远高于市场平均价格。比如2018年中标博乐市棉花"价格保险+期货"的两家保险公司向自治区收取保费18155万元,赔款26199万元,赔付率高达144%。在保险公司没有熟练使用购买棉花期货期权、再保险等方式来分散经营风险之前,如果棉花价格保险按照这个目标价格进行全疆推广,则保险公司的利益将会遭受巨大损失,且在短期内难以迅速扩大棉花价格保险的规模,不利于棉花价格保险的可持续发展。

第二,保险公司宣传不到位,棉农的保险意识淡薄。棉花价格保险试点阶段,棉农不需要缴纳保险费,自治区财政从中央棉花目标价格改革补贴资金中向保险公司拨付和清算保险费。这种农业保险更倾向于救济性扶持而不利于培养农户保险意识。一旦出现农业损失属于免责范围的情况,农户会认为保险公司故意不予理赔,投保积极性将受到严重影响,不利于后期棉花"价格保险+期货"的推广。加之,大多数棉农的受教育水平较低,平时缺乏足够的农业风险管理教育,风险意识淡薄,很难意识到棉花价格保险的重要性。如果后期政府退出,不再为棉农缴纳保费,则很难保证棉农会长期自愿投保。

第三,交售信息与赔付机制脱节,无法保证每一户棉农利益。棉农只有把棉花交售到有资质的棉花加工收购企业,拿到其开具的发票后才能得到保险赔付。考虑到交售棉花的时间成本和人力成本等问题,部分产量少的棉农会把棉花交售给棉花经纪人或者和其他棉农合交棉花,且未单独分开开票。导致部分棉农在自治区交易数据平台中有名单及种棉亩数但无交售量,部分代交售的棉农地少但交售量巨大,并且很可能会超出单产预警上限。而保险公司发放赔付资金时只补给有发票的棉农,无发票的棉农只能享受面积补贴。因此,保险赔付机制存在漏洞,无法保证每一户棉农的利益。

第四,保险品种单一,保险公司缺乏专业人才。当前试点期间,保险公司推出的保险产品比较单一,统一的保障水平和保费使得棉农没有选择的机会,不能很好地满足农户的多样性需求。此外,目前保险公司缺乏专业人才。现有的农业保险人员普遍缺乏棉花种植、棉花销售等相关知识,对棉花保险中的风险关把握不到位,而且,农业保险风险评估复杂,理赔工作难进行等问题要求保险公司必须要有一批精通业务的专业人才。但目前专业的棉花保险人才培养严重滞后于发展的需要,成为制约棉花保险可持续发展直接障碍因素。

第五,场外期权具有局限性,风险对冲工具不足。新疆棉花"价格保险+期货"试点时场内期权还没有上市交易,保险公司只能通过购买场外期权的方式转移风险,而场外期权具有很大局限性。场外期权的优势在于能够为参与者提供一份"量身定做"的合约。然而,合约的非标准化和不透明化将会增加保险公司的操作成本,增加棉农保费支出。此外,场外期权的交易模式主要有做市模式和撮合模式。做市模式的风险较大,对于资金实力的要求也比较高。而撮合模式流动性差,很难找到合适的买卖方进行交易。

4.棉花"价格保险 + 期货"机制完善政策

第一,设立科学合理的目标价格。目标价格的设定不仅要保障棉农的收益,还要考虑国家财政的承受能力。为了保障棉花价格保险的目标价格处于一个合理水平,必须要深入研究棉花市场的发展规律,并且根据不同地区种植成本设立相应的目标价格。同时,需要考虑保险利润,保证保险公司长期经营。除了降低棉花保险的目标价格以外,还可以对保险公司所经营的政策性农业保险进行适当的补贴,弥补保险公司在管理、运营过程中的成本支出。

第二,加强宣传教育,提高棉农抵御风险的意识。在中国,现阶段农民普遍缺乏保险专业知识,缺乏基本的风险意识。保险公司宣传时需要准备详细的双语资料,包括保险责任、保险赔付标准、保障范围和收费标准等,积极利用县电视台、政府网站、现场答疑等宣传媒介进行政策宣传,充分发挥驻村工作组入户走访的优势,全方位、多角度宣传。同时,采取多种形式开展保险知识讲座,宣传理赔案例,要让农民真正了解棉花价格保险能够规避风险、稳定农民收入的功能,提高棉农的风险意识和保险意识,提高后期棉农自愿投保的意愿,为棉花"价格保险+期货"的全面推广奠定基础。

第三,完善补贴机制,保障每一户棉农的利益。首先,对于农户的合交棉花情况,代交售的农民必须从所在村集体出具合交证明,注明合交户数、每一户主名字、交售量,并必须签字确认,保证二次分配赔付金额。其次,对于棉花经纪人收购的棉花,必须提供棉农自愿放弃保险赔付的签字证明,或者提供与被收购者的收购协议或证明,保证能二次发放到农户,保证政策红利不漏一人。最后,保险公司应合理开发利用大数据平台,深度解读和挖掘每一块土地近十年棉花平均产量,并且对每一户棉农当年交售棉花的数据及应得赔付进行公示,通过农民相互监督发现弄虚作假的行为,从而保障每一户棉农的利益,使理赔更加精准。

第四,创新棉花保险产品,培养棉花保险复合型人才。鼓励保险公司创新多层次、差异化的棉花保险产品。新型农业经营主体一般具有较强的风险意识和保险需求,投入更高,较多进行规模化生产。农业风险对他们的收入影响较大,适合推出"高保障"的保险产品。而针对小规模种植的棉农,由于其面临的风险较小,"普惠型"的保险产品更能满足他们的需求。创新棉花保险产品的同时也要重视棉花保险复合型人才的培养。保险公司可以加大与高校的合作,共同培养农业保险专业人才,积极引导他们进入棉花保险领域。同时,加强对保险人员培训,提升他们的专业能力和实践能力,加快棉花保险复合型人员队伍建设,为棉花保险的快速发展奠定基础。

第五,充分发挥棉花期权的优势。2019年1月28日,棉花期权在郑州商品交易所上市交易。棉花期权的上市丰富了保险公司的风险管理手段。场内期权是标准化合约,合约中对于交易品种、数量、到期日、执行价格等要素事先都由交易所做出了明确的规定,所以交易成本较低。此外,棉花期权的权利金是通过充分竞价产生的,定价更公平合理。并且由于场内期权的操作公开透明,又有政府监管,因而能够很好地避免交易过程中的信用风险、流动风险和结算风险。

四、棉花生产生态补偿价格支持机制[①]

生态价值评估是生态补偿的基础工作,对生态系统的生态价值进行评估,基于生态价值评估的数据进行生态补偿,建立生态补偿机制。生态补偿往往以区域生态系统为对象确定生态补偿标准。黄河三角洲地区盐碱地是一个典型的棉花生产生态系统,对于推行棉花生产生态补偿机制具有普遍指导价值。运用生态价值评估的相关方法,对盐碱地棉花生产所产生的生态价值进行评估,将生态价值用经济价值表示。若评估生态价值后对当地的生态进行补偿,形成盐碱地棉花生产生态补偿实现机制。

(一)生态价值评估与补偿理论准备

1.生态价值评估理论

第一,生态价值内涵。生态价值是在满足人类对生态环境资源需求目标和发展过程中的经济判断,主要包含人类为满足自然环境的需要而产生的生态价值以及自然环境为满足人类生存的需要而固有的生态价值。生态价值体现的是人与自然环境之间相互依存、相互满足的关系。进行生态文明建设是我国的发展战略任务之一,它的提出标志着中国特色社会主义现代化进入了更高的发展阶段。党的十七大报告首次提出"生态文明"的概念,为生态价值赋予了"新发展观"的功能。狭义上"生态价值"是指地球上任何生物个体不仅在生存竞争中实现自身的生存利益,而且创造其他物种和生活个体的生存条件。在这个意义上,任何生物物种和个体的存在,都会对其他物种和个体的生存产生积极意义。地球上任何物种及其个体的存在都对地球整个生态系统的稳定与平衡起着重要作用。广义上"生态价值"则包含自然系统整体的稳定平衡是人类社会赖以生存的必要条件,对人类生存具有"环境价值"。

第二,生态经济价值。可以简单地理解为生态价值和经济价值经过一定的分析,结合在一起。生态价值体现了自然界的要求,经济价值体现了人类的要求,人类与自然界的关系协调也就是生态价值与经济价值关系的协调和共存。自然的生态条件是人类经济发展的第一条件,人类创造财富是对自然原材料的加工处理,原材料的质量和数量直接决定财富的水平。目前人类经济发展遇到的困难就是环境破坏和自然资源的匮乏大大提高了经济成本。

第三,生态价值评估。是指对人类赖以生存的外部环境的生态功能进行评价和判断的行

---

① 主要参考资料为王艺璇撰写的《黄河三角洲盐碱地棉花种植生态价值评估及补偿研究》一文,见山东农业大学硕士学位论文,2019-06-10.

为和过程,以及通过一定的技术手段提供生态服务的能力水平。通过评估可以了解生态系统功能与服务的固定时点价值,也可以通过不同的时点、不同生态环境状态的比较,把握其价值的动态变化趋势。在处理人与自然的关系方面,生态价值评估具有多重意义:从微观角度分析,进行生态价值评估可以提供与生态系统结构和功能相关的多样性和复杂作用的详细信息,指导人类合理利用生态系统的基础;从宏观上讲,有助于建立人类福祉和可持续发展的指标体系,促进人类社会可持续发展。

第四,棉花生产生态价值内涵。是指棉花产业在一定时间和空间内对周边生态环境发展所展现出的作用,可以从正生态价值和负生态价值两个角度进行分析。譬如,韩若冰(2015)黄河三角洲地区盐碱地的棉花生产在改善土壤、节约资源等方面形成正生态价值,目前棉花生产大幅度缩减,主要是因为棉花生产过程烦琐,用工量大,落后的耕种方式、采摘模式等,棉花的生产成本逐渐增加。再譬如,在棉花生产过程中大量使用农药、化肥和地膜等,使资源过度消耗,生态环境遭到破坏,产生负生态价值。我们应关注棉花生产的正生态价值,消除负生态价值,保护棉花生产生态红线,建立棉花生态保护区。只有不断促进棉花产业的高效发展,棉花产业的正生态价值才会充分发挥;只尽可能降低负生态价值,才会真正全面最大化地形成棉花产业的正生态价值。

2.生态价值评估方法

第一,成本费用法。是通过计算和评价消费者的支出来评估生态价值的一种方法,它以某一生态服务功能的支出成本为重点来体现其价值。从消费者的角度评价生态系统服务价值是一种古老而简单的方法。该方法通常用于评价旅游文化娱乐服务,并通过旅游者在旅游活动中的交通、观赏、住宿等成本来评价生态系统的娱乐服务。

第二,市场价值法。是指以市场价格评价生态系统产品和功能,通过市场反映生态系统服务价值的一种方法。首先对生态系统服务的影响进行定量评价,然后根据这些影响市场价格的服务来评估其经济价值。市场价值法与成本支出法相似,要考虑市场价格,但可以用来评估生态服务功能的价值,而不需要成本支出。市场价值法基于真实的市场数据,它更直观。由于所需数据有限,已获得相关数据,使用成本不高。

第三,影子项目法。通过计算建造和复制相似个体的成本来确定个体的价值。其前提是环境的破坏不能恢复或其价值难以直观测量,通过构建类似的环境替代方案可以保持环境质量不变。

第四,边际机会成本法。是指在其他条件相同时,当一种资源被用来生产一种产品时被放弃的另一种产品的生产价值,或者当一种资源被用来获得某种收入时被放弃的另一种收入的价值。主要用于环境资源产品,即原材料的定价。资源和原材料的价格应等于其边际机会成本。机会成本法是成本效益分析方法的重要组成部分,经常用于无法直接估计某些资源应用的净社会效益的情况,特别是在评价自然保护区或具有独特特点的自然资源开发项目时,是一项非常容易被公众理解和接受的实用技术。

第五,条件价值法。是一种调查与评价支付意愿的方法,或者是一种假设性评价方法,适用于缺乏实际市场和替代市场的商品交换价值评估。对生态系统服务的价值,通过直接调查消费者来评估,以了解他们的支付意愿,或他们选择产品或服务的数量的意愿。生态价值评估是生态价值评估中广泛应用的评估方法,通过问卷调查,调查人员问及被调查人员是否愿意支付改善环境效益或保护资源或防止环境退化措施的费用,或接受环境或资源质量损失的赔偿。

在实际研究中,从消费者的角度出发,在一系列假设性问题下,通过问卷调查、访谈对话等方法,得出消费者的支付意愿和净支付意愿。

第六,生态补偿的含义。生态补偿是以保护和可持续利用生态系统服务为目的,运用经济手段来调节和补偿相关者利益关系的制度安排。实行生态补偿机制,可以使公众认识并重视生态环境、自然资源的生态价值,激励公众的生态环境保护行为,培养节约资源的意识。当前的生态环境遭到破坏,或者人们的行为不利于生态环境的保护和可持续发展,就需要运用一定的生态补偿手段来减少损失。生态补偿是生态环境保护的最有效方式。一个生态区域当地人民为了改善生存状况,就需要做出很多选择。如果选择大力发展地区经济,解决贫困问题,就需要大肆开采利用自然资源,造成更严重的环境破坏;如果将环境因素考虑在内,就需要放弃很多发展机会,从而增加经济发展的机会成本损失。因此,建立生态补偿机制可以协调平衡各方利益,在保护环境的同时弥补经济损失。

3.生态补偿的原则

棉花生产生态补偿机制最重要的是解决补偿主体、补偿多少(补偿标准)以及如何补偿(补偿方式)等问题。构建生态补偿机制是以经济激励为手段,调整相关利益主体间的经济利益,将相关环境保护或破坏行为的外部成本内部化,关键是确立生态补偿原则。

第一,公平性原则。人们的环境权是平等的,发展权也是平等的。公平原则的核心是双方的利益是平等的,不得因保护一方的利益而损害另一方的利益,要明确生态补偿的补偿方和被补偿方,实行"谁受益谁补偿、谁破坏谁恢复、谁保护谁受益"的原则。

第二,受益者付费原则。是生态补偿的基本原则,生态环境的受益者应该向生态服务功能的提供者支付相应的费用,以补偿保护生态环境一方的利益。受益者付费原则能够使生态服务功能所产生的生态效益得到相应的补偿,是确定生态补偿主体的重要依据。对盐碱地植棉的生态补偿而言,生态受益主体按照其受益程度,通过政府补偿或者市场补偿的形式对棉花生产主体进行补偿,对生态环境改善带来的生态效益进行付费的原则。

第三,受损者获补原则。盐碱地棉区的棉农因盐碱地土壤贫瘠,不适于其他作物生产,而限制了发展的机会成本,属于受损者。现实中,需要进行生态补偿的地区往往设立在经济发展水平比较差的地区,其发展机会的损失值往往大于其受益值。生态环境的保护行为容易导致普遍的"搭便车"行为。如果不给予相应的补偿,不能很好地激励当地的棉农继续生产棉花,容易导致土地撂荒、土壤持续恶化的生态问题,最终会导致生态系统服务供给不足的现象。

第四,可持续发展原则。由于盐碱地只存在部分地区,对盐碱地植棉的生态效益进行生态补偿,鼓励棉农在盐碱地植棉,从而促进区域的均衡和可持续发展。

(二)黄河三角洲盐碱地棉花生产生态价值评估

1.盐碱地棉花生产生态功能

第一,改善盐碱地土壤肥力、维持养分循环。盐碱地的含盐量和含碱量超出了一般农作物需求的生长值,会影响农作物的正常生长发育。棉花作物具有很强的耐盐性和耐碱性,可以在盐碱地生长生产,能有效抑制了盐碱地土壤的盐渍化。盐碱化的土壤是中低产土壤类型之一,不合理的利用和开发往往导致土壤退化和土地生产力下降,利用抗盐性强的棉花能有效地改良盐碱地,是盐碱地农作物的最佳选择。在盐碱地生产棉花后,盐碱地土壤的有机质含量和土壤肥力都显著提高,土壤结构也得到改善,对土壤的改良起到了一定的推动作用。在盐碱地生产棉花可以增加土地覆盖面积,减少风蚀和荒漠化引起的土壤盐渍化。棉花生产年限对盐碱地土壤肥力有一定的影响,盐碱地棉花生产不足5年的土壤肥力水平较差,盐碱地生产棉花5年以上的土壤肥力水平较高,长期生产棉花土壤肥力明显提高。在生产棉花之前,有必要对土地进行深度翻耕,在整个生育期内,耕作和松土可以是地表土壤保持松散和干燥,它在改善土壤理化性质、防盐抑盐等方面发挥着十分重要的作用。在黄河三角洲盐碱地棉区,棉花生产一般只有一季,冬季时节棉田会闲置不种作物,有利于盐碱地土壤的肥力得到修复。棉花生产对黄河三角洲土壤改良和资源节约具有积极的生态效应。利用棉花自身的耐盐碱的特性和盐碱地土壤的特殊性,合理的利用和改良盐碱地,因地制宜地发展农业生产,大力推广在盐碱地生产棉花,既可获得经济效益,又可获得生态效益。

第二,提升盐碱地利用率、缓解粮棉争地。选择生产粮食还是生产棉花,主要取决于生产比较收益。黄河三角洲棉花生产区虽然土地资源丰富,但大多为盐碱地,除棉花外,许多作物生长发育困难,盐碱地棉花生产收入大于粮食作物。在黄河三角洲盐碱地生产棉花,就可以将小麦、玉米等粮食作物,水果、蔬菜等经济作物,生产在其他土质肥沃的土壤。根据棉花抗旱耐盐的自然特性,棉花的开发和生产可以缓解耕地短缺,缓解盐碱荒地其他作物不能生产粮棉争地现状。盐碱地应成为今后棉花生产面积和产量突破的关键所在,成为稳定棉花生产的助推器和缓解粮棉矛盾的缓冲区。将盐碱地开发成棉田,增加农业用地面积,是提高粮食和棉花产量的一项及时措施。盐碱地生产棉花应是今后沿海地区棉花生产布局的重点。

第三,降解污染、秸秆还田利用。过去对于棉花秸秆的处理方式主要是通过焚烧解决,既是对资源的浪费,也会对环境造成污染。焚烧过后的草木灰作为一种碱性肥料,不适用于盐碱地,黄河三角洲盐碱地棉区的秸秆不能采用焚烧的方式解决。在棉花主产区,棉花秸秆还田越来越受到人们的重视。在棉花采摘之后,棉花秸秆还田机械直接在田地里进行秸秆粉碎,细碎的秸秆和土壤充分融合,秸秆中含有的大量营养元素返回到土壤中,可以有机地改善土壤的肥力,提升土壤质量。实践表明,盐碱化程度越高,秸秆还田的效果越明显。棉花秸秆是棉花产区最好的有机肥料来源,棉花秸秆还田措施在滨海盐碱棉区是值得推广的措施。

第四,棉花与其他作物套种的生态效益。山东棉花生产分别实现与大蒜、辣椒、小麦等农作物进行间作套种,在充分利用土壤资源和自然条件的前提下,利用作物本身的特性,进行相互间套种,既可以使自然资源得到充分利用,又可以增加生产收益。山东济宁市金乡县之所以成为闻名中外的大蒜之乡,其中一个原因就是在生产过程中采用蒜棉套种模式,实现水、肥、膜的相互利用,降低生产成本,增加产量和收入,实现效益叠加。蒜棉套种的模式可以使两种作物在生长期实现优势互补,大蒜的生产可以减少棉花病虫害的发生,两种作物相互间对于肥水的需求互不影响,同时也避免了农药污染,使有限的资源发挥较大的作用,生产效益高于生产单一作物,使经济效益最大化。随着栽培技术的提高,本地区因地制宜地进行了棉花、粮食、蔬菜等多种作物的混合间作,可以实现一年收获多次的效果。据统计,通过"棉花套种其他作物""棉麦平茬生产"等生产模式,不仅增加了作物的亩产量,也增加了农民的收入,提高了农田作物的光能利用率,实现有限的自然资源的充分利用。

第五,保护生物多样性。由于自然灾害的频繁发生,盐渍化使土壤的结块板结问题严重,黄河三角洲地区加剧了沙尘暴和洪水灾害的发生频率和危害程度。盐碱地植棉对改善生态、保护环境具有重要作用。植棉可以提高盐碱地的植物覆盖率,防止地表的水土流失和土壤荒漠化的演变趋势,有效避免当地的生态恶化,维持当地现有的生物种类,保护生物多样性。

2.盐碱地棉花生产生态价值评估

黄河三角洲盐碱地棉花生产生态价值评估所选择的指标主要包括保持土壤肥力功能、维持养分循环功能、固碳释氧功能、净化大气环境功能、改善土壤含盐量、保护生物多样性功能六种。

第一,保持土壤肥力功能的价值评估。棉农生产过程中不断地翻耕土地,对盐碱地土壤肥力的保持与改良具有十分重要的作用。盐碱地生产棉花能够不断地影响土壤中有机质以及氮、磷、钾的含量,对盐碱地土壤肥力的保持带来巨大的生态价值。计算公式为:

$$V_1 = (C_N \cdot P_N + C_P \cdot P_P + C_K \cdot P_K) \cdot S_h \qquad S_h = A \cdot (E_P - E_r)$$

式中,V_1 表示农田保护土壤肥力的价值,C_N、C_P、C_K 分别表示土壤中 N、P、K 的含量;P_N、P_P、P_K 分别表示氮肥、磷肥和钾肥的价格;S_h 表示棉田土壤保持量;A 表示农作物播种面积;EP 表示潜在土壤侵蚀模数;E_r 表示现实土壤侵蚀模数。通过查找数据可知,东营盐碱地土壤中破解氮的含量是 62mg/kg,速效磷的含量是 92mg/kg,速效钾的含量是 101mg/kg。氮肥的市场价格是 387 元/吨,钾肥、磷肥的市场价格按照 365 元/t 计算。作物播种面积取黄河三角洲棉区东营和滨州棉花生产总面积 173261hm² 计算。孙新章等人对各地区农田的侵蚀模数进行了研究,计算出黄河三角洲地区的农田的潜在土壤侵蚀量是 143769×10⁴ 吨,现实侵蚀量是 32601×10⁴t。计算可知黄河三角洲地区保持土壤肥力价值是 1923 万元。

第二,维持养分循环功能的价值评估。维持养分循环是农田生态系统支持服务中的一项重要服务,本研究采用替代成本法计算其价值。计算公式为:

$$V_2 = (F_N \cdot P_N + F_P \cdot P_P + F_K \cdot P_K) \cdot Q$$

式中,V_2 表示农田生态系统维持营养物质循环价值;F_N、F_P、F_K 分别表示作物体内氮、磷、钾含量;P_N、P_P、P_K 分别表示氮、磷、钾肥的市场价格;Q 表示作物产量。棉花体内的氮、磷、钾、含量分别是 $10\%_N$、$2\%_P$、$3\%_K$。氮肥的市场价格是 387 元/吨,钾肥、磷肥的市场价格按照 365 元/吨计算。棉花作物产量取黄河三角洲棉区东营和滨州棉花的总产量 180145 吨计算。根据公式计算可知黄河三角洲棉区维持养分循环功能的价值是 1026 万元。

第三,固碳释氧功能的价值评估。在盐碱地棉花生态系统中,棉花通过光和作用与大气进行 CO_2 和 O_2 的交换,固定大气中的 CO_2,同时释放出 O_2,运用替代成本法对盐碱地生产棉花进行的固碳释氧功能进行价值评估。计算公式为:

$$V_3 = Q \cdot E \cdot P = B/f \cdot E \cdot P$$

式中,V_3 表示盐碱地棉花生产所带来的固碳或释氧价值;Q 表示棉花的年净生物量;B 表示棉花经济产量;f 表示经济系数;E 表示固碳或释氧系数;P 表示固碳或制氧成本。棉花作物的经济产量以黄河三角洲棉区东营和滨州棉花总产量为 18 万吨为值计算。一般来说,棉花的经济系数为 0.3—0.4,故而选取中值 0.35 进行计算。根据光合作用方程,植物每生产干物质 1g 就能固定 $1.63gCO_2$;同理,植物每生产 1g 干物质,就可释放 $1.19gO_2$。所以作物固碳系数为 1.63,释氧系数分别为 1.19。对于盐碱地棉花生产所固定的 CO_2 正外部性价值的评估运用造林成本法,取其市场价格 273 元/吨计算;对于盐碱地棉花生产释氧成本的评估运用工业成本法,取其市场价格 400.00 元/吨计算。计算可知,棉花作物固定 CO_2 的价值是 2.3 亿元,释放 O_2 的价值是 2.448 亿元。黄河三角洲棉田固氮释氧总价值是 4.748 亿元。

第四,净化大气环境功能的价值评估。盐碱地棉花生产通过对空气中的污染气体进行吸收和降解,以此达到净化空气的目的。如棉花作物可以吸收空气中对人危害较大的二氧化硫(SO_2)和二氧化氮(NO_2),在净化空气方面的生态价值明显。计算公式为:

$$V_4 = Q \cdot A \cdot P$$

式中,V_4 表示盐碱地棉花生产净化大气污染物的生态价值;Q 表示单位面积棉花生产吸收污染气体(SO_2、NO_2)的量;A 表示棉花的生产面积;P 表示处理污染气体的成本。由于较难确定棉花吸纳各类污染物的具体参数,本部分主要选取马新辉等学者的研究数据作为依据:SO_2 吸纳量为 45.00kg/(hm^2a)、NO_2 吸纳量为 33.50kg/hm^2a。棉花生产面积取黄河三角洲棉区东营和滨州棉花生产总面积 173261hm^2 计算。棉花作物吸纳 SO_2 的价格是 0.60 元/kg、吸纳 NO_2 的价格是 0.60 元/千克。根据上述数据,计算可知吸纳 SO_2 的价值是 468 万元、吸纳 NO_2 的价值是 348 万元。可评估出棉花作物净化大气价值为 816 万元。

第五,改善土壤含盐量的生态价值评估。盐碱地之所以是世界级难题,主要是因为盐碱地土壤中的含盐量、含碱量较高,不适合普通农作物的生长。棉花较强的耐盐性决定了棉花适合生长在盐碱地这类特殊的土壤中,并且长年生产棉花可以降低土壤的含盐量,改善土壤肥力(见表 3-6)。研究发现重度盐碱地的开垦植棉年限在 5 年以上,土壤地力水平普遍较高。由于棉花生产降低含盐量,改良盐碱地的价值较难计算,所以运用替代成本法估算盐碱地使用暗管排水措施改良盐碱地的价值。计算公式为:

$$V_5 = 18000 \cdot A$$

式中,V_5 表示盐碱地生产棉花改善土壤含盐量的生态价值,A 表示棉花生产面积。棉花生产面积取黄河三角洲棉区东营和滨州棉花生产总面积 173261hm^2 计算,通过计算可知黄河三角洲棉田改善土壤含盐量的生态价值是 31 亿元。在所评估的生态价值中,盐碱地生产棉花对土壤盐碱含量的降低效果最为显著。

表 3-6 开垦植棉年限不同盐碱地棉田的有机质和主要养分含量

棉田类型		含盐量 (g/kg)	有机质 (g/kg)	水解 N (mg/kg)	有效 P (mg/kg)	速效 K (mg/kg)
植棉不满 5 年的重度盐碱地	平均值	7.5±1.8	5.8±0.7	26.3±11.0	4.2±2.1	213±41
	变幅	5.2—9.7	7.7—7.0	15—50	1.5—7.1	185—297
植棉超过 5 年的重度盐碱地	平均值	6.2±1.3	10.5±1.4	58.1±16.2	12.6±4.7	114±43
	变幅	4.7—8.7	8.5—1.2	32—78	6.3—21.7	57—186

注:①表中平均值为平均数±SD。②数据来源:董合忠《盐碱地棉花栽培学》。

第六,保护生物多样性功能的价值评估。因为盐碱地棉田与其他生态系统相比较为单一,在维持生物多样性方面的功能较小,不便于直接统计评估,因此,参考谢高地等人提出的农田生态系统每年在生物多样性保护的单位服务价值(628.2 元/hm^2)作为黄河三角洲盐碱地棉花生产维持生物多样性功能的评估系数。计算公式为:

$$V_6 = 628.2 \cdot A$$

式中,V_6 表示盐碱地棉花生产维持生物多样性功能的价值,A 表示棉花生产面积。通过计算可知,黄河三角洲棉花生产在维持生物多样性方面的价值是 10800 万元。盐碱地生产棉花对于维持黄河三角洲地区的生物环境的稳定、保护生态系统功能的有效发挥具有重要的作用。主要运用市场价值法、机会成本法、影子工程法等对黄河三角洲盐碱地棉花生产生态价值进行评估。以上评估结果如(表3-7所示)。其中,改良盐碱地所产生的生态价值最大,约占总价值的83%。从以上粗略的估算结果可以发现,盐碱地生产棉花产生的巨大生态经济价值,值得人们重视并加以利用。

表3-7 生态价值评估结果

生态价格评估	生态价值(单位:元)
保持土壤肥力的价值	1923×10^4
维持养分循环功能的价值	1026×10^4
固氮释氧总价值	47000×10^4
净化大气价值	816×10^4
改良盐碱地生态价值	31×10^8
维持生物多样性价值	10800×10^4
总价值	37.2×10^8

(三)黄河三角洲盐碱地棉花生产生态补偿

1.盐碱地棉花生产生态补偿的生态标准

生态系统的生态价值被普遍认为是确定生态补偿标准最重要的参考依据。由于自然生态系统自身的复杂性,生态补偿理论的发展不足和研究方法的不统一,目前通过生态系统生态价值评估估算的结果一般均超过当地财政的承受能力甚至高于当地的经济发展水平。在研究中主要运用市场价值法、机会成本法、影子工程法等对黄河三角洲盐碱地棉花生产生态价值进行评估。评估结果表明,黄河三角洲棉田每年保持土壤肥力的价值为1923万元,维持养分循环功能的价值是1026万元,固氮释氧总价值是4.7亿元,净化大气价值为816万元,改良盐碱地生态价值是31亿元,维持生物多样性价值是10800万元,总计37.2亿元。棉花的生产面积取黄河三角洲棉区东营和滨州棉花生产总面积173261hm^2。通过计算可知,生态补偿标准应当为每亩地补贴1431元。运用这种方法计算出的补偿标准属于较为理想化的补偿标准,远远超出补偿主体实际的支付能力,可以作为实际补偿活动时的参考标准。

2.黄河三角洲盐碱地棉花生产生态补偿机制

第一,加大对生态价值和生态补偿的宣传教育力度。盐碱地植棉这种对生态环境会带来生态价值的行为,要进行大量宣传介绍,使人们对棉农改善环境行为进行补偿;对不利于生态环境建设的观念和行为进行批评曝光,努力引导公众关心生态建设和环境保护的问题。充分认识盐碱地棉花生产生态价值,通过宣传介绍,使人们认识到盐碱地生产棉花不仅可以带来经济收益,还会对生态环境产生生态价值,是一举多得的农业生产活动。公众认识并了解盐碱地棉花生产生态价值,为生态补偿的建立提供认识基础。

第二,增强棉农的生态价值意识。通过生态价值评估,利用具体的计算数值,让棉农认识到生产棉花不仅可以带来经济收益,还会对生态环境带来生态价值,是一举多得的农业生产活动。并为棉农提供盐碱地植棉的技术咨询和指导,如良种选择、棉田测土配方施肥指导、秸秆还田技术指导等,使棉农在盐碱地植棉可以获得更高的生态价值。通过技术补偿的方式宣传生态价值意识、普及环保知识,提高棉农的专业素质。

第三,设立黄河三角洲棉花生态保护区。国家应将黄河三角洲盐碱地纳入自然生态保护区,在土地资源稀缺的当今,盐碱地作为特殊的土地类型,一直是世界上难以攻克的难题之一,有必要加强对盐碱地改良途径的研究,提高盐碱地的利用效率。通过建立生态保护区鼓励大家对保护区进行保护,保持自然生态系统的正常循环,改善当地人民的生活环境质量,促进当地农业生态环境逐步向良性循环转变,提高农作物产量。黄河三角洲因存在大量的盐碱地而使生态环境具有特殊性,从生态价值,经济效益等角度考虑,在黄河三角洲盐碱地棉田设立生态保护区,加大对盐碱地棉田的扶持力度,划定生态保护红线,使棉花生产在盐碱地地区发挥最大的价值。

第四,建立健全政府间财政转移支付制度。专项财政转移支付资金是用于特定生态领域的生态补偿使用,如退耕还林生态项目、生态公益林建设项目、湿地生态保护等领域。一般性财政转移支付没有规定资金的具体用途,可以根据地区生态补偿发展需要而具体利用。目前盐碱地植棉的生态补偿并没有专项财政转移支付资金,建议政府将盐碱地生态补偿资金纳入专项财政转移支付之中,只有专款专用,才能大大提高生态补偿资金的使用效率,真正实现生态补偿机制实施的目的,通过提高用于盐碱地改良和生态环境保护的资金比重,加快该地生态建设的步伐。

第五,建立盐碱地棉花生产生态补偿基金。在盐碱地生产棉花可以改善土壤生态,降低土壤含盐量,对在盐碱地生产棉花的棉农进行生态补偿,鼓励盐碱地生产棉花的农业生产活动。首先,国家必须加大盐碱地植棉生态补偿的财政资金支持力度,省政府财政也应有计划的为盐碱地棉花生产生态补偿提供资金保障;其次,生态补偿的长远开展需要公众的广泛参与,不仅能够增强社会对盐碱地植棉的认识,还可以减轻政府在生态补偿中的资金压力。公众向相关生态保护组织志愿捐款,能够拓宽盐碱地生态补偿资金的筹集渠道,促进生态补偿工作的顺利开展。

第六,拓宽生态建设和生态补偿资金筹措渠道。首先国家应建立盐碱地植棉生态补偿专项基金,为盐碱地生态改善提供稳定性、长久性的资金保障。其次应当借用社会公众的力量,吸纳社会资金,可以设立民间生态保护组织,依靠大众的捐赠和帮助使生态补偿顺利进行。政府应当发挥积极的激励和引导作用,对积极参与生态补偿的企业和社会团体给予一定的优惠政策,吸引企业公司的赞助,鼓励社会公众为生态环境保护和改善做出贡献。

第七,加强生态保护立法落实生态环境保护奖惩制度。坚持生态保护者受益的原则,在盐碱地生产棉花对生态环境做出贡献的棉农,可以依据法律规定给予一定的补偿奖励。对生态补偿实施情况进行监测,对施现效果进行定期考核,实现奖惩双向结合,完善生态补偿机制,从而更有效地鼓励个人自觉保护生态环境。

第八,健全生态和环保公众参与机制。社会公众作为良好生态环境的受益者,应当充分认识到保护生态环境是每个人的责任和义务。生态补偿机制的建立和完善需要社会公众的广泛参与,通过向公众宣传生态环境的生态价值,认识并了解实行生态补偿的重要性和迫切性,充分发挥公众筹集资金、监督监管、建言献策的作用。

第九,科技人才参与生态和环保建设。生态价值的评估、生态补偿标准的确定等核心问题仍需要进一步的研究,盐碱地生态补偿的科研基础比较薄弱,为争取国家早日重视盐碱地生态补偿问题,设立生态补偿专项资金,建立黄河三角洲盐碱地棉花生产生态保护区等利于生态环境改善和发展的措施的实现,仍需要科研人才的不断努力,为完善生态补偿机制提供科学依据。

第四部分　中国棉花期货市场发展研究报告[①]

一、棉花期货市场的产生、发展及意义

（一）棉花期货市场的产生与发展

历史上,棉花价格总是随供求关系不断波动,为转移棉花现货市场价格波动的风险,1870年纽约棉花交易所应运而生,并于当年推出棉花期货交易。随后,全球相继有十多个商品交易所开展棉花期货交易。随着棉花期货市场的不断发展,20世纪60年代以后,纽约棉花期货价格越来越受到重视,其规避风险、发现价格的功能已得到充分发挥。纽约棉花期货价格在贸易界和管理界极具权威性,成为棉花行业和各产棉国政府不可或缺的价格参考依据。如美国政府依据纽约棉花期货价格对棉农进行补贴;墨西哥政府为保护棉农利益,由农业部出面对全国棉花进行套期保值操作;英国的棉花企业和澳大利亚的种棉农场主也都在纽约交易所从事棉花套期保值交易。

纽约期货交易所(The New York Board Of Trade,简称NYBOT)交易的棉花期货和期权合约是全球影响最大的场内合约,最近几年棉花期货年成交量相当于美国棉花总产量的20多倍。参与棉花期货交易的涉棉企业很多,套期保值的比例较高,一般占总成交量的35%—40%,其棉花会员来自五种公司:自营商、经纪商、棉商、棉纺厂和棉花合作社。2007年1月,纽约期货交易所被洲际交易所(Intercontinental Exchange,简称ICE)合并,外棉评论中常常引用的"ICE棉花期货价格"事实上就是纽约期货交易所的棉花期货价格。

1999年之前,我国棉花流通处于统购统销的计划体制下,价格相对稳定。1998年12月,国务院发布《关于深化棉花流通体制改革的决定》后,自1999年9月1日起,棉花的收购和销售均由市场形成。政府有关部门只根据棉花供求情况等提出棉花收购指导性价格和指导性种植面积。随着棉花现货市场全面放开,市场化格局基本形成,2004年6月郑州商品交易所推出了棉花期货合约。在广大的涉棉企业、投资者、专家、政府有关部门的努力下,目前我国棉花期货市场蓬勃发展、稳步向前,"郑州价格"已成为全国棉花产业关注和利用的权威价格,棉花期货功能充分发挥,得到市场参与各方的高度肯定。2017年8月18日,棉纱期货在郑州商品交易所正式上市交易,棉纱期货的上市,不仅是服务棉纺织实体产业的需要,更是服务国家发展战略的内在要求。据业内人士估算,近年我国大约有60%的涉棉企业开展棉花期货交易。期货市场作为管理风险的特殊工具,推动了棉花市场的健康、有序发展。

2017—2019年,国家在新疆深化棉花目标价格改革,改革成效持续显现,在保障植棉者收

[①] 执笔人:刘敏、徐冠宇;审稿人:卢辞。

益的同时,进一步发挥市场机制作用,有力助推了农业供给侧结构性改革和新疆棉花全产业链发展,对促进新疆经济社会稳定发展发挥了重要作用。2019年是目标价格改革承上启下之年,也是自2014年实施目标价格3年一定的最后一年。关于2020年目标价格将如何实施成为业界较为关注的热点,为贯彻落实2020年中央一号文件精神,经国务院批准,国家发改委价格司2020年3月26日发布,2020年起在新疆完善棉花目标价格政策,目标价格水平为每吨18600元,每三年评估一次,根据评估结果视情况调整目标价格水平。

在近几年新疆目标价格改革实施过程中,"期货+保险"试点的推行也在不断扩大,为棉农收益再添保障。2018年新疆启动棉花"价格保险+期货"试点工作,探索新型棉花补贴方式和棉花市场价格形成机制。原则上确保棉花"价格保险+期货"试点理赔水平与棉花目标价格补贴水平基本保持一致,力争试点县(市)棉花实际种植者获得保险理赔标准不低于棉花目标价格补贴标准。从2018年9月1日0时至2019年1月31日24时,棉花价格保险费实行财政补贴支持政策,由自治区财政从中央棉花目标价格改革补贴资金中安排,棉农不缴纳保险费。棉花"价格期货+保险"通过保险机制向棉农提供棉花价格保险保障,利用期权工具通过期货市场分散保险公司的经营风险,实现对棉农利益的保护与产业稳定发展的保障,减轻国家财政负担,意义重大。

2019年1月28日,棉花期权在郑州商品交易所上市交易。首日挂牌的棉花期权合约标的期货合约为CF1905、CF1907、CF1909和CF2001。棉花期权的上市,有助于完善价格发现机制,促进产业结构升级和优化,也有助于丰富涉棉企业的风险管理手段,稳定棉纺织企业生产经营,促进棉农稳收增收。棉花期权上市后,棉花期货、期权、保险等金融工具相互配合,对深化目标价格改革、探索新型农业支持保护制度等具有重要意义,也有助于落实"一号文件"中完善农业支持保护的制度。

(二)棉花期货市场的意义

1.棉花期货上市为现货市场提供避险工具

从国际来看,中国是棉花生产、消费大国,也是有影响力的棉花进口大国。多年来,中国棉花生产、消费量占世界生产、消费量的30%左右。20世纪90年代初,我国棉纺工业发展较快,国内棉花供不应求,曾经大量进口棉花。1994年,我国采购棉花的举动曾经导致纽约棉花交易所棉花期货价格连续七个涨停板。

从国内来看,棉花市场在收购和销售价格均由市场形成后,现货市场价格和其他农产品一样常出现暴涨暴跌现象,造成涉棉企业成本加大、效率降低,棉花生产企业无法规避季节性的价格波动风险,棉花流通、加工企业生产成本、利润等波动太大等一系列问题。

2019年5月—2020年8月年皮棉3128B现货市场价格走势图4-1。

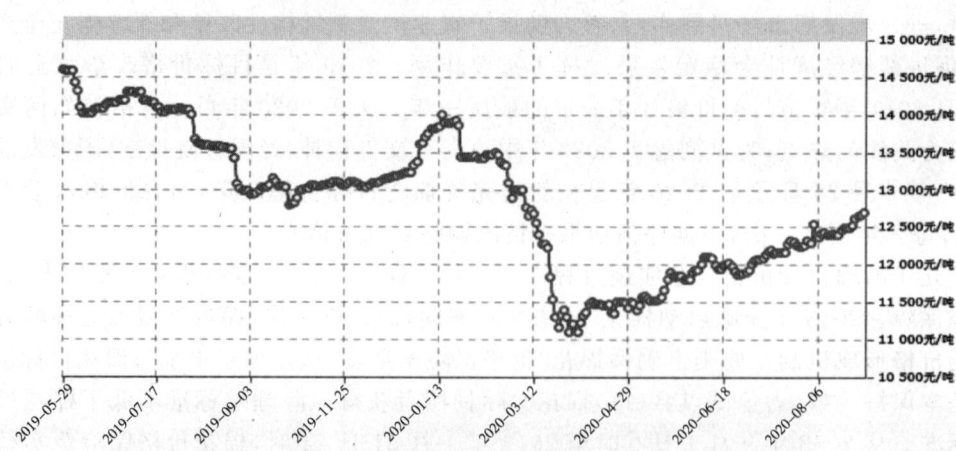

图 4-1　2019 年 5 月—2020 年 8 月皮棉 3128B 现货市场价格走势图
（资料来源：www.myagric.com）

从历史规律看，凡是世界经济强国，尤其是生产大国和消费大国都会有自己的国际定价权。我国棉花期货市场应具有棉花价格的发言权，涉棉企业可以在国内进行期货交易和套期保值，形成中国棉花权威价格，将对国际市场的棉花价格产生影响，进而争取我国棉花的国际定价权，成为全球棉花的信息中心、交易中心和价格中心，有效维护国家利益，这是市场经济发展的必然要求，也是纺织工业健康发展的机制保证。

2.棉花期货市场完善了我国棉花市场体系

1998 年底，我国进行棉花流通体制改革，2001 年，棉花市场完全放开，但由于棉花生产、经营分散，现货市场不规范，近年来棉花价格剧烈波动，给棉花生产、经营和加工业带来严重的损失。

在期货市场中，由于信息高度集中，参与交易的人员数量众多，符合充分竞争的条件，所形成的期货价格更能反映出整个社会对棉花的供求关系，为企业的生产提供重要的参考依据；其次，涉棉企业可以通过棉花期货市场套期保值，回避棉花市场价格剧烈波动的风险；再次，政府可以利用期货市场，通盘考虑收储政策，进一步完善宏观储备制度，对国家储备棉进行套期保值运作；最后，储备企业也可以利用期货市场改善经营管理，确保企业储备棉安全。

3.棉花期货市场对农业生产的积极作用

棉花期货上市前，棉农往往根据上一年度的籽棉收购价格来决定种植面积，造成我国棉花种植面积时多时少，供给大幅度波动，进而导致价格不稳定，农民收入波动较大、增产不增收。棉花期货上市后，由于期货价格的引领作用，一方面，一些政府部门或行业组织根据棉花期货价格指导调整棉花种植面积；另一方面，一些龙头企业根据期货预期价格与农民签订棉花订单，在稳定增加农民收入的同时，也稳定了棉花生产，这和棉花期货的预期价格指导作用有一定的关系，也表明期货在熨平现货价格大幅波动方面开始发挥积极作用。从郑棉期货合约持仓量来看，我国的棉花期货市场近年来规模不断扩大，持仓量呈几何倍数增长，沉淀资金也大幅增加，说明我国的棉花期货市场参与程度越来越高，发展前景良好。

4.棉花期权上市进一步提供市场化保障

近几年，中央一号文件中多次提到有关农产品期权等制度。回顾来看，2016—2018 年，中央一号文件中提出推动金融资源更多向农村倾斜,创设农产品期货品种,开展农产品期权试点。完善农业保险制度,探索建立农业补贴、涉农信贷、农产品期货和农业保险联动机制。稳步扩大"保险＋期货"试点,探索"订单农业＋保险＋期货(权)"试点,逐渐深入推进农产品期货、期权市场建设。2019年,文件中再次提出要扩大农业大灾保险试点和"保险＋期货"试点。支持重点领域特色农产品期货期权品种上市,2019年1月28日,棉花期权在郑州商品交易所上市交易。

开展棉花期权交易,能够为棉花产业提供多样化的风险管理途径,为完善现行补贴政策提供有益参考和有效补充。一是引导棉农参与棉花期权套期保值,基于棉花期权开展价格或收入保险试点,可以在政策保障之外,进一步提供市场化保障。有利于增强棉农市场风险意识,提高棉农市场化管理价格风险的能力,从而更好地服务于棉花目标价格改革。二是有利于探索新型农业支持保护制度。如利用期权对棉农进行补贴,属于具有最小贸易扭曲效果的"绿箱"政策。在当前国际贸易保护主义抬头的背景下,能够有效减少国际贸易摩擦,为我国开展对外贸易营造良好环境。

二、棉花期货市场运行情况

(一)国际棉花期货市场基本情况

美国ICE是全球最为主要的棉花期货交易所,美国商品期货交易委员会(CFTC)最新公布2020年2月4日ICE棉花期货分类持仓报告(合约单位:50000磅),总持仓量为250242手,相当于美国棉花总产量的20~25倍,是世界最具影响力的棉花期货交易市场,纽约棉花期货价格越来越受到重视,其规避风险和发现价格的功能已充分发挥出来,形成的期货价格对于棉花现货的走势有很强的指引性(见图4-2)。NYBOT的棉花期货的成交量基本上保持稳定,棉花期权的成交量不断创新高,这表明棉花期权合约正逐步成为投资者惯用的风险管理工具。

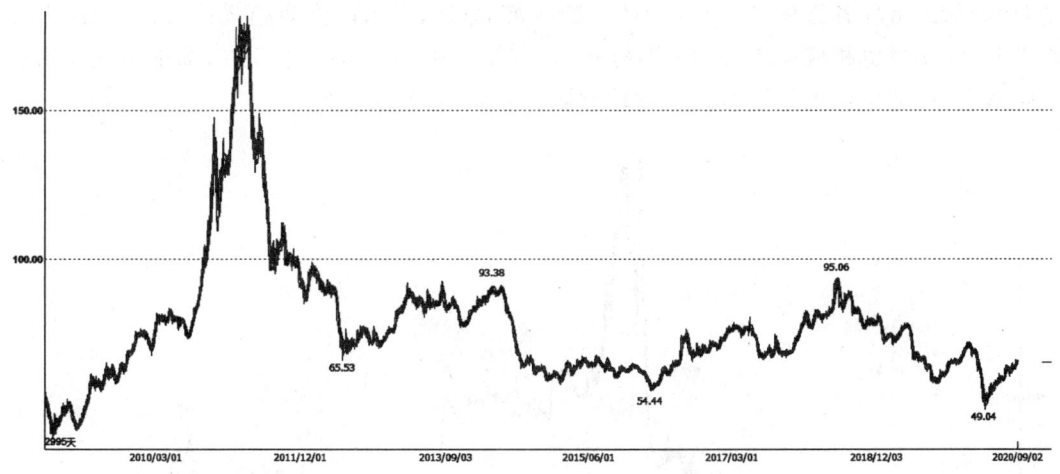

图4-2 2010—2020年9月2日美国ICE棉花期货价格走势

美国棉花期货市场的稳定程度很高,换手率[①]很少出现大起大落的情况,市场的参与主体

---

① "换手率"也称"周转率",指在一定时间内市场中转手买卖的频率,是反映合约流通性强弱的指标之一.

也比较稳定,过度投机和非理性交易也很少。受世界棉花市场基本面的影响,近年来棉花成为世界大宗商品中的明星品种,美国棉花期货市场的投资群体相对稳定,大多数投资者的投资行为并不是为了交换商品的所有权,而是利用其金融属性为自身服务。由于ICE的棉花期货市场有很高的流动性和市场认可度,因此能够很好的发挥期货市场价格发现和规避风险的功能,受到了国际市场上大多数主要棉花市场参与者的青睐。2020年初至7月,棉花价格下跌逾11%,市场处于55-60美分/磅的区间内,主要是由于全球防治新冠肺炎疫情实施的限制令棉花和服装需求受到打击,中国采购在8-9月提供了一些刺激政策,推动市场价格少许上涨。美国农业部(USDA)5月公布的出口销售报告显示,2019/2020年度美国棉花净销售370300包,其中包括对中国销售217500包。

美国棉花期货合约(033661)持仓报告见表4-1。

(二)我国棉花期货市场基本情况

2004年6月1日,棉花期货在郑商所上市交易,棉花期货为中国在国际市场上争取棉花话语权提供了有力保障,同时,在支持棉花产业发展、维护我国棉花安全、促进大宗农产品种植结构调整、保障"订单农业"发展、增加农民收入等方面发挥了较好的促进作用。

郑州棉花期货价格自上市以来一直通过路透社、彭博资讯、易盛信息、世华财经等十余个信息系统向国内外同步发送,成为世界棉花的参考价格之一,也成为国内外关注我国农产品市场供需形势的窗口之一,价格发现功能初步发挥,期货价格对现货价格的影响更加明显。目前,"郑州棉花价格"已经成为我国乃至世界棉花市场重要的参考价格。随着我国期货市场的不断健全发展,棉花期货将给我国经济发展带来新的契机和更大的发展空间。

自2004年棉花期货在郑商所上市,我国棉花期货市场的成交量分布大致呈现成交量萎缩与活跃交替出现的局面。2004—2008年,成交量较小,市场参与热情不足;2009—2011年,成交量明显放大,市场各方积极参与;2012—2014年成交量萎缩,波动趋缓;2014—2016年价格一路下滑,成交量也相应萎缩,2016年初开始,市场回暖,到2018年5月,郑棉成交量和持仓量一路飙升,带动皮棉现货销售进入活跃阶段,推动国内棉价上涨。

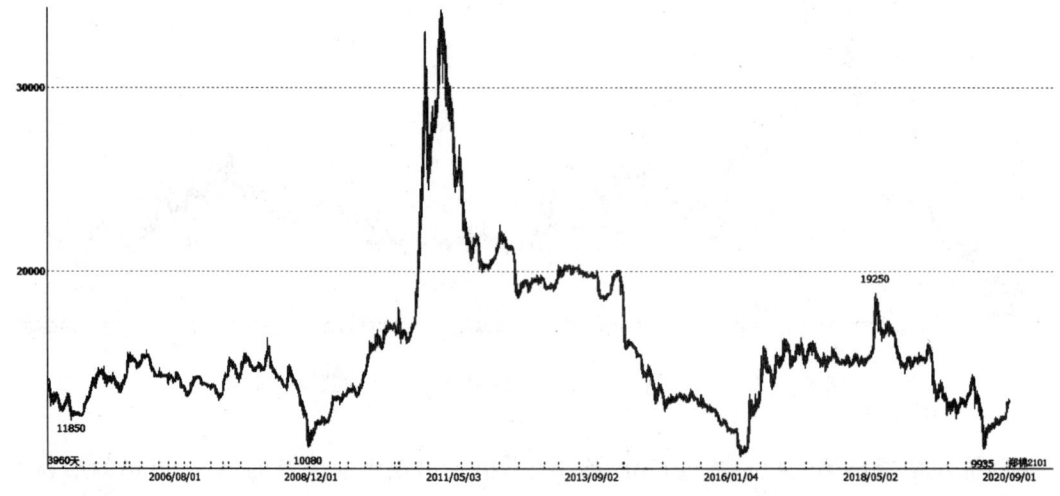

图4-3 2006—2020年9月1日郑棉价格走势

表 4-1 洲际交易所(美国)棉花期货合约(033661)持仓报告(2020-08-25)[*1]

持仓分类	总计	报告头寸 生产商/贸易商/加工企业/用户 多头	空头	互换交易商 多头	空头	套利	资产管理机构 多头	空头	套利	其他 多头	空头	套利	非报告头寸 多头	空头
		(合约大小为50000磅)												
所有持仓	201083	24676	130718	56818	14820	4079	55615	9715	22229	17279	4330	7237	13150	7955
原有持仓	183921	18122	119811	56780	11109	2616	54642	14142	17607	15918	5153	5910	12326	7573
其他	17162	6554	10907	1476	5149	25	5 595	195	0	2 293	109	395	824	382
自上周二以来的变化量：2020-08-18														
	8400	−362	11849	−20	1383	−631	5617	−1870	7	1809	−1489	−82	2062	−767
各类别持仓占总持仓量的比重														
所有持仓	100.0	12.3	65.0	28.3	7.4	2.0	27.7	4.8	11.1	8.6	2.2	3.6	6.5	4.0
原有持仓[*2]	100.0	9.9	65.1	30.9	6.0	1.4	29.7	7.7	9.6	8.7	2.8	3.2	6.7	4.1
其他	100.0	38.2	63.6	8.6	30.0	0.1	32.6	1.1	0.0	13.4	0.6	2.3	4.8	2.2
各类别中交易商数量														
所有	247	36	48	10	10	13	76	19	40	35	24	25		
原有持仓	244	27	48	10	10	11	72	25	37	34	27	24		
其他	64	21	15	5	—	—	9	—	0	10	4	—		
最大的前 N 个交易商持仓占全部仓的%														
按总持寸统计														
		头四个最大的交易商 多头 空头		头八个最大的交易商 多头 空头			头四个最大的交易商 多头 空头			头八个最大的交易商 多头 空头				
所有		15.0	36.0	24.0	46.0		14.0	32.0		23.0	42.0			
原有持仓		16.0	36.0	26.0	46.0		16.0	34.0		25.0	43.0			
其他		47.0	54.0	64.0	77.0		45.0	54.0		62.0	77.0			
按净头寸统计														

注释 1. 持仓报告：包括期货、期货+期权。
注释 2. 原有持仓和其他持仓(Old and Other Futures)：对存在着明确的上市季节或者收获年度的特定商品分为其他类持仓(Other)和原有持仓(Old)。为了不在单一的期货到期日之前暴露仓位，在上一个收获年度最后一张合约的最后一个交易日，最后一张合约的数值将被归并到下个收获年度，成为原有持仓。例如：CBOT小麦，收获年度最后一个月是7月，上一个收获年度最后一个月是7月。在2009年5月4日时，2009年5月和2009年7月的期货头寸和2009年7月的期货头寸会合在一起统计为原有持仓——在之后月份里面的期货头寸被记为其他类持仓(Other)。除农产品外其他合约都是ALL=OLD。
资料来源：www.99qh.com。

从2018年后期至2019年初,在中美贸易摩擦不断升级、全球商品市场由牛转熊的宏观大氛围下,棉价重心持续走低。棉花市场存在以下几个焦点问题:第一,世界经济的不景气使得整体商品市场由牛转熊,外围商品价格对棉花价格的影响加大;第二,中美贸易摩擦的不断升级导致下游消费信心不足,纺织产品价格持续下跌、库存不断累积拖累棉价;第三,人民币汇率贬值预期增强,进口棉价格上涨成为国内棉价的重要支撑;第四,环保政策不断加码,替代品生产环保成本增加,同时新疆种植面积接近饱和,国内棉花产量不足成为常态。第五,新疆交割库设立后,仓单注册量连创新高,仓单抵押、质押融资更加便利,郑棉仓单金融属性增强,注册仓单量维持高位将成为常态。

据《期货日报》2020年2月27日报道,新冠肺炎疫情在国内有效的防控措施下逐步缓和,但全球一些国家疫情升级,市场担忧情绪浓厚。棉价走势取决于疫情的控制情况,一段时期内将维持弱势。但从国内外棉价差、棉农生产成本、棉花和其他农作物比价来看,目前棉花也处于价值低估阶段,下行空间有限。郑州商品交易所2020年9月2日实时棉花价格行情为13080元人民币/吨。

三、棉花期货的价格指导与套期保值作用

(一)棉农、棉花合作社与棉花期货

1.棉农、棉花合作社利用棉花期货价格调整种植面积,择价而售

棉花播种前,棉农和棉花合作社可以根据期货市场的远期价格来指导自己的种植结构,根据种植季节相近农作物的期货价格,来选取最有利于增加收入的品种种植。同时,棉花期货市场为解决"卖难""价低"的难题探索出了一条新路。在棉花期货没有推出前,面对瞬息万变的市场价格,涉棉企业只能冒很大风险在收获季节收购籽棉,加工后待价而沽,遇上不好的年景往往亏损很大。棉花期货上市后,涉棉企业有了预期价格指导,可以大胆收购籽棉,然后在期货市场锁定利润,利润得到保障的企业可以通过定期收购,稳定与农民的采购关系,使棉农获益。

2.棉农、棉花合作社从"订单+期货"模式中增加收入

"订单农业"在我国已经发展了多年,在没有期货市场的时候,企业难以规避市场价格波动的风险,订单往往很难执行,通过"订单+期货"模式,企业实现从传统经营方式到农企合作、期现结合的现代棉花经营方式的转轨,企业获得了巨大的发展空间和动力,规避价格波动风险和反哺农业的能力不断增强,促进了棉农增产增收,真正实现了农企双赢。不论是"公司+合作社+农户"与"订单+期货"结合的模式,还是"公司+农户"与"订单+期货"结合的模式,都使棉农成为了受益者。农产品期货市场保障了这些涉农企业的效益,使农民从中得到了实惠,并在"订单农业"的实施过程中实现了农产品种植结构调整,进而服务了整个国民经济。表4-2是以合作社为代表的棉花卖出套期保值的实例分析。

表4-2 棉农、棉花合作社卖出套期保值实例

市场时间	现货市场	期货市场
9月初	现货市场价格17000元/吨,棉花还未采摘	以17100元/吨卖出100吨11月到期的棉花合约
11月初	卖出100吨棉花,价格16900元/吨	以17000元/吨的价格买进100吨11月到期的棉花合约
结果	比9月初少卖10000元	对冲合约盈利10000元

(二)加工企业与棉花期货

1.加工企业利用棉花期货市场指导收购价格

加工企业运用期货预期价格指导,采用期限套利和套期保值的方式,在期货市场锁定利润,在现货市场放开手脚收购籽棉,例如,如果期货价格信号显示远期棉价上涨,那么企业可以提前做好收购籽棉的准备,在籽棉收购初期可以适当高于市场价进行收购以确保收购的竞争优势;当市场出现恶意竞争时,暂停现货收购转而通过期货市场以保证金的方式购入棉花以避开市场抢购局面。

2.加工企业利用棉花期货合理安排生产、销售

棉花加工企业在产业链上兼具籽棉收购和皮棉生产、销售业务,当棉花价格出现波动时,企业的风险就会加大。一旦出现出库不畅,现货挤压,就会面临贬值风险。而此时棉花期货为加工企业提供了风险管理工具。企业在收购籽棉的同时,一方面,可以择机在期货市场卖出等量的棉花期货合约,提前锁定利润以化解价格波动带来的市场风险;另一方面,加工企业根据期货价格发出的信息来安排生产进度以避免库存挤压。当行情清淡,出库不畅时,适当减缓生产进度,转而将精力更多放在其他业务上;当期货价格发出行情好转的时候,适当加快生产进度。

棉花具有很强的季产年销特性,每年的9月到次年的二三月份是加工企业集中收购籽棉加工皮棉的时间,加工的皮棉全年进行销售。一旦采购完毕,全年销售的皮棉成本也随即确定,销售价格高出成本越高,获得的收益就越大。虽然市场价格瞬息万变,但加工企业根据期货价格信息,对照现货价格进行期限组合销售,规避了风险,如图4-4所示。

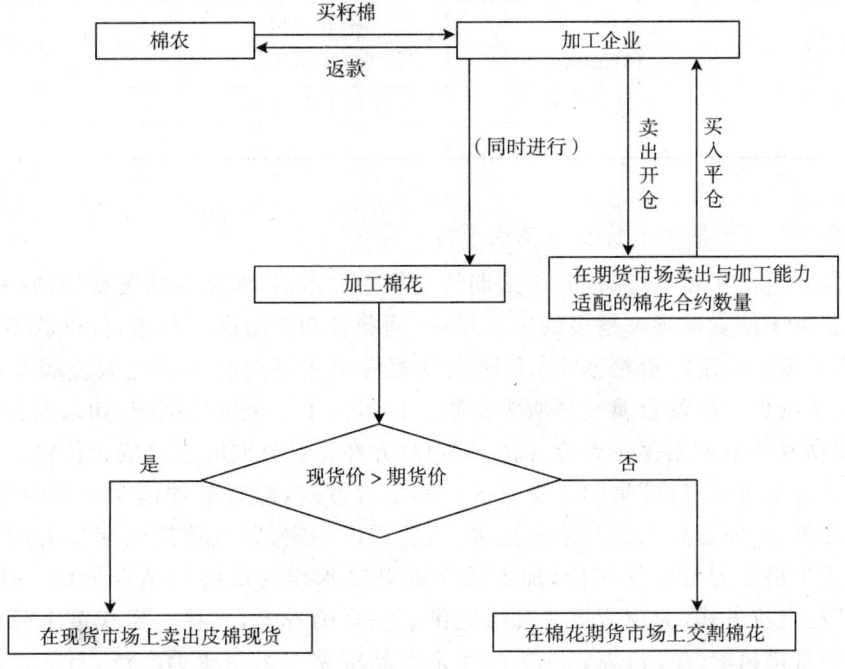

图4-4 加工企业期现结合的经营策略

(三)贸易商与棉花期货

1.棉花贸易商在期货市场的卖期保值锁定利润

在国际市场中,一般贸易商都会通过期货市场锁定预期利润。在拥有库存的情况下,如果出现行情低迷、现货出库不畅的情况会影响企业资金周转也会影响其他工作的正常开展。贸易商可以在签订供货合同的同时,在期货市场中买入棉花期货标准化合约,锁定棉花价格、确保利润。

例如,一家棉花贸易企业在年初(假设在1月)购进5万吨棉花,其中进口棉3万多吨(当时现货价格约60美分/磅,折合8670元/吨),国产棉1万多吨(现货市场价格约在13400元/吨),计划在5月销售完毕。这意味着不管市场上的棉花价格怎样变,也必须销售完毕。若价格上涨,则销售任务肯定能够完成;若价格下跌,则将面临来自销售价格的困难。作为企业来讲,要将风险防范放在首位,因此,企业从1月开始建立卖出头寸。建立卖出头寸,其实就相当于已经按当前的市场价格销售了棉花,减轻现货的销售压力,改善现货的销售环境。

当时期货价格在13300—13400元/吨,该企业在期货市场逐步卖出了2万多吨的头寸,这就相当于现货减少了2万多吨。到4—5月的时候,期货价格开始下跌,现货价格也开始下跌,如表4-3所示,这时,该企业一方面加大现货销售力度,另一方面密切关注盘面变化,保值头寸的保险功能开始发挥,该企业销售一吨现货就同步减少相应的保值头寸,直至将现货销售完毕。

表4-3 贸易商卖期保值操作

时间	现货市场	期货市场	期货操作
1月至2月	收购5万吨 13300元/吨	开仓价格 13400元/吨	卖出CF1505合约6000张
4月至5月	销售5万吨 13200元/吨	平仓价格 13300元/吨	买进CF1505合约6000张
期现盈亏	亏损100元/吨	盈利100元/吨	
合计	0		

2.棉花贸易商的升贴水点价交易规避风险

点价,又称作价,实际上,点价并不是期货交易中的术语,而是实物贸易中的一个常用术语或常用方式。由于期货被越来越多的生产厂家、消费者和贸易商所利用,价格的不确定性也就越来越大,为了锁住一定的价格水平,金属实物贸易中适时地利用了伦敦金属交易所价格基础,由此产生了点价。伦敦金属交易所为实物点价提供了一个价格基础,如果没有伦敦金属交易所市场,实物贸易不可能存在点价,而是买卖双方在签订合同时直接确定价格。

从操作方式上讲,"点价"是期货交割的一种定价方式,即对某种远期交割的货物,不是直接确定其商品价格,而是只确定升贴水是多少,然后再约定,以点价期内国际上主要期货交易所某日的期货价格作为点价的基价,加上约定的升贴水作为最终的结算价格。这一"期货价格+升贴水"的定价方式,为现货企业套保提供了更多的选择,并在一定程度上降低了传统贸易定价方式的价格风险。点价模式在国际大宗商品贸易中运用较为广泛,目前也越来越多的运用于国内企业。棉花贸易企业利用点价方式的贸易模式可用图4-5表示。

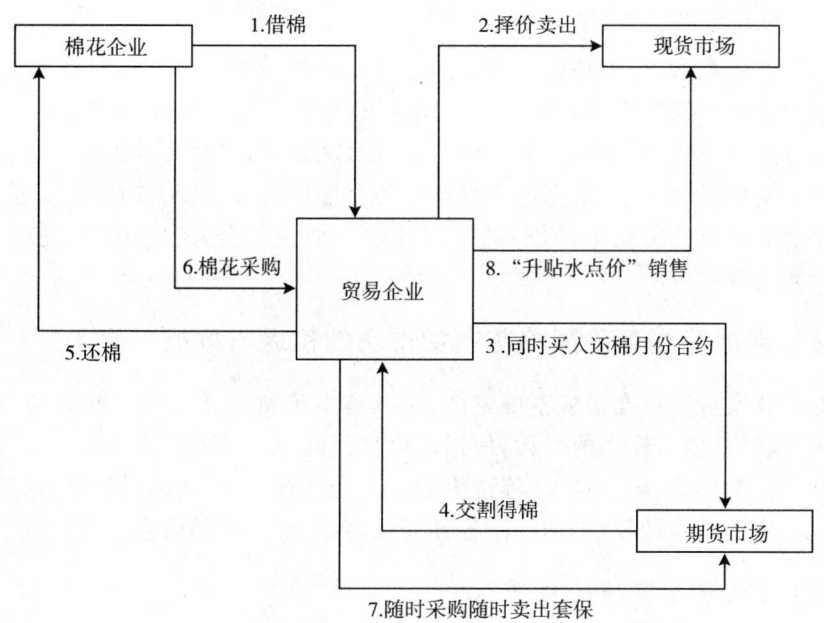

图 4-5　棉花贸易企业"套保+升贴水"模式流程

(四)纺织企业与棉花期货

1.纺织企业利用"买期保值"降低采购成本

"买期保值"指买进期货合约,以规避将来购买现货商品时可能出现的价格上涨风险,也即,当对现货价格上涨有所担心时,就买进期货合约,以防止将来购买现货商品时可能出现的价格上涨。对纺织企业而言,具体做法是在最终买进现货商品的同时,通过卖出与先前所买进期货同等数量和相同交割月份的期货合约,将期货部位平仓,结束保值。

在下列三种情况下,纺织企业可以进行买期保值的操作:(1)根据现货合同所需按协定价买进,但是担心一旦价格上涨对方会违约。这时可以买进期货,如果现货价格上涨对方违约,则期货的盈利可以弥补现货价格上涨的损失;如果对方守信誉继续履约,则期货平仓成本更低。(2)找到供货方未确定价格,一旦将来现货价格上涨,加工成本就会提高。(3)未找到供货方,如果价格上涨,只能随行就市。表 4-4 是纺织企业买入套期保值的实例。

表 4-4　纺织企业买入套期保值实例

市场时间	现货市场	期货市场
9月初	现货市场价格16100元/吨, 纺织厂没有购入	以 16300 元/吨买进 10 吨 9 月 到期的棉花合约
11月初	在现货市场买入 100 吨棉花, 价格 16200 元/吨	以 16400 元/吨的价格将 7 月 购入的合约卖掉
结果	9月初买入棉花比 7 月初多 支出 10000 元	平仓合约盈利 10000 元

2.纺织企业通过仓单质押,盘活资金

"仓单质押"指借款人(仓单持有人)以其自由的、经期货交易所注册的标准仓单为质押物向银行申请其正常生产经营周转所需要的短期融资(包括各种短期信用业务品种)的业务。郑州期货交易所开展仓单质押业务,有利于企业进行短期融资,缓解资金压力。棉花纺织企业每年棉花收购均需要大量的资金,给企业进行正常的套期保值带来较大的压力。通过仓单质押,既可以解决企业流动资金紧张的困难,同时保证银行放贷安全,又能拓展交易所仓库服务功能,增加货源、提高效益。

四、中美贸易战背景下我国棉花期货市场的机遇与挑战

我国棉花产业发展还存在很多不确定性,尤其是中美贸易战对消费的影响,汇率的变化、进口棉的变化、国储棉轮出轮入的变化,使棉花价格呈现很多不确定性,应对这些不确定性行之有效的方法是控制风险、耐心观察、等待机会。作为涉棉企业,要通过期现货结合操作,采取套保、基差交易,降低风险;同时密切关注各种变化,关注尽可能的机会。

(一)我国棉花期货市场的机遇

国外发达国家,例如美国一直倾向于市场的问题用市场手段解决,如利用期货、期权等金融衍生工具规避价格波动风险,很好地替代了原先为保护农民利益而采取的补贴政策。中国农产品市场比较特殊,由于要确保粮食安全、农产品安全等问题,所以我国一直在价格方面进行探索。党的十八届三中全会明确提出,要加快完善农产品价格形式机制,注重发挥市场形成价格的作用,按照这一重大决策,我国棉花产业正经历着政策及结构调整的重大变革。

自2014年实施目标价格改革以来,棉花价格逐步向市场化回归,行业更具活力,生产区域布局更加合理,棉花质量稳步提升,纺织行业竞争力得到恢复,我国棉花产业开启了市场化的新阶段。新疆是我国最大的棉产地,是世界上最大的细绒棉和长绒棉产区之一,在国家的政策支持和自治区政府的不断努力下,新疆棉花的产量和质量都得到了长足的发展,每年为全国超过30%的棉纺企业提供棉花原料,对国内、国际棉花市场都产生了重要的影响。新疆棉花种植面积、亩产量、总产量、棉花调拨量已连续22年稳居全国首位。

2015年3月,国家发展改革委、外交部、商务部联合发布了《推动共建丝绸之路经济带和21世纪海上丝绸之路的愿景与行动》,是我国倡导的"一带一路"的纲领性文件。文件明确指出,发挥新疆独特的区位优势和向西开放重要窗口作用,深化与中亚、南亚、西亚等国家交流合作,形成丝绸之路经济带上重要的交通枢纽、商贸物流和文化科教中心,打造丝绸之路经济带核心区。我国是世界棉花生产和消费大国,但至今未能取得世界棉花定价的中心地位,与新疆相邻的中亚五国,其中乌兹别克斯坦、塔吉克斯坦和土库曼斯坦有着丰富的棉花资源,随着"一带一路"战略的逐步推进,以新疆为核心的多品种棉花期货交易和交割中心逐步形成,将为取得亚太经济圈和欧洲经济圈棉花定价权、竞争和发展的主导权奠定基础。在这一背景下,新疆棉花产业发展必将迎来新的机遇,我国棉花期货的发展与我国和中亚等国的经贸往来,必将相辅相成,相得益彰。

(二)我国棉花期货市场发展面临的挑战

1.增加交易品种,满足棉花产业链各类企业的避险要求

2004年6月棉花期货在郑商所上市,从此棉花生产经营者就有了规避风险、发现价格的工具,对棉农调整种植面积、提高棉花质量起到了积极的作用。尽管棉花期货的功能和作用已经获得了市场的认可,但在新的政策和市场条件下,要更好地服务实体经济和涉棉产业,需要更多产品和制度上的创新。目前,作为唯一上市棉花期货交易的郑州商品交易所,应努力推出新的交易品种,充分发挥棉花期货的价格发现和规避风险功能,配合国家宏观政策调整,为包括新疆在内的广大涉棉企业提供服务。

2.增大交易量,形成中亚棉花价格中心

自从实施棉花目标价格以来,棉花期货价格重新回归市场,投资者参与棉花期货投资的热情回暖,棉花期货价格开始与进口棉花价格接轨,但是,由于具体细则的不确定性,以及棉花产业长期受到各种政策性因素的影响,相比较国外某些交易所而言,中国棉花期货的交易量以及投资者参与程度与中国棉花消费大国的地位仍然是不相称的。低迷的期货交易与我国棉花消费大国的地位极不相称,中国迫切需要建立自己的有国际影响力的棉花价格形成中心,随着中国"一带一路"策略的推进以及新疆棉花交易中心的形成,中国棉花争取在亚太经济圈和欧洲经济圈获得棉花定价权,应成为未来我国棉花期货发展的方向。

3.创新服务,满足不同投资者的需求

我国农产品期货市场部分品种存在交易品种少,配套服务措施滞后的特点,市场参与度不高。只有健全中国棉花期货市场,国内的棉花企业才会具有较强的市场意识,加快与国际接轨。只有期货市场提供方便、快捷的对冲保护的制度,企业才能扩大规模,不断进行产业化探索,并逐步形成在期货市场上的特色避险模式。

目前,农产品目标价格改革为期货行业的服务创新提供了良好的宏观环境。棉花目标价格补贴政策若以场外期权的思维来看,相当于一个脉冲式的看跌期权。市场向所有种棉大户卖了补贴价格的看跌期权,期货行业创新要从简单的向企业提供套期保值工具,走向为产业机构提供更加丰富的风险管理工具,为企业提供更贴合实际需求的风险管理服务。例如,在目标价格政策后,或考虑将棉花期货价格作为基准,种植、流通等各因素后加上一定幅度的升贴水,使用弹性价格来优化目标价格,以便进一步推进市场化定价机制。

五、对我国棉花期货市场发展的建议

期货市场能够为企业提供风险管理的平台工具,帮助实体企业稳定经营,从而提高整个行业的坚韧度和稳定度。在目标价格改革过程中,期货市场始终是坚定的参与者、推动者和创造者。郑州商品交易所将棉花期货基准交割地转移至新疆,突出新疆棉花定价中心作用,期货市场应继续开展"保险+期货"试点,探寻建立市场化棉花价格补贴的办法。

(一)巩固新疆主产区优势,加快建设新疆棉花交易中心

国家推行棉花目标价格试点的目的是在保证棉农合理收益的前提下,发挥市场在配置棉花资源中的决定性作用。国家对棉花实行目标价格改革是我国推进商品价格市场化改革的重

要举措,与期货市场密切相关。为顺应棉花行业发展趋势,郑商所于2017年9月启用新疆棉花期货交割库,调整基准区至新疆,突出新疆棉花价格标杆作用,加快棉花行业向新疆转移。在新政策环境下,期货市场和现货市场应与时俱进,抓住机遇,积极创造条件,做精做细期货品种,加快建设新疆棉花交易中心。

新疆距离内地的棉花销区3000—5000公里,新疆棉花的交割和运输是长期以来纺织企业非常担心的问题,也是新疆作为棉产区的一大不利因素。加速落实在新疆设立棉花期货交割中转库,将从根本上解决新疆棉花期货形成仓单包括运输的难题,在新疆形成期货中转仓单,新疆期货中转库可以形成50万吨/年以上期货仓单棉的运输,可确保30—40天内实现新疆中转仓单棉运到期货交割库进行交割。因此,一方面应完善在新疆棉花交割的流转仓库,并着手抓紧建设新疆棉花交易市场,使棉花相关企业可以在棉花产地更加方便地参与棉花期货套期保值,利用期货管理棉花价格风险,提高棉花质量,推动新疆棉花产业发展。另一方面,应进一步完善相关期货制度规则,扩大持仓限额,满足现货企业的套保需求,建议在保证棉花标准仓单质量的同时,实行标准仓单自由流通;最后,应加大市场宣传力度,让更多的涉棉企业参与到棉花期货市场。大幅度提高新疆棉花生产企业参与期货市场、扩大期货仓单的数量和金额,将会进一步活跃棉花产业链上下游市场。在公开公平公正的市场环境下,参与的企业越多,越能有效发挥期货市场的作用。

(二)为涉棉企业提供全面、具体、高效的服务指导

随着棉花市场竞价机制形成,农户、涉农企业更需要个性化的风险管理产品,因此,从期货市场来看,应更加深入实际了解不同的品种、产业和不同类型客户的需求,有针对性地推动风险管理,使得棉花及相关品种的期货、期权逐步成为农业风险产品的有力保障,期货市场的从业人员成为棉农的专业顾问。同时,通过发展场外商品交易等其他交易模式服务客户,积极利用场内外对冲风险,深入到农业当中去,发挥自身优势,提供更加灵活和专业的服务。

利用棉花期货市场发现价格、规避风险、锁定价格收益的功能,通过积极参与棉花期货套期保值,稳定经营国家棉花目标价格政策实施试点,无疑将给棉花市场带来大的变局。鉴于国家棉花收储政策调整和兵团深化改革的进一步推进,新疆棉花产业将进一步紧密贴近市场,郑商所应充分发挥棉花期货的价格发现和规避风险功能,配合国家宏观政策调整,为包括新疆在内的广大涉棉企业提供服务。尤其是银行对棉花收购贷款安全性问题,可由以往的国家收储价格保障逐步转为利用期货市场套期保值和开展期权保险等其他市场化手段来保障贷款资金安全。未来棉花信贷与期货必将出现更多的交集,利用期货及金融衍生品市场的市场化手段,保证信贷资金安全,将是有效保障棉花生产、收购贷款资金安全的一个重要手段。

(三)加快棉花期货及衍生品市场产品和制度创新

在新政策环境和市场条件下,必须不断完善棉花期货规则制度设计,服务我国棉花目标价格改革政策。同时还要通过持续的市场调研,深入棉花目标价格改革试点地区组织涉棉企业培训和普及期货知识,鼓励期货公司为涉棉企业提供个性化期货培训服务,支持企业利用期货市场套期保值,规避价格风险。同时还要积极研发棉花上下游产业链品种,丰富完善棉花期货系列品种体系,更好地发挥期货市场功能。

期货的产品创新主要就在于期权产品创新,因为期权具有其他基础工具所不具备的非线

性特征,棉花期权可以将棉花价格风险通过期权交易进行转移,使市场价格更合理,农民收益更有保障,更科学地服务棉花市场机制的形成,随着农发行给涉棉企业贷款运用限制的拓宽、棉花期货期权等工具的推出、棉花期货交割库设置的进一步改善等,棉花期货与期权将在塑造中国价格、服务实体经济等方面发挥已有的功能。丰富我国资本市场风险管理手段,服务于我国棉花价格形成机制。

(四)发挥期货市场功能作用,全面保障目标价格改革落地实施

交易所一系列的产品创新和服务创新,最终还要靠交易所制度创新完成。交易所在保证目前工作顺利进行的基础上,应充分意识到交易所自身的竞争风险,任何一家交易所,如果不能够加快自身的制度建设,为市场提供更有竞争力的产品,把产业链上各个企业和投资者的利益放在首位,提供更全面更优质的服务,总有一天在市场条件具备的情况下,投资者会转向其他更有竞争力的交易平台。从世界交易所变革的历史来看,这并非危言耸听,因此,郑州商品交易所作为第一家推出棉花期货和期权的交易平台,应把握历史性机遇,努力进行交易所自身建设,健全棉花产业链品种体系,满足企业需求,更好地为广大棉农和涉棉企业服务,力争把郑商所建成国际纺织产品定价中心和风险管理平台。

(五)积极开展"保险+期货"试点,探索市场化棉花价格补贴方式

"保险+期货"是目标价格补贴的有益补充,一方面,"保险+期货"的补贴方式成本更低。以2018年新疆试点结果来看,采用"保险+期货"方案后,预计每吨能降低约1000元的补贴成本。棉花期权上市后,"保险+期货"对冲风险的成本将更低。另一方面,"保险+期货"的补贴方式市场化程度更高。"保险+期货"试点引入保险公司和期货公司,通过期货市场和场外期权分散执行风险,市场化运营程度更高,减少政府公共资源占用。

"保险+期货"的补贴方式更加灵活。在保价格的基础上,"保险+期货"延展性更强。例如,2018年在新疆部分地州施行阶梯价区补贴试点,当市场价格介于17600元/吨与18600元/吨之间时,由政府财政补贴;当价格低于17600元/吨时,由"保险+期货"进行补贴,从目标价格补贴财政拨款中划出专项资金支付保险费用。在"保险+期货"保费成本较低情况下,阶梯价区补贴能够降低整体的补贴费用,财政成本相对更加可控,切实保障农民收入。

当前,国内外市场形势更加复杂,新时代对目标价格补贴工作也提出了更高要求。在坚持实施目标价格补贴的前提下,应不断完善现行的补贴机制,同时,提升期货市场功能作用,推动目标价格改革政策得到更好执行,促进棉花行业健康发展。

第五部分　全球棉花供求状况及中国棉花进口[①]

20世纪70年代以来,随着化学工业的快速发展,化学纤维品种越来越多,价格也越来越便宜。导致棉花在纺织纤维中的份额逐渐下降,而化学纤维的份额在上升。1960年棉花在纺织品中的比重占到68.3%,化学纤维占到21.8%,而到了2002年,棉花在纺织品中的比重下降到39.7%,化学纤维则上升到57.7%,2009年棉花在纺织纤维中的份额继续下降到36.5%[②]。虽然如此,棉花在当前仍然是最重要的天然纤维。

一、全球棉花生产的基本情况

随着全球人口的增长及人类生活消费水平的变化,全球的棉花生产在20世纪50年代保持了较快的增长速度,而60年代后棉花生产增速开始放缓,随后棉花产量保持了波动增长态势。

(一)全球棉花的收获面积、单产及总产量

在过去近60年的时间里,全球棉花种植面积的总量变化并不太大,棉花产量的持续提高主要得益于技术进步导致的棉花单产的提高。2000年以来,全球棉花收获面积、单产以及总产量的具体数据参见表5-1。

表5-1　2000/2001年度以来全球棉花收获面积、单产及总产量

年　份	收获面积(万公顷)	单产(千克/公顷)	总产量(万吨)	年　份	收获面积(万公顷)	单产(千克/公顷)	总产量(万吨)
2000/01	3201.1	606	1939.5	2010/2011	3382.6	763	2553.6
2001/2002	3371.7	636	2144.4	2011/2012	3605.6	761	2770.1
2002/2003	3077.9	644	1981.5	2012/2013	3431.6	764	2697.3
2003/2004	3225.8	651	2104.6	2013/2014	3285.5	799	2620.7
2004/2005	3575.9	741	2646	2014/2015	3386.5	762	2595.4
2005/2006	3449.4	729	2533.2	2015/2016	3075.2	690	2093.4
2006/2007	3470.5	774	2670.9	2016/2017	2981.3	783	2322.4
2007/2008	3287.8	798	2613.5	2017/2018	3372.7	799	2694.8
2008/2009	3062.2	770	2352.7	2018/2019	3353.7	775	2597.7
2009/2010	3018.7	745	2244.1	2019/2020	3498.0	759	2655.9
				2020/2021	3293.8	775	2551.8

注:每个棉花年度从8月1日至次年7月31日,2020/2021年度的数值为预测值。
资料料来源:美国农业部(USDA)。

---

① 执笔人:杨莲娜;审稿人:刘敏。
② 数据来源:联合国贸发会议(UNCTDA)。

全球棉花收获面积一直比较稳定,大部分年份保持在3000万—3500万公顷。2015/2016年度以来棉花的收获面积出现大幅度下降,2016/2017年的收获面积下降到2981.3万公顷。发达国家棉花收获面积呈减少趋势,发展中国家的棉花收获面积有增有减,总体上呈减少趋势。

全球棉花单产呈上升趋势,近年来以及未来棉花产量增长主要依靠提高单产水平。根据美国农业部的数据,全球棉花单产平均水平在20世纪60年代为300千克/公顷到400千克/公顷之间,进入21世纪后增长到700千克/公顷以上。2017/2018年度全球棉花单产水平达到799千克/公顷。棉花单产的增长主要得益于棉花生产技术的进步,以及棉花高产、抗虫、抗病新品种的培育和在全球的推广。

全球棉花总产量基本保持了波动增长的趋势。2000/2001年度的产量为1939.5万吨,2005/2006年度总产量达到2533.2万吨,2011/2012年度达到2770.1万吨。随后棉花总产量出现下降趋势,尤其是2015/2016年度出现大幅度下降,棉花总产量只有2093.4万吨,2019/2020年度的总产量增长到2655.9万吨,预计2020/2021年度总产量将达到2551.8万吨左右。

(二)棉花生产的主要地区及国家

当前全球种植棉花的国家超过了100个,产棉地区主要分布在亚洲、北美洲、南美洲、大洋洲、非洲的部分地区。其中亚洲和北美洲的棉花产量占到全球的80%以上,棉花生产的集中度比较高。

亚洲是全球最大的棉花产区,其产量约占全球的70%。主要产棉国包括印度、中国、巴基斯坦、乌兹别克斯坦和土耳其。北美地区是全球的第二大棉花产区,其产量占到全球的18%左右,主要产棉国包括美国和墨西哥。非洲是全球第三大产棉洲,产量占全球的7%以下,各国的产量均不是太大,主要产棉国有埃及、布基纳法索、马里、科特迪瓦和贝宁。澳大利亚的棉花产量占全球的5%以下。南美洲的棉花产量占全球的3%以下,其主要的产棉国是巴西、阿根廷和巴拉圭等。欧洲的产棉国不多,其中希腊最多,欧洲的棉花产量仅占全球的1%以下。

全球最大的棉花生产国依次是印度、中国、美国和巴基斯坦,这四个国家棉花的产量占到全球棉花总产量的70%以上。如果再加上巴西和澳大利亚,六个国家生产的棉花超过全球棉花总产量的80%。表5-2为近年全球不同国家的棉花产量。

表5-2 全球不同国家的棉花产量

单位:万吨

	2013/2014	2014/2015	2015/2016	2016/2017	2017/2018	2018/2019	2019/2020	2019/2020年各国份额(%)
印度	675.0	642.3	563.8	587.9	631.3	576.9	642.3	24.18
中国	713.1	653.2	479	495.3	598.7	604.1	593.3	22.34
美国	281.1	355.3	280.6	373.8	455.5	399.8	433.6	16.32
巴基斯坦	206.8	230.8	152.4	167.6	178.5	167.6	135.0	5.08
巴西	173.3	156.3	128.9	152.8	200.7	278.7	291.8	10.99
澳大利亚	89.3	50.1	62.1	88.2	104.5	52.2	13.6	0.51
土耳其	50.1	69.7	57.7	69.7	87.1	80.5	75.1	2.83
其他	431.5	437.3	368.9	387.1	438.5	437.9	471.3	17.74
世界	2620.7	2595	2093.4	2322.4	2694.8	2597.7	2655.9	100

资料来源:美国农业部。

从 2015/2016 年度开始，印度已经超过中国成为全球最大的棉花生产国，主要是因为印度的棉花种植面积远远高于中国和美国。2015/2016 年度印度棉花收获面积占到全球的 40.33%，但印度当前的棉花单产低于全球平均水平。尽管印度政府在 2014/2015 年提高了棉花的最低支持价格，但与其他作物相比，棉花的预期收益仍然比较低，这影响到印度棉花产量的进一步提高。中国的棉花产量当前下降到较低水平。根据 OECD-FAO 的预测，到 2028 年，中国棉花产量在全球所占份额将下降到 18.56%，而印度的市场份额将上升到 24.71%[①]，全球棉花产量预计将以低于消费的速度增长。美国尽管出台了新的 STAX 支持计划，但价格的下跌使得农民种植棉花的热情降低。

二、全球棉花消费的变化

（一）主要国家的棉花消费量

从 20 世纪 40 年代以来，全球棉花消费以平均 2% 的速度增长，其中 50 年代和 80 年代棉花消费增长速度较快，50 年代的消费增长率达到 4.6%，80 年代的消费增长率也达到 3%。发展中国家是棉花消费增长较快的地区。根据 ICAC 的数据，1981—1999 年，发展中国家的棉花消费占到全球棉花消费的 78%，而 2000 年以后则超过了 80%，2010 年发展中国家占到全球棉花消费的 94%。

棉花消费向发展中国家转移，主要是因为纺织业属于劳动力密集型行业，纺织业中劳动力成本占到产品生产成本的 1/6，发展中国家的劳动力价格较低。劳动力成本的上升削弱了发达国家纺织品生产的竞争力，纺织品的生产逐渐向劳动力成本相对较低的发展中国家转移。表 5-3 为全球主要棉花消费国的消费量。

表 5-3 全球主要国家棉花的消费量

单位：万吨

	2013/2014	2014/2015	2015/2016	2016/2017	2017/2018	2018/2019	2019/2020	2019/2020 年各国份额(%)
中国	751.1	751.1	783.7	838.1	892.6	859.9	718.5	32.32
印度	501.8	533.4	538.8	530.1	525.7	544.3	435.4	19.59
巴基斯坦	227.0	231.3	224.8	224.8	235.7	231.3	200.9	9.04
孟加拉	115.6	126.5	137.4	148.3	163.5	154.6	141.7	6.38
土耳其	137.2	139.3	145.9	142.6	162.2	143.7	143.7	6.46
越南	69.7	89.3	98.0	117.6	143.7	154.6	132.8	5.97
美国	83.6	82.4	78.8	72.1	76.8	69.1	43.3	1.95
其他地区	506.7	490	457.8	455.7	470.5	478	406.5	18.29
全球	2392.7	2443.3	2465.2	2529.3	2670.7	2635.2	2222.9	100

资料来源：美国农业部。

美国农业部的数据表明，中国、印度、巴基斯坦这些棉花生产大国同时也是棉花消费大国，20 世纪 80 年代后这三个国家棉花的消费超过全球棉花消费的 50%。2019/2020 年中国棉花消费量约占全球的 32.32%，是全球最大的棉花消费国，印度和巴基斯坦棉花消费量约占全

[①] OECD-FAO Agricultural Outlook 2019-2028.

的19.59%和9.04%,另外孟加拉的消费量占到全球的6.38%,土耳其的消费量占到全球的6.46%,越南和美国的消费量分别占到5.97%和1.95%。

其他国家如泰国、印尼、越南、韩国、日本、乌兹别克斯坦、俄罗斯等国家也有一定的棉花消费。非洲棉花以出口为主,其棉花生产水平低,纺织工业也比较落后,棉花自用率不高,随着经济的发展近几年本地消费也有所增加。从20世纪60年代以后,美国和欧盟棉花消费越来越低,美国在棉花种植和出口方面的霸主地位也逐渐被削弱。当前美国和欧盟大部分国家的棉花消费仅保留妇女、儿童用的纺织品及某些高档纺织品的生产,其他纺织品大量依靠进口。

(二)影响全球棉花消费的主要因素

一般来讲,当棉花价格上升以及棉花贸易低迷的时期,棉花的消费也将保持在较低的水平。全球经济处于上升期时,也会刺激棉花消费量的增加。2008年以来,全球经济增长乏力,不确定性增加,同时由于棉花价格大起大落,再加上印度等棉花出口大国对棉花出口进行限制[①],全球棉花的消费虽然在复苏,但速度缓慢。近年棉花价格相对其他纺织纤维(如黏胶、涤纶、羊毛)持续上升,进一步降低了棉花的价格竞争力,这直接导致了纺织品生产大国减少对棉花的消费。根据OECD-FAO预测,棉花在全球纺织纤维中所占份额将继续下降。

根据OECD-FAO的预测,棉花消费的未来增长速度将略低于近年1.9%的平均增长速度。2007年棉花消费达到最高的2704万吨的水平,2007年以后则出现明显下降而且复苏乏力,2011年降为最低2267万吨,随后棉花消费量开始增加,2018年棉花消费量增长到2636万吨,2019年棉花消费量降低到2223万吨,预计2020年消费量达到2489万吨。棉花消费的增长主要源于印度棉纺织工业的发展。

美国农业部预测认为,虽然全球棉花消费量缓慢增加,但增长比较有限。美国农业部预测棉花消费主要参照几个参考指标,包括全球经济增长前景、棉花价格、纺织品服装的含棉量等。其中全球经济发展的前景是其中最重要的一个指标。随着人口的增长,全球经济的增长是棉花消费量长期看涨的一个重要原因,但当前中国经济的减速将导致全球经济增长放缓,从而使得棉花需求增长放缓。美国农业部预测棉花消费的另一个重要指标是棉花价格。2014年以来棉花价格维持在比较稳定的水平,价格波动幅度较小。这些良好的市场条件会促进棉花消费的增加。除此之外,服装的含棉量减少抑制了棉花消费量的增加。

三、全球棉花库存的变化

根据ICAC的数据,全球棉花库存在20世纪70年代和80年代前半期,基本稳定在500万吨左右,而80年代中期快速上升到1000万吨,随后一直到90年代中期稳定在1000万吨以内。但1998年以后棉花库存开始超过1000万吨,其中2011年至2014年期间棉花库存增长较快。2011年全球棉花库存为1569万吨,2011年之前大部分年份棉花生产量小于消费量,2011年开始棉花产量比消费量多出503万吨,尽管随后这种差距在逐渐缩小,但2014年棉花生产仍然比棉花消费多出152万吨,这推高了2014年全球棉花库存的最高水平为2324万吨。棉花库存近年大幅度提高的原因是,中国执行了国内棉花价格支持和储备政策。2014年以后中国取消了棉花临储政策,以及一系列去库存策略的执行致使中国棉花库存大幅减少,由此也

---

① 印度政府宣布,从2010年10月1日到2011年9月30日,棉花出口限制在92.5万吨以内。

引起全球棉花库存的大幅降低。2019年全球棉花库存为2165万吨。当前全球棉花期末库存排在前面的七大国家分别为中国、印度、巴西、美国、澳大利亚、巴基斯坦、孟加拉,见表5-4。

表5-4 主要国家的棉花期末库存

单位:万吨

	2012/2013	2013/2014	2014/2015	2015/2016	2016/2017	2017/2018	2018/2019	2019/2020
中国	1097	1365	1446	1234	1000	828	770	803
印度	200	186	230	153	172	201	183	389
巴西	121	157	155	124	151	188	257	305
美国	83	51	79	83	60	94	109	158
澳大利亚	52	39	40	41	48	66	39	17
巴基斯坦	59	54	63	57	50	62	59	70
孟加拉	25	28	29	33	35	40	39	53
其他	308	295	282	238	232	284	270	369
总计	1945	2175	2324	1963	1748	1763	1726	2164

资料来源:美国农业部。

库存消费比是FAO提出的衡量农产品安全水平的一项重要指标,过高和过低都表明处于不安全的范围。对于一个国家来说,库存消费比等于本期期末库存与本期消费量的比值,库存消费比下降,则表示库存相对降低,需求上升,供小于求;库存消费比上升表示库存相对增加,而需求降低,供给充足。

库存消费比=(期初库存+产量+进口量−消费量−出口量)/消费量

从全球范围看, 库存消费比=(期初库存+产量−消费量)/消费量

从20世纪70年代以来,大部分年份棉花的库存消费比保持在比较合理的水平,保持在0.40—0.50,但仍有部分年份出现较大的波动。如1984年、1985年分别达到0.60和0.62。进入90年代中期以后,全球棉花库存消费比上升到0.50以上,2012年进一步上升到0.83。2013年以后棉花库存消费比上升到接近1的超高水平。

四、全球棉花的进出口贸易

棉花是重要的国际贸易商品,全球超过150个国家参与棉花的进出口。在20世纪80年代初,棉花贸易约占世界棉花产量的30%,2005年以后,棉花贸易占到世界棉花产量的近40%。

(一)全球棉花供应和分配状况

从棉花的供应和分配(表5-5)的变化来看,全球棉花的生产和消费基本保持了增长的态势,但棉花产量在年度间的波动较大,而消费则基本保持了平稳的增长。棉花的库存起到了调节年度之间供需平衡的重要作用。

全球棉花库存在20世纪70年代和80年代前半期,基本稳定在500万吨左右,随后一直到90年代中期稳定在1000万吨以内。20世纪90年代中期以来,全球棉花的库存上涨到1000万吨以上,库存消费比在0.5左右,相对处于比较高的水平。2011年以后全球棉花库存大幅度上升,2011/2012年的期末库存达到1569万吨,到2014/2015年上升到2324万吨,2018/2019年有所下降到1726万吨。近年的库存消费比达到非常高的水平,接近于1。全球

棉花库存近年大幅度提高的主要原因是,中国从 2011 年到 2014 年之间实行棉花临时收储政策,以远远高于国际棉花价格的收储价格,对国内生产的棉花进行收储。

表 5-5　全球棉花供应和分配状况

单位:万吨

年　度	产　量	进口量	出口量	消费量	期末库存	库存消费比
2000/2001	1939	571	569	2006	1079	0.54
2001/2002	2144	638	633	2055	1190	0.58
2002/2003	1982	657	662	2142	1042	0.49
2003/2004	2105	743	722	2135	1053	0.49
2004/2005	2646	739	761	2377	1327	0.56
2005/2006	2533	972	978	2546	1348	0.53
2006/2007	2671	834	815	2704	1371	0.51
2007/2008	2613	859	846	2696	1347	0.5
2008/2009	2353	666	658	2401	1338	0.56
2009/2010	2244	804	779	2601	1005	0.39
2010/2011	2554	790	759	2514	1073	0.43
2011/2012	2770	989	1001	2267	1569	0.69
2012/2013	2697	1037	1009	2356	1945	0.83
2013/2014	2620	897	893	2393	2175	0.91
2014/2015	2595	785	783	2443	2324	0.95
2015/2016	2093	772	754	2465	1963	0.8
2016/2017	2322	821	824	2529	1748	0.69
2017/2018	2695	893	893	2671	1763	0.66
2018/2019	2598	902	894	2636	1726	0.65
2019/2020	2656	871	887	2223	2165	0.97
2020/2021	2552	909	908	2457	2261	0.92

注:(1)此处采用的是棉花年度,从当年的 8 月 1 日算起到第二年的 7 月 31 日。
(2)库存消费比＝期末库存/消费量。
(3)2020/2021 年度的数值为预测值。
资料来源:美国农业部。

(二)全球棉花的贸易规模

根据美国农业部的统计结果显示,20 世纪 60 年代以来全球棉花的贸易量基本呈递增趋势,近 50 年来,棉花出口量增长了一倍多。2000/2001 年度全球棉花出口 569 万吨,到 2012/2013 年度增长到 1009 万吨,随后开始下降,2018/2019 年增长为 894 万吨,2019 年下降为 887 万吨。具体见图 5-1。

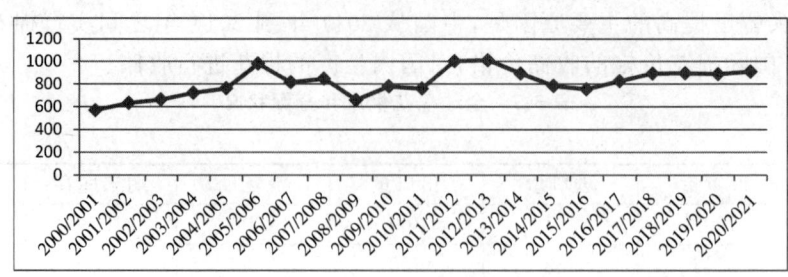

图 5-1　全球棉花出口总量(单位:万吨)

(资料来源:美国农业部。注:2020/2021 年度为预测值)

(三)主要国家的棉花贸易

对于一个具体国家来说,消费(C)-生产(Q)=进口(M)-出口(E),等号左边表示国内供需关系,右边表示棉花贸易。当 C>Q 时表现为过量需求,反之表现为过量供给;M>E 时为净进口,反之为净出口。

表 5-6 列出了排在前列的国家的棉花贸易的基本情况。根据美国农业部的数据,棉花进口方面,世界前七大棉花进口国分别为孟加拉、越南、中国、土耳其、印度尼西亚、巴基斯坦、印度;棉花出口方面,世界前七大棉花出口国分别为美国、印度、巴西、澳大利亚、乌兹别克斯坦、布基纳法索、马里。

表 5-6　主要国家的棉花进出口

单位:万吨

	2012/2013	2013/2014	2014/2015	2015/2016	2016/2017	2017/2018	2018/2019	2019/2020
进口量								
孟加拉	109	115	125	139	148	165	150	152
越南	53	70	94	100	120	151	152	141
中国	443	308	180	96	110	125	201	155
土耳其	80	92	80	92	80	88	70	100
印度尼西亚	68	65	73	64	74	76	65	57
巴基斯坦	39	26	21	72	53	72	63	83
印度	26	15	27	23	60	37	33	50
其他	219	206	185	186	176	179	168	134
总计	1037	897	785	772	821	893	902	871
出口量								
美国	284	229	245	199	325	345	316	338
印度	169	202	91	125	99	113	83	71
巴西	94	49	85	94	61	91	135	195
澳大利亚	134	106	52	62	81	85	78	30
乌兹别克斯坦	65	50	57	48	38	20	13	7
布基纳法索	24	28	29	24	25	27	22	15
马里	17	20	19	22	24	28	28	26
其他	222	209	205	180	171	184	219	207
总计	1009	893	783	754	824	893	894	887

注:此处采用的是棉花年度,从当年的 8 月 1 日算起到第二年的 7 月 31 日。

资料来源:美国农业部。

五、中国棉花国内供需状况

中华人民共和国成立以来,中国棉花生产发展很快,棉花种植面积、单位产量、总产量等都有较大幅度的提高,在国际上的地位也逐步提高。

(一)棉花的国内生产情况

棉花是中国重要的经济作物。当前全国基本上存在三大棉区:西北内陆棉区、黄河流域棉区和长江流域棉区,棉花的种植主要分布在新疆、山东、河北、安徽、河南、江苏、湖北等省区。每年棉花的播种面积在400万—600万公顷之间,占整个农作物播种面积的3%左右[①]。棉花的商品率较高,高达95%以上,因此具有较高的经济效益。在中国的西北内陆棉区,尤其是在新疆棉区,20世纪90年代以来,全新疆棉花的总产量、种植面积、单产、品质等都居于全国领先位置。当前,新疆棉花的种植面积占到全面棉花种植面积的1/3,全新疆的植棉面积也占到全新疆总耕地面积的1/3。新疆棉花的总产量近年呈不断增长趋势,占全国的比例不断提高。目前棉花已经成为新疆经济的支柱产业,棉花产值在全疆农业总产值中所占比重也越来越高,棉花在全疆农民收入中的占比较高,是农民收入的重要来源。长江流域棉区和黄河流域棉区的棉花种植面积则在缓慢下降。这种变化反映了中国棉花生产逐渐向优势区域转移,一些不适宜种植棉花的区域正在逐步退出棉花种植。

中国棉花的种植面积在年度之间的波动较大,尤其是2009年以来,中国的棉花种植面积一直处于下滑的态势,2017年棉花种植面积出现大幅下滑,只有319.5万公顷。尤其是黄河流域、长江流域棉区减产较多。新疆、内地的棉花种植面积相差悬殊,棉花的价格、产量也相差较大,新疆棉花播种面积占全国的一半,棉花种植面积较为稳定。造成内地、新疆棉花面积悬殊的原因,一方面是由国家棉花政策的不同导致的,国家对于新疆棉花的扶持力度大于内地。另一方面,新疆地区的地理、气候条件,植棉技术的发展程度以及管理模式、生活理念的不同,同样是造成棉花产业优势的重要原因。

转基因抗虫棉开始在国内普及后,棉花单产出现大幅度上升,1997年以后单产突破1000千克/公顷大关,2018年达到历史最高的1818.3千克/公顷,2018年新疆棉花单产为每公顷2051.5千克,高于全国平均水平12.8%。

20世纪90年代以来一直到2000年,中国棉花产量稳定在400万吨左右。2000年以后,中国棉花产量进入快速上升期,2007年达到历史最高的762万吨。近年棉花产量虽有波动,但维持在较高的水平,中国棉花总产量已经持续多年世界第一,但2014年棉花产量下降到617.8万吨,被印度超过。2018年棉花产量为609.6万吨,其中新疆棉花产量为511.1万吨,占全国的比重为83.8%,棉花生产区位优势进一步提升。具体见表5-7。

[①] 根据中国统计数据库的数据计算.

表 5-7 中国棉花的种植面积、产量、单产及人均占有量

年份	种植面积（万公顷）	产量（万吨）	单产（千克/公顷）	人均占有量（千克）	年份	种植面积（万公顷）	产量（万吨）	单产（千克/公顷）	人均占有量（千克）
2000	404.1	441.7	1093.1	3.50	2010	484.9	596.1	1229.4	4.46
2001	481.0	532.4	1106.8	4.20	2011	503.8	658.9	1307.9	4.90
2002	418.4	491.6	1175.0	3.84	2012	478.6	683.6	1429.2	5.06
2003	511.1	486.0	950.9	3.77	2013	434.6	629.9	1449.5	4.64
2004	569.3	632.4	1110.8	4.88	2014	422.2	617.8	1463.3	4.52
2005	506.2	571.4	1128.9	4.38	2015	379.9	560.5	1475.4	4.10
2006	540.9	674.6	1247.2	5.15	2016	337.6	534.3	1582.5	3.91
2007	592.6	762.4	1286.2	5.77	2017	319.5	565.3	1769.5	4.08
2008	575.4	749.2	1302.0	5.64	2018	335.2	609.6	1818.3	4.37
2009	495.2	637.7	1287.8	4.78	2019	333.9	588.9	1763.6	4.21

资料来源：中国统计数据库。

中国棉花产量的增长主要是因为单产的提高。棉花产量在年度间的波动较大，引起产量波动的主要原因是棉花种植面积的变化以及天气方面的原因。根据国家统计局预测，2020/2021年度中国棉花单产将达到1826千克/公顷的水平。与此同时，中国棉花的人均占有量从2000年以来处于比较稳定的状态，2019年的棉花人均占有量为4.21kg。

（二）棉花的消费情况

中国不仅是棉花生产大国，同时也是棉花消费大国。根据美国农业部统计数据，中国棉花消费量出现较大波动，具体如图5-2所示。从图中可以看出，2000—2007年棉花消费量呈现持续上升的态势，从494.72万吨上升到1055.85万吨，平均增长率达到7.53%，但从2004年到2007年，棉花消费增长率却逐渐放缓。2008年受全球经济衰退的影响，棉花消费量出现下滑，为930.67万吨，相比2007年，下降了11.86%。2009年棉花消费量极速上升为1088.5万吨，达到历年的最高纪录。2010年至2013年间棉花消费量为负增长态势，其中2011年增长率最低降到－17.39%。此后几年，棉花消费量及增长率都较为平缓，2019年的消费量为719万吨。

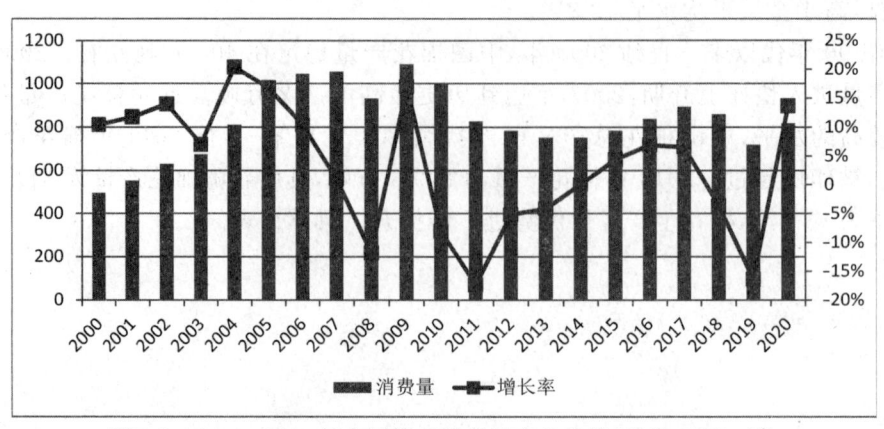

图 5-2 2000—2019年中国棉花消费量变化趋势（单位：万吨；%）
（资料来源：美国农业部数据库USDA）

长期以来,中国一直居世界最大棉花消费国的地位,并且在加入WTO以后,有了飞跃性发展。在这期间,中国棉花消费量占世界棉花总消费量比重一直在25%以上,远高于美国、印度、巴基斯坦和巴西等棉花生产大国,使中国成为全球棉花消费量最高的国家。2009年中国棉花消费量占世界消费量的41.8%,随后几年中国棉花消费占比一直在下降,2019年中国棉花消费占世界32.3%;印度棉花消费量占世界的比重近年在持续增长,从2000年的14.7%增长到2019年的19.6%;巴基斯坦棉花消费量占世界棉花消费总量的比重较为稳定,在9%左右。而美国的棉花消费占比在3%左右。

中国棉花的消费需求主要由纺织工业用棉、军需民用絮棉及其损耗与其他用棉三部分组成。其中,纺织工业用棉是中国主要的棉花消费需求。据中国供销合作总社棉麻局相关数据显示,20世纪90年代,纺织用棉年均消费量占全国棉花总消费量约为90%,进入21世纪后,纺织工业迅速发展,年均用棉量占比达到95%,此后一直保持在这个水平上。随着国民经济的发展和人民生活水平的提高,纺织用棉的比例在不断上升。20世纪90年代,棉花的消费基本趋于稳定,一般在400万吨徘徊。加入WTO以后,中国纺织服装工业迅速发展,纺织用棉量大幅度增加,进一步刺激了中国棉花消费需求。

六、中国棉花的进口状况

加入WTO后十多年,中国的棉花产业发展发生了巨大的变化。虽然中国也是棉花生产大国,但是以目前的情况来看,棉花的供应和需求之间仍存在较大缺口,需要进口一定量的外国棉花来满足纺织品服装业生产的需要。中国是世界上最大的棉花进口国,但棉花出口量非常小,尤其是近些年每年的出口量只有几千吨。

(一)棉花进口规模

根据联合国Comtrade数据库数据,2000年以来中国棉花进口的金额及数量具体见图5-3所示。2002年以前,棉花进口量较小,基本在100万吨以下,进口金额不超过20亿美元。从2003年开始,棉花进口出现较大增长。2006年进口量达到398万吨,进口金额为49.7亿美元。其中从"一带一路"沿线国家进口棉花量为122.7万吨,占中国棉花进口总量的30.83%。随后棉花进口出现一定程度的下降。但2009年后,棉花进口又一次出现较大增长,2012年中国棉花进口量达到历史最高的541.3万吨,进口额为120亿美元,其中从"一带一路"沿线国家进口棉花量为207.54万吨,占比为38.34%。随后棉花进口数量及进口额持续回落,2018年进口棉花量回落到163万吨,价值32亿美元。

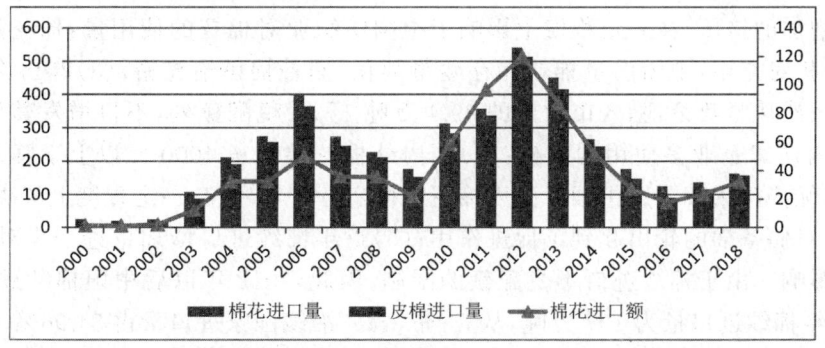

图5-3 中国棉花进口额及进口数量的变化(单位:万吨;亿美元)

(资料来源:联合国Comtrade数据库)

中国2013年提出分别建设"新丝绸之路经济带"和"21世纪海上丝绸之路"的合作倡议，积极发展与沿线国家的经济合作伙伴关系。"一带一路"沿线国家大多为发展中国家，是棉花生产、供应和消费的集中带，具有完整的棉花产业链。在"一带一路"倡议提出以前，中国从世界进口棉花总量中，"一带一路"沿线国家进口量所占比例一直在增加，最高为2010年占比48.39%。2012年中国棉花进口量达到历史最高的541.3万吨，同时从"一带一路"沿线国家进口棉花量也达到最高为207.54万吨，占比为38.34%。从图5-4可以看出，2012年至2018年之间中国棉花总进口量在减少，从"一带一路"沿线国家进口量也在减少，"一带一路"沿线国家所占比例在波动中处于下降趋势。"一带一路"倡议提出之后，中国从"一带一路"沿线国家进口棉花占比最大为2014年45.57%，2018年从"一带一路"沿线国家进口棉花量为32.7万吨，占中国进口棉花总量的20.12%。

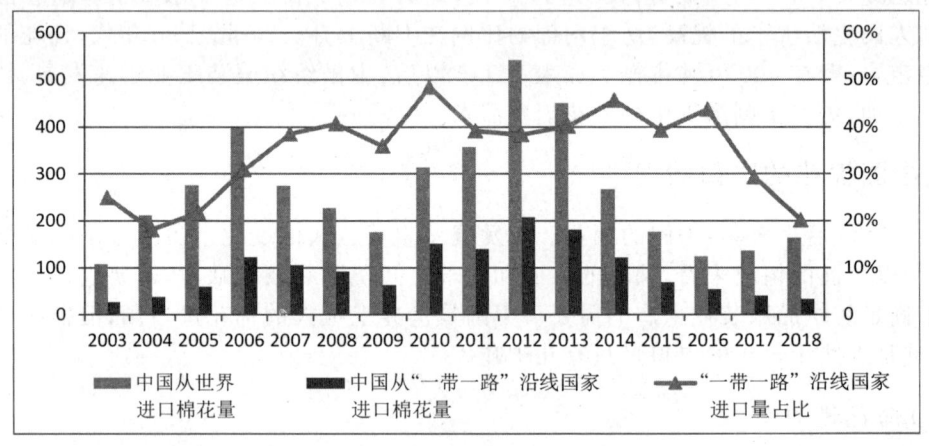

图5-4 中国从"一带一路"沿线国家进口棉花数量的变化（单位：万吨）
（资料来源：联合国Comtrade数据库）

从2011年到2013年，由于对国产棉花实施临时收储政策，国内棉花价格保持在较高的水平，内外棉价差的存在使得对进口棉花的需求大增。2014年后，中国取消了临时收储政策，内外棉价差随之减小，棉花进口量降低。

2013年以来，棉花进口量大幅回落的主要原因：(1)国内经济总体下行，全球经济复苏缓慢，中国纺织服装产品出口总体呈现下行态势。中国纺织品出口市场受到东南亚、南美等国家和地区出口增加的挤压，在一定程度上影响了中国纺织业对棉花的使用量，棉花需求量下降。(2)棉花供给相对充裕，中国巨量棉花库存亟待消化，储备棉供给充裕；(3)2014年以来，中国对配额实施从严从紧政策，除入市承诺的89.4万吨1%关税配额外，不再增发其他形式配额，国家引导国内纺织企业多使用国产棉；(4)国内外棉花差价从4000元以上下降到1000元左右，外棉价格优势持续减弱。中国对国内棉花价格实行市场调控，一定程度上解决了国储棉价居高的情况，对储备棉的轮出起到了促进作用；(5)近年棉纱进口增加也进一步对棉花进口造成了一定的影响。由于棉纱进口不受配额的限制，因此，2012年以后中国棉纱进口出现快速增长。2013年棉纱进口量为197万吨，从"一带一路"沿线国家进口量占84.96%，2015年增长到222万吨，从"一带一路"沿线国家进口量占90.49%，2018年棉纱进口降低到195万吨，从"一带一路"沿线国家进口量占90.6%（见图5-5）。棉纱进口的增加减少了棉花的进口量。

根据美国农业部的估计,2020 年中国棉花进口可能会小幅度增长,主要原因是中国棉纺织行业对高品质的进口棉花存在较大的需求。根据中国的入世承诺,每年棉花的关税配额数量为 89.4 万吨(1%配额内关税),而配额外关税高达 40%。2014 年以前中国政府每年会增发棉花配额,并以滑准税的方式进口。2014 年以后没有再增发新的棉花配额,纺织行业对外棉的需求被压制。

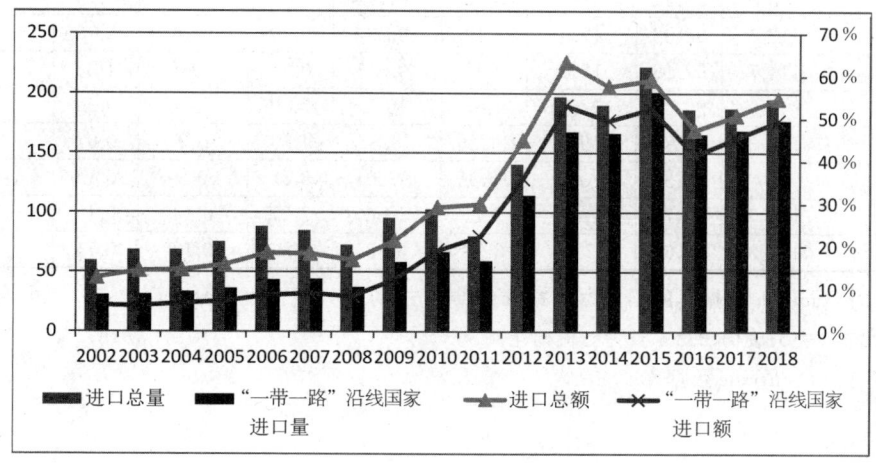

图 5-5　中国棉纱进口额及进口数量的变化(单位:万吨)
(资料来源:联合国 Comtrade 数据库)

(二)棉花进口结构

根据联合国 Comtrade 数据库数据,中国棉花进口的种类主要包括皮棉、棉短绒、废棉、已梳棉花等,其中主要以皮棉进口为主,具体如表 5-8 所示。入世后,随着棉花进口量的骤增,皮棉的进口数量也大幅度上涨,且皮棉的进口占棉花进口总量的比重约 90%。以 2013 年为例,中国皮棉进口量为 414.7 万吨,占进口棉花数量的 92%;进口棉短绒的数量只有 15.6 万吨,占中国棉花进口总量的 3.5%;进口废棉数量为 0.01 万吨,占比几乎可以忽略不计;进口已梳棉花数量为 19.7 万吨,占进口棉花总量的 4.4%。近几年棉花的总进口量降低,相应的皮棉和已梳棉花进口量也在降低。2018 年皮棉进口量仅为 157.3 万吨,占进口棉花总量的 96.65%;进口棉短绒数量为 5.2 万吨,占比 3.23%;进口废棉数量为 0.03 万吨,占比 0.02%;进口已梳棉花数量为 0.17 万吨,占进口棉花总量的 0.11%。

表 5-8　2005—2016 年中国棉花进口结构

年份	皮棉		棉短绒		废棉		已梳棉花		合计(万吨)
	进口量(万吨)	占比(%)	进口量(万吨)	占比(%)	进口量(万吨)	占比(%)	进口量(万吨)	占比(%)	
2005	256.8	93.55	9.3	3.39	0.45	0.16	8.0	2.91	274.5
2006	364.1	91.48	17.4	4.37	0.11	0.03	16.4	4.12	398.0
2007	245.8	89.71	12.6	4.60	0.04	0.01	15.6	5.69	274.0
2008	211.0	93.20	7.5	3.31	0.06	0.03	7.8	3.45	226.4
2009	152.6	86.75	16.1	9.15	0.03	0.02	7.1	4.04	175.9

续 表

年份	皮棉		棉短绒		废棉		已梳棉花		合计(万吨)
	进口量(万吨)	占比(%)	进口量(万吨)	占比(%)	进口量(万吨)	占比(%)	进口量(万吨)	占比(%)	
2010	283.6	90.66	19.1	6.11	0.05	0.02	10.0	3.20	312.8
2011	336.3	94.31	14.1	3.95	0.11	0.03	6.2	1.74	356.6
2012	513.5	94.86	17.0	3.14	0.02	0.00	10.8	2.00	541.3
2013	414.7	92.16	15.6	3.47	0.01	0.00	19.7	4.38	450.0
2014	243.9	91.69	12.9	4.85	10.1	3.80	0.04	0.00	266.0
2015	147.3	83.74	19.8	11.26	8.5	4.83	0.2	0.01	175.9
2016	89.7	72.34	23.1	18.63	11.0	8.87	0.2	0.16	124.0
2017	115.5	84.71	10.1	7.41	10.6	7.77	0.14	0.10	136.3
2018	157.3	96.65	5.2	3.23	0.03	0.02	0.17	0.11	162.7

注:按照联合国 Comtrade 数据库的国际贸易标准分类方法(SITC),棉花可以分为四类;263.1 类为皮棉;263.2 类为棉短绒;263.3 类为废棉;263.4 类为已梳棉花。

资料来源:联合国 Comtrade 数据库。

(三)棉花进口的主要来源国

中国棉花进口来源地较多,世界上绝大多数棉花生产国都成为中国棉花进口国。尽管如此,一直以来中国棉花的进口都集中在几个主要国家或地区(见表5-9)。

表5-9 中国棉花进口主要来源地及比重(单位:%)

2005		2011		2013		2014	
国别	比重	国别	比重	国别	比重	国别	比重
美国	46.85	印度	30.16	印度	29.36	印度	33.74
乌兹别克斯坦	11.79	美国	29.13	美国	26.16	美国	22.56
澳大利亚	7.86	澳大利亚	15.14	澳大利亚	17.71	澳大利亚	20.32
布基纳法索	5.14	巴西	6.39	乌兹别克斯坦	6.18	乌兹别克斯坦	6.99
印度	4.83	乌兹别克斯坦	4.99	巴西	3.56	巴西	5.91
2015		2016		2017		2018	
国别	比重	国别	比重	国别	比重	国别	比重
美国	30.19	美国	21.85	美国	37.96	美国	32.81
澳大利亚	14.31	澳大利亚	17.58	澳大利亚	18.94	澳大利亚	26.04
印度	19.69	印度	16.21	印度	12.58	印度	11.86
乌兹别克斯坦	9.99	乌兹别克斯坦	12.42	乌兹别克斯坦	7.32	巴西	11.59
巴西	8.31	巴西	6.94	巴西	5.3	乌兹别克斯坦	3.98

资料来源:联合国 Comtrade 数据库。

入世前,中国约一半以上的进口棉花都来源于美国,其他国家的比重都在10%以下,如1995年从美国进口棉花占中国棉花进口总量的比重就达到65.07%。入世后,从印度、澳大利亚等国进口棉花比重在逐步上升,特别是最近几年,如2014年从印度进口棉花约82.3万吨,占中国进口棉花总量的33.74%,从美国进口棉花占中国进口棉花总量的22.56%,使印度超过美国成为中国棉花进口的最大来源国。从 2015 年开始从美国进口量依然超过印度,2018 年从美国进口占比 32.81%,从印度进口棉花占比 11.86%。此外,从中国棉花进口来源国排名前五来看,多数年份,前五名比重合计占中国棉花进口总量的 80% 以上,且集中在印度、美国和澳大利亚等国家,除美国和澳大利亚以外,其他大多为"一带一路"沿线国家。

虽然中国棉花进口来源国集中度有所降低,但仍集中在少数几个国家,且进口比重较小的来源国变动较大。一方面,世界产棉大国构成中国棉花进口的主要国家;另一方面,由于邻近国家的区位优势,从周边国家的棉花进口也构成中国棉花进口的重要组成部分。从时间趋势上分析,中国棉花进口越来越依赖世界范围内具有比较优势的产棉大国。随着国际货物运输的便利化,区位因素在棉花进口中的影响减小,棉花生产、出口大国的竞争力显现出来。

虽然中国棉花进口总体数量下滑,但对高等级优质棉的需求强劲。如 2016 年对于优质的澳大利亚棉花进口下滑幅度较小,而对于美国、印度、乌兹别克斯坦、巴西的棉花进口量下降幅度均超过 40%,印度在我国棉花进口国中下滑幅度最大,达 51.1%。

(四)棉花进口贸易方式

中国棉花进口以一般贸易、进料加工贸易和保税仓储转口货物为主,具体如表 5-10 所示。

表 5-10　中国棉花的主要贸易方式(单位:万吨)

贸易方式＼年份	1996	1997	1998	1999	2000	2001	2002	2003	2004	2005	2006
进口总量	75.1	84.9	31.0	16.4	25.1	19.7	24.5	107.5	211.4	274.5	398.0
一般贸易	29.5	14.0	1.6	3.2	13.8	11.2	8.0	48.4	127.8	145.5	220.3
进料加工贸易	34.0	57.6	16.9	6.5	4.2	4.1	14.4	47.2	63.9	72.1	63.1
保税仓储转口货物	0.0	1.0	0.3	0.1	0.0	0.1	0.0	6.7	13.4	44.5	73.0
保税仓库进出境	2.2	3.8	3.3	0.1	0.2	0.3	0.1	1.0	2.8	10.1	38.8
其他	9.4	8.5	8.8	6.4	6.8	4.0	1.9	4.2	3.6	2.4	2.8
	2007	2008	2009	2010	2011	2012	2013	2014	2015	2016	2017
进口总量	274.2	226.4	176.0	312.8	356.6	541.3	450.0	266.9	175.9	89.7	115.5
一般贸易	137.3	90.5	53.4	164.6	206.5	303.4	211.0	66.1	59.5	17.05	23.89
进料加工贸易	53.1	56.8	65.7	68.5	66.5	93.8	93.0	85.9	42.3	35.20	41.20
保税仓储转口货物	49.6	52.0	35.7	51.2	59.6	85.9	88.9	70.1	51.6	22.17	30.77
保税仓库进出境	32.8	26.1	19.8	27.6	23.0	57.7	55.7	42.8	22.2	14.97	16.84
其他	1.3	0.9	1.3	0.9	0.9	0.5	1.3	2.0	0.3	0.31	2.8

注:2016 年、2017 年的数据为皮棉进口数据。其他年份为所有棉花的进口数据。
资料来源:中国商务部贸易数据分析系统。

以 2013 年为例,中国棉花进口一般贸易占到 46.9%,进料加工贸易占到 20.7%,保税仓储转口货物占到 19.8%。2014 年一般贸易棉花进口出现较大幅度的下降,一般贸易进口从 2013 年的 211 万吨下降到 2014 年的 66.1 万吨。其他贸易方法的进口也有一定程度的下降。在各种贸易方式中,一般贸易增长速度较快,进料加工贸易和保税仓储转口货物有一定增长,但相对比较平稳。

(五)棉花进口价格变动

这里使用中国进口棉花价格指数来代表进口棉花的价格变动趋势。该指数选取具有代表性的进口棉花品种,以在中国主港的 CFR(即成本加运费,不包括关税、增值税和港口费用)即期报价作为计算基础,按各国在中国进口棉花市场中所占的份额作为计算权重,经过一整套严密、科学的计算公式和数学模型的推算,同时参考外商在远东港口的报价和 Cotlook 远东指数作为校正参数,经过加权校准后生成,反映进口棉花到中国主港的综合报价水平[①]。

中国进口棉花价格指数是中国棉花价格指数体系的重要组成部分之一,其英文简称为"FC Index"。该指数具体包括高、中、低三个指数,其中 FC Index L 指数代表低等级(相当于 SLM)棉花报价,FC Index M 指数代表中级(相当于 M)棉花报价,FC Index S 指数代表高等级(相当于 SM)棉花报价。

该指数由中国棉花协会、全国棉花交易市场、英国 Cotlook 公司三方于 2006 年 6 月起共同发布,并追溯了 2005 年 8 月以来的进口棉价格指数,目前每个工作日下午 2 点前在中国棉花协会网站、英国 Cotlook 公司网站和中国棉花信息网上同时发布。图 5-6 为中国进口棉花价格变动情况。

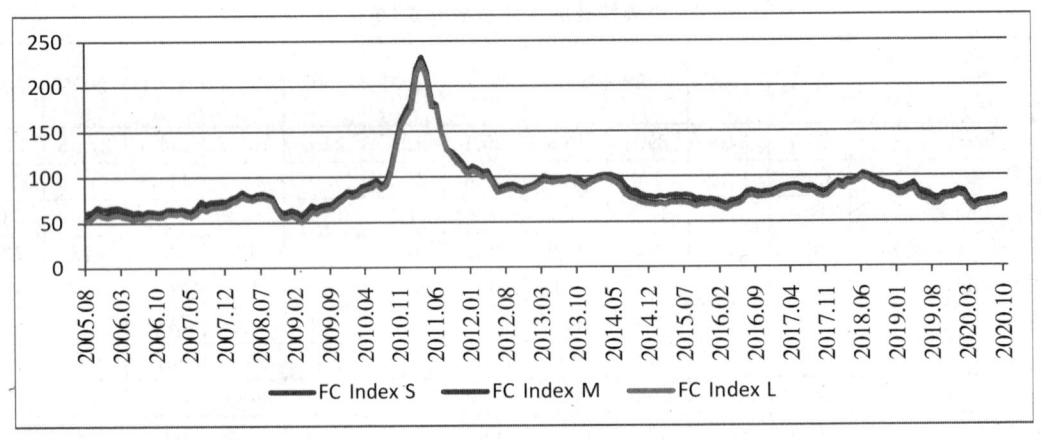

图 5-6 中国进口棉花价格指数月度变动(单位:美分/磅)

(资料来源:中国棉花协会)

可以看出,2005 年以来,与国际棉花价格变动趋势相近,进口棉花价格波动幅度较大。以 FC Index M 级棉花为例,价格从 2005 年 8 月的 55.04 美分/磅,上涨到 2008 年 3 月的 80.77 美分/磅,随后处于下跌态势,2009 年 3 月的价格为 59.39 美分/磅。2009 年 4 月后棉花价格大幅度上涨,2011 年 3 月上涨到最高位的 228.17 美分/磅。随后棉花价格又出现大幅度回调,2012 上半年继续维持在 100 美分/磅左右,而下半年降至 85 美分/磅左右。2013 年至 2014 上半年有小幅度回调至 95 美分/磅左右,2014 年 5 月以后棉花价格又出现较大幅度的下降,2014 年 11 月至 2016 年 6 月维持在 70 美分/磅左右。2016 年 7 月至 2019 年 4 月 FC Index M 级棉花价格基本维持在 80—90 美分/磅,2019 年 5 月至今棉花价格有所下跌,价格基本维持

---

① 中国棉花协会网站:中国进口棉花价格指数(http://www.china-cotton.org/data)。

在70—80美分/磅,2020年10月棉花价格为74.12美分/磅。

全球棉花价格的变动受多种因素的影响,包括产量、消费量、经济景气程度、气候状况、战争、化纤的价格等,棉花的品种以及品质也会影响到棉花的价格。而各个国家(如美国等)实施的补贴政策也会对棉花价格产生一定影响。但影响棉花价格波动的主要是供求关系的变化。由于中国棉花产量在国际棉花市场中举足轻重的地位,"中国因素"也成为影响国际棉花价格走势的重要因素,中国棉花的生产及进口量对世界棉花价格变动影响较大。

七、棉花进口的主要影响因素

影响棉花是否需要进口的因素主要有棉花的生产能力、生产和安全成本以及供需缺口,而具体如何进口则与国家的棉花贸易政策分不开。

(一)中国棉花生产能力的提高受到资源的约束

棉花的生产能力主要受到耕地和水资源、资本、劳动、技术等要素的投入能力的影响。首先,从耕地和水资源来看,中国农业生产力正在承受土地稀缺的挑战。经济不断发展,工业和城市化进程不断加速,这些都给有限的土地资源持续施加着压力。中国国土辽阔,但人多地少、耕地后备资源严重不足。同样,中国的水资源总量丰富,但人均占有量较低,而且水资源季节和地区分布不均。因此综合来看,中国的耕地资源和水资源的现状不利于棉花生产能力的提高。其次,就农业生产技术而言,目前中国对于棉花生产在技术方面的投入力度不断加大,传统农业不断向现代农业转变。但是,同美国等发达国家相比,中国棉花生产技术仍比较落后,特别是在棉花产出质量上差距较大。因而,基于对高品质棉花的需求,中国需要从世界市场进口棉花。中国棉花生产规模小,与其他竞争性作物相比又不具备成本优势,加之政府的支持力度不够,所以棉农的种植意愿不高,种植面积近年呈现萎缩的局面,产量也随之呈现下降趋势。在中国棉花最重要的产区之一的新疆,人均耕地数量也在不断减少。土地和水资源的稀缺性是棉花进口的最根本原因。

(二)棉花生产成本较高,不具备比较优势

1999年以后,中国棉花产业在国际市场上的比较优势已完全丧失,棉花产业处于劣势地位。不同棉区之间棉花生产存在较大差异。就中国三大棉区来说,新疆棉区是最具比较优势的地区,其次是黄河流域棉区、长江流域棉区。中国棉花生产比较优势丧失的主要原因是生产成本居高不下。中国的棉花生产成本始终高于美国的棉花生产成本,并且差距较大(庞守林,2006)。由于美棉从种植到收获可全程实现机械化,而中国在棉花种植方面仍处于半机械化时代。由于棉花种植比其他作物种植费工费时,所以需要的劳动力投入更大,且在相同收益下,农民更愿意选择机械化程度较高的作物种植(陈晓燕,2014)。从2014年以来实施的棉花直补政策仅在新疆棉区开始试点。由于种植效益不高,中国内陆棉区的种植面积、产量均在逐年下降,当前仅湖北、河北、山东等省农户还保留着常年种植棉花的传统,而河南等部分内陆棉区的农民更乐意种植其他农作物。

(三)国内对棉花的刚性需求不断增加

中国是棉纺织品生产、消费及出口大国。棉花是纺织工业原料。根据美国农业部公布的

数据,2019/2020年度中国棉花消费达到719万吨,预计2020/2021年度中国棉花消费将达到817万吨左右。中国消费者生活水平和可支配收入的提高、人口增长及城市化的深入,提高了对纺织品服装的需求。根据国家统计局的数据,从2011年到2015年,中国人口年均净增长680万,新的生育政策实施以后,2016年人口净增长数量达到809万,2017年开始这种增长趋势开始下降,2019年人口净增长数量达到467万。除此之外,城市化进程加快,2011年到2017年中国城市人口年均增长2060万,2019年城市人口增长1706万。中国经济增长预期保持稳定,2019年GDP增长率为6.1%,预计2020年为6.2%左右。随着居民收入的快速增长,预计2020年中国人均GDP达到40000元,特别是农村居民可支配收入倍增,生活水平全面提高,消费水平全面提升,消费结构逐步升级,他们对纺织品消费需求将不断增加。中国居民纺织品消费水平增长较快。

由于棉纺织业对棉花的持续比较高的需求,未来5—10年,中国棉花消费需求将保持稳定增长趋势。根据国家统计局的数据,全国棉纱产量保持了较高的增长速度,纱线产量从2001年的699.8万吨增长到2016年的3733万吨,2017年开始棉纱产量有所下降,2019年棉纱产量为2892万吨,2020年1—6月棉纱累计产量为1146万吨。2019年化学纤维的产量则增长到5953万吨(比2018年增长12.5%)。由于主要的纺织品服装进口国的需求降低,以及纺织行业生产成本上升,降低了中国纺织品在全球市场的竞争力。中国纺织品服装出口从2014年的2981亿美元降到2019年的2718亿美元。据官方初步统计,2020年前八个月,中国纺织品和服装出口总额为1874.1亿美元,同比增长了5.6%。中国纺织品和服装出口受到美国对中国进口的额外关税限制以及来自东南亚供应商低劳动力成本的竞争。尽管如此,相关专家认为,随着国内市场棉花价格的降低,2020年中国纺织品在全球市场的竞争力仍然比较乐观。

中国纺织工业正在进行结构调整,大量小型纺织厂(产能小于2万个纱锭)停产或关闭。截至2018年底中国纱锭总量减少到11800万个(2016年的数量为12000万个)。为了降低原材料及劳动力使用成本,部分纺织企业开始转移到中西部地区进行生产,也有部分企业转移到越南和柬埔寨等东南亚国家。从长期上看,这些变化会影响到中国的棉花消费量。

(四)国内外棉花在品质方面存在差异

国产棉花在种植、运输和加工等各个环节都存在一定程度的问题,在国际竞争上不具备成本优势。目前,中国纺织行业处于转型升级的关键时期,为了实现扭亏为盈,越来越多的纺织企业开始寻找新的利润增长点,开始走中高端路线,依靠高附加值的产品寻求利润增长点。而高端纺织产品必然需要优质皮棉来支撑。目前纺织企业在生产过程中日益关注棉花长度、强度、比强和马克隆值等品质指标,它们更多地需要优质棉花。当前国内市场上的内地棉花大多是中低等级,新疆的长绒棉等级高、质量优,在市场上比较抢手。近年国产棉花整体质量有所下降,新疆棉的三丝和成纱强力不足仍然困扰高端产品生产。出现的主要问题为一致性较差、短绒率高、马克隆值高以及三丝多且难以形成批次。

棉纺织品的高端产品对"异性纤维"含量要求比较高,由于中国棉花大部分是人工采摘,棉农挑拣"三丝"意识差,导致棉花中不同程度的含有"异性纤维"。即使有部分新疆机采棉,也因种植棉花多年连续大量使用地膜,废旧地膜被风刮到棉花植株上面,使加工后的皮棉中含有碎小废旧塑料薄膜。棉纺织企业要接受对染色性要求严格的订单,只有选择澳棉、美棉和巴西棉。在新疆棉区,由于规模化种植普及,加之近几年机采棉面积不断扩大,新疆棉的质量整体得到提升。此外,在相关优惠政策的引导下,新疆地区棉花种植面积和产量逐年上升,市场份额也越来越大。

(五)政策性因素的影响

1.棉花进口的关税配额政策

由于国内市场对棉花的需求比较大,棉花被列为战略资源加以保护。入世以后,针对棉花进口中国采用了关税配额措施进行调控。在中国实施关税配额管理的农产品中,棉花是进口配额被突破的唯一产品,从 2005 年 5 月开始中国对其配额外的进口实施滑准税政策。滑准税政策的目标是,调节棉花的进口价格,使其不论高低,税后价格保持在一个预定的价格标准,减少国际市场价格波动的影响,以稳定国内的棉花市场价格。滑准税政策的税率范围为 5%—40%,对于不同的进口价格,税率分为 3 段,即以基准完税价格和 40% 税率点分割的高价区段、滑准区段和低价区段。高价区段和低价区段税率基本固定,滑准区段的调节原理在于税率与棉花进口价格反向变化,低进口价格对应高税率,减轻低价进口对国内棉花生产的冲击,当进口价格较高时则对进口征收低关税,降低用棉企业的成本,以此满足国内市场的棉花需求。

2.棉花补贴政策

由于 2010 年前后中国棉花价格出现了剧烈波动,这种棉花价格的大起大落,促使国家决定从 2011 年到 2013 年连续 3 年实行棉花临时收储制度。棉花临时收储制度对稳定棉花生产及市场价格、保护种棉农民的经济利益、保证市场供应等发挥了重要作用。但在具体实施过程中由于收储价格高于市场价格,且敞开收储,使得绝大多数的新棉都进入了国家储备库,市场无法正常发挥对棉花供需的价格调节作用和资源配置作用,造成国内棉花价格显著高于国际市场价格。2014 年棉花临时收储政策退出历史舞台,棉花价格逐步回归市场。

从 2014 年开始,对新疆地区实行棉花目标价格补贴政策,到现在为止已经持续实施了 5 年。2017 年 3 月,国家发改委发布《关于深化棉花目标价格改革的通知》,提出 2017 年起在新疆深化棉花目标价格改革,推进农业供给侧结构性改革,协同发挥政府和市场"两只手"的作用,打造新疆优质棉花生产基地,稳定棉农种棉积极性,提升国内棉花产业竞争力,促进棉纺织产业持续健康发展。继续坚持生产成本加收益的定价原则,棉花目标价格水平三年一定,确定 2017—2019 年新疆棉花目标价格水平为每吨 18600 元。对新疆享受目标价格补贴的棉花数量进行上限管理,超出上限的不予补贴。补贴数量上限为基期(2012—2014 年)全国棉花平均产量的 85%。基于国家统计局的数据,享受目标价格补贴的棉花数量每年为 547 万吨。对新疆棉花的目标价格补贴实施三年以来,确保了新疆棉农获得基本的收入水平,增强了新疆地区棉农的信心。

3.棉花去库存政策

从 2011 年到 2013 年中国棉花的收储总量达到 1643 万吨,2014 年储备棉轮出政策出台,我国棉花去库存政策正式开始。在棉花种植面积下降、产量下滑,进口棉配额不增发的情况下,中国棉花去存库政策的实施效果显著,2019/2020 年的棉花期末库存降到 803 万吨,库存消费比为 0.89,预计到 2020/2021 年度棉花期末库存降到 784 万吨左右,库存消费比下降到 0.81。2018 年 3 月 12 日开始,政府开始进行新一轮储备棉轮出销售,截止时间为 8 月底,每日挂牌销售数量为 3 万吨。2019 年 5 月 5 日开始,中央储备棉轮出正式启动,与以往不同,今年将对部分中央储备棉进行轮换,实行均衡投放,总量100万吨左右,从5月5日至9月30日,每个法定工作日投放1万吨左右,不再保证过去几年每日3万吨的供应量。2019年12月2日至2020年3月31日,累计轮入储备棉37.2万吨,成交率47.3%,储备棉销售价格以国内市场现货价格指数与国际市场棉花现货价格指数的平均值为基础,每周进行调整。轮出的储备棉由中国纤维检验局组织对质量和重量进行全面公证检验。经过近几年大规模的去库存,未来储备棉不再是保障国内市场棉花供应缺口的主要方式。

4.玉米支持政策调整对棉花生产的影响

自2008年国家在三省一区实行玉米临时收储政策以来,临储玉米价格逐年升高,在2014年超过了2220元/吨。2016年以来政府降低了对玉米的支持力度,取消对东北三省和内蒙古自治区玉米的临时收储政策,调整为"市场化收购"加"补贴"的新机制。临时收储政策取消后,玉米的市场收购价大幅度下降,截至2020年9月,全国玉米均价2334元/吨。2019年中国玉米播种面积为4128万公顷,比上一年减少2.01%,预计2019年的种植面积将会减少49.5万公顷。在北方地区,玉米种植减少以后,农民可能会更多地种植棉花。除此之外,中国经济保持了稳定的增长预期,棉纱进口降低,棉花消费在2019/2020年度达到719万吨,预计2020/2021年度将增长到817万吨左右。

第六部分 中国棉花产业政策发展历程[①]

棉花是中国农村的重要经济作物,也是仅次于粮食的第二大农作物,因此棉花在国民经济中占有重要的地位。它不仅是中国亿万棉农的重要经济来源和国家重要出口创汇源,还关系到1000余万纺织及相关行业从业人员的就业问题及棉纺织服装工业的发展,更关系到国民经济的稳定。因此,了解中国棉花产业发展历程,对促进今后中国棉花产业的发展有重大意义。中国棉花产业的发展主要经历了以下四个阶段。

第一阶段,1978—1991年,中国对棉花采取的是统购统销政策。但从1954年到1978年中国对棉花采取的是全额收购政策,1978年以后开始实行统购统销政策,在这期间棉花政策发生了一系列演变,包括1978—1980年国家出台了一系列政策鼓励棉花生产及三次棉花收购提价,提高了棉花的产量,直至1982年中国基本实现了棉花的供求平衡。由于政策的鼓励,紧接着中国的棉花就出现相对过剩的情形,在库存积压及财政紧张的压力下,1985年中央发布一号文件明确指出,对棉花取消统购,采取合同订购。1991年7月22日《国务院办公厅转发国务院生产办公室等部门关于整顿棉花质量、价格和严格执行国家调拨计划意见的通知》中曾明确指出,棉花收购和供应价格的管理权限在国务院。至此中国棉花的统购统销政策正式结束。

第二阶段,1992—2010年,中国棉花的价格由市场来决定,称为市场价格政策。此阶段的棉价长期在1.2万元—1.6万元/吨之间波动,但1992—1998年棉花处于计划经济与市场经济的一个过渡期,中国棉花开始施行市场价格的试点阶段。根据1992年《国务院批转国家体改委关于改革棉花流通体制意见的通知》,中国在江苏、河南、山东三省展开流通体制改革先行试点,在此基础上向全国逐步推进,在实施步骤上采取"先行试点、逐步推进"的方法,争取在两三年内基本完成。1993年拟增加开放试点省,1994年根据试点情况和产需形势,能一次放开就一次放开,不能一次放开就再选择若干省扩大试点。1995年基本建立起棉花流通新体制。1998年11月28日《国务院关于深化棉花流通体制改革的决定》的出台,被视为中国第一部关于针对棉花流通体制改革的政府文件。《国务院关于深化棉花流通体制改革的决定》明确提出要逐步建立起在国家宏观调控下,主要依靠市场机制实现棉花资源合理配置的新体制。此次流通体制改革从1999年正式开始,至此中国实行了棉花市场价格的试点工作,2001年中国基本上实现了棉花购销价格放开并基本由市场形成。

第三阶段,由于在2010年,中国的棉花市场出现前所未有的危机:棉花的价格大起大落,在年初棉价疯涨,之后棉价突然开始持续下跌,5个月跌幅高达39%。在这样的形势下,国家出台了临时收储政策,通过保护棉农利益来保障供给、稳定市场。在临时收储阶段,2011年的

---

① 执笔人:唐敏、王芹、姚延久、李向天;审稿人:卢辞。

棉价为1.98万元/吨,在2012—2013年棉价为2.04万元/吨[1]。

第四阶段,由于国家临时收储政策虽然保障了供给、稳定了市场,但给棉农、棉企及国家都带来了沉重的资金压力。因此,直到2014年开始,我国开始试行棉花目标价格政策。中国棉花目标价格政策试点在新疆进行,此阶段的棉价为1.98元/吨。至2014年11月目标价格政策延至山东、湖北、湖南、河北、江苏、安徽、河南、江西和甘肃等9个省份[2]。图6-1是反映中国棉花产业政策演变的简图。

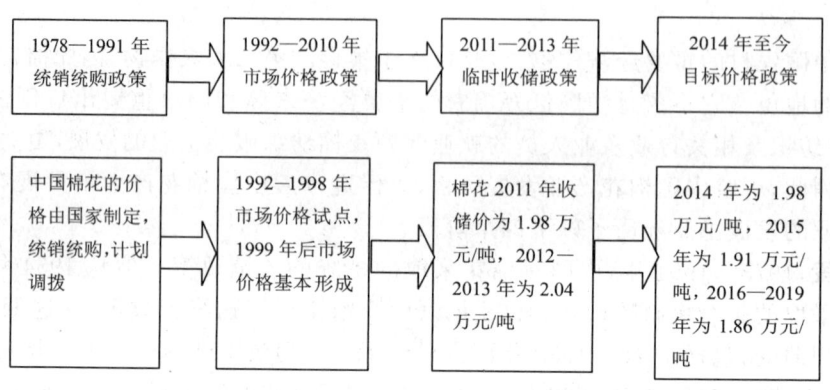

图6-1 中国棉花政策历史回顾
(资料来源:根据中国棉花信息网资料梳理)

一、统销统购政策(1978—1991年)

在这一阶段中国的棉花产量随着国家政策而变动,具体的经历了四个阶段。

第一阶段:鼓励棉花增产时期(1978—1982年),在此期间中国相继出台了一系列鼓励棉花生产的政策,包括三次提价策略,不仅如此,棉花的生产还被列入中央一号文件。

第二阶段:控制棉花增产时期(1983—1984年),在中国棉花供需基本平衡的情况下,国家陆续出台了几项控制棉花增产的政策,但由于各地区棉花播种面积的大幅度增加,国家尽管实施多项措施却仍未控制住棉花的增产势头,至此棉花陷入"供过于求"的困境。

第三阶段:限制棉花生产时期(1985—1986年),这一时期国家开始采用合同订购取代统购的措施,实行多渠道流通,并且取消了棉花收购奖售粮和扩大棉田补助粮,从而减少了棉花的播种面积和产量。但棉花仍然是"供大于求",最后国家只能进一步改变北方棉区的加价比例。

第四阶段:棉花生产恢复时期(1987年以来)。经过前三个阶段的整合,1986年末棉花库存量消化到合理水平。这时国家恢复北方棉区的加价比例、明确奖售化肥标准、实行不完全开放棉花市场。1989年国家又对棉花价格进行了调整,但由于棉粮比价关系没有改善,导致棉农积极性降低,供需矛盾进一步恶化,至此国家不得不再次提高棉花收购价格,并在1990年认可了地方性优惠措施。

---

[1] http://www.chyxx.com/industry/201403/232584.html.
[2] http://jiaju.sina.com.cn/news/jiafang/20140901/377644.shtml.

二、棉花市场价格政策(1992—2010年)

(一)市场价格政策下棉花产业发展

根据《国务院批转国家体改委关于改革棉花流通体制意见的通知》(国发〔1992〕55号),我国在江苏、河南、山东三省展开流通体制改革试点,目的在于构建"放开经营,放开市场,放开价格,建立起市场调节为主,国家宏观调控为辅"的新体制。

直至1998年11月,国家颁布《关于棉花流通体制改革的决定》,积极推行在国家宏观调控指导下依靠市场力量实现棉花资源有效配置的新体制。棉花按照市场形成价格的原则,由购销双方协商确定,国家不再作统一规定,棉花市场价格体制才正式形成。

2001年国务院27号文件,进一步明确棉花市场化改革的步骤,即"一放、二分、三加强,走产业化发展的道路"。2002年作为进一步深化棉花流通体制改革、完善棉花宏观调控体系的重要举措,组建国有企业——中国储备棉管理总公司(简称中储棉)。国务院明确了中储棉的公司属性,公司受国务院委托,具体负责国家储备棉的经营管理,在国家宏观调控和监督管理下,中储棉依法开展业务活动,实行自主经营、统一核算、自负盈亏。

2002年中国正式加入世界贸易组织(WTO),国内棉花产业也开始遵循世界贸易组织基本原则,在世界贸易组织的框架协议下活动,进入全球棉业一体化的国际大循环中。

首先,将原来国家进出口经营代理单位制定代理全国棉花进出口业务,改变为实行配额管理,具备条件的纺织企业、棉花经营企业、外贸企业等各类企业参与棉花进出口经营。棉花低关税内配额由国家发展与改革委员会统一管理。

其次,进出口实行关税配额制度,配额内进口实行低关税,为1%;配额量逐步扩大,由入世当年的81.85万吨,扩大到2004年的89.4万吨,并一直延续至今;限制国营贸易,每年棉花进口配额中为国营贸易的比重占33%,非国营贸易占67%。

最后,建立滑准税制度,自2005年5月1日对超配额进口棉花实行了滑准税制度,即根据不同的价格,征收5%—40%的关税。

(二)棉花产业发展在市场机制下取得的成就

中国的棉花产业在21世纪全球化的背景下,取得了很大成绩,从1999年到2010年中国的棉花产业经历了十几年的发展,确立了棉花发展的基本机制。其成果如下:

第一,21世纪初,中国棉花产业结束了长期的统购统销流通体制,对棉花流通体制实施了一系列的突破性改革,提出了打破以往的垄断经营,放开棉花收购。实行全国供销社系统与棉花流通企业分开、棉花储备与经营分开。实行棉花价格由市场的供求决定,不再由国家制定,政府负责宏观调控、加强棉花市场管理和棉花质量监督。

第二,棉花经营一改以往供销社棉麻公司专营的局面,国家鼓励多主体共同参与,并规定除原有供销社及其棉花企业、农业部门所属的良种棉加工厂和国营农场外,"凡具备条件的国内各类企业,均可申请从事棉花收购、加工业务","取得棉花收购、加工资格的企业可跨地区设立法人、非法人企业,在收购所在地区的资格认定并办理工商登记后,可从事棉花收购加工活动",另外经过国家资格审批认定的棉纺企业也可以直接收购棉花。

第三,建立起棉花交易期货市场,使棉花交易不再只有现货交易。中国在1999年建立了全国棉花交易市场,2004年在棉花主产区郑州建立了棉花期货交易市场。棉花的价格由全国现货期货交易市场在交易的同时确定。

第四,金融主体的多元化。中国的棉花收购资金原来只由中国农业发展银行承担,随着棉花交易主体的多元化,参与市场经营资金也呈现多种成分。除原有的中国农业发展银行的政策贷款以外,商业资本、民间资本注入市场,并随着市场化程度的提高注入的资金量也在加大。随着棉花市场化改革的深入,国家通过农发行政策性贷款,国家专项储备和进出口贸易等调控手段,对国内棉花市场进行宏观调控。

第五,棉产量、棉纺织生产能力和水平迅速提升。一是2010年中国纺纱能力达到1.2亿锭,当年消费棉花1000多万吨;二是棉花生产波动增长,2000—2009年,国内年均棉花产量597万吨,比上个10年年均增33.9%,其中2006—2008年连续3年超过700万吨,连创历史新高;三是在国内消费迅速增长的同时,棉花进口净进口量迅速加大,2001—2009年,净进口棉花约1490万吨,净进口额约210亿美元。2012年棉花进口量达到近十年最高点,2012—2016年进口量接连下降。2016年后进口量小幅上升。2010—2019年净进口棉花约2400万吨。2010—2019年,近年来中国棉花产量、消费量及进口量变化如图6-2所示。

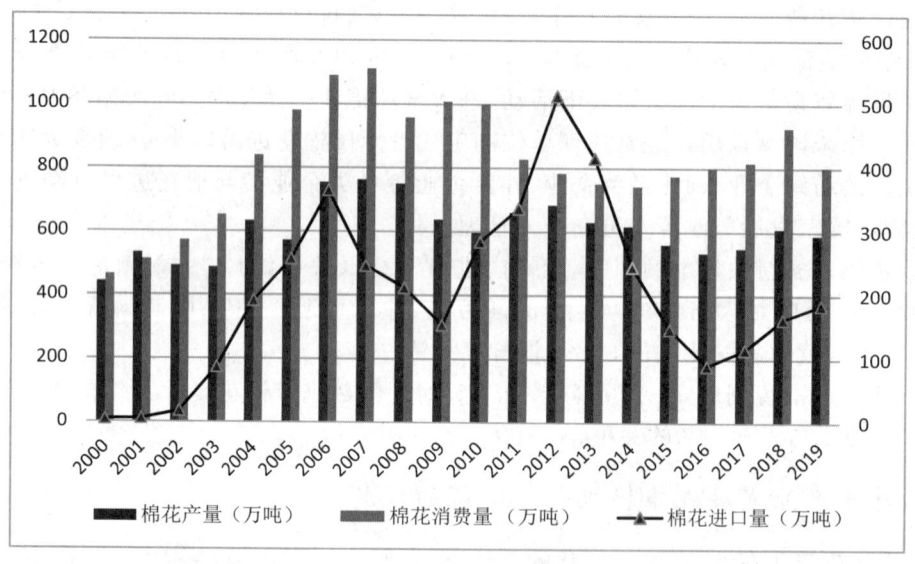

图6-2 中国棉花产量、消费量、进口量变化趋势
(数据来源:国家棉花数据中心)

(三)这一时期棉花产业发展中存在的问题

随着棉花市场化改革深入,特别是入世以后全球经济一体化进程加快,中国棉花产业发展中存在的问题也进一步突出。

一是棉花消费量持续增长,生产波动发展,国内棉花供给远远不能满足消费需求,产需缺口逐年扩大,国内棉花产业发展不平衡。

二是国内外棉价联动性增强,外国的低关税和低价位棉花的大量涌入,使得国内棉花价格下跌和波动,一方面影响国内棉花产业的发展,另一方面影响国内棉农的收入。

三是国家棉花政策明显滞后于产业发展。国家棉花产业发展定位和目标认识模糊,产业发展的前瞻性、系统性和长效性机制缺失,国家棉花生产支持不足,棉农直接受益政策偏少。

四是棉花数据信息混乱,严重干扰了国家宏观调控决策的科学性。

五是中国棉花的国际竞争力不强,作为世界最大棉花生产、消费和进口国,与中国棉花主要进口来源国美国、印度等比较,中国棉花的竞争力不强。中国是棉花产业大国,但不是棉花产业强国。

棉花价格的剧烈波动使得国家不得不采取相关政策稳定棉花的价格,因此伴随而出现的就是国家的临时收储政策。

三、国家临时收储政策(2011—2013年)

(一)中国棉花临时收储政策

中国棉花的收储政策最先于2004年开始,当时中储棉公司亏损事件后,面对棉花价格的持续下跌,国家于2004年8—10月实施棉花收储措施共收购国产棉11万吨。此时,棉花市场价格在国家收储的干预下有所回升,但随后又继续下滑并创出新低。经过20来天的短暂停顿后,从2004年11月—2005年5月,国家继续收储国产棉32万吨。至此,棉花价格基本稳定在12000元/吨左右。

在2006年上半年收储外棉30万吨,2006年底至2007年1月定向收储新疆棉30万吨。

进入2008年,在全球金融危机的冲击下,棉花消费萎缩、价格下降。随后国家相继实施4次收储,共收储棉花285万吨,收储价格为12600元/吨,分别是8月收购8万吨新疆棉,10月收购22万吨新疆棉,11月收购100万吨国产棉,12月收购155万吨国产棉。其后,棉花价格持续上涨,国家在2009—2010年两个棉花年度没有再收储棉花。而库存棉花分3次先后抛出,共364万吨,即2009年5—10月抛出213万吨,价格在13000元/吨左右;2009年11—12月抛出50万吨,价格在15000元/吨左右;2010年抛出100万吨,价格在21000元/吨左右。3次抛出后棉花价格随着国际价格的上升加速上涨。此时国家库存棉花已抛空,已不能对市场形成有效控制,随后市场疯狂状态仍然持续了约6个月。到2011年4月,疯狂上涨之后是疯狂下跌,在1个月内,国内棉花价格从32000元/吨跌到20000元/吨以下,参与市场炒作者损失惨重。这也催生了棉花临时收储制度的出台,而正是因为临时收储的及时推出才避免了价格更大幅度的下跌。

2011年3月底,国家发展改革委、财政部、农业部、工业和信息化部、铁道部、国家质检总局、供销合作总社、中国农业发展银行八部门联合发布了《2011年度棉花临时收储预案》。决定2011年度的棉花临时收储预案执行时间为2011年9月1日—2013年3月31日。在这期间,若棉花市场价格连续5个工作日低于棉花临时收储价,中储棉总公司将发布临时收储公告,正式启动收储预案。预案制定临时收储价格为19800元/吨,为标准级皮棉到库价格,其中交储企业收购籽棉折算皮棉价格18800元/吨。执行本预案的棉花主产区为山东、山西、湖南、湖北、陕西、河北、河南、天津、江苏、安徽、江西、甘肃和新疆13省(区、市),这13个棉花生产区的棉花产量占全国棉花产量的98%以上。

2012年度棉花临时收储价格是20400元/吨,比2011年提高600元/吨。执行本预案的棉花主产区包括山东、山西、湖南、湖北、陕西、河北、河南、天津、江苏、安徽、江西、甘肃和新疆

13省(区、市)。

2013年国家继续敞开收储,临时收储价格不变,标准级皮棉临时收储价格与2012年度一致,为20400元/吨。而执行预案的地区仍为天津、河北、山西、江苏、安徽、江西、山东、河南、湖北、湖南、陕西、甘肃、新疆13省(区、市)。

(二)中国棉花临时收储实施的起因

1998年,国家颁布了《国务院关于深化棉花流通体制改革的决定》,标志着中国开始建立国家宏观调控指导下主要依靠市场力量配置棉花资源的新体制。在此体制下,棉花的收购和销售价格开始由市场决定,政府根据市场供求给出棉花收购指导价格。进入市场后由于供求严重失衡导致棉花的价格波动异常激烈,特别是2010年下半年到2011年上半年期间棉花价格的"过山车",对棉花产业和纺织服装产业影响很大。2010年1月—2011年3月,国内棉花价格一路攀升,最大涨幅78.9%。棉花价格从2010年3月的15000元/吨上涨到9月18000元/吨,再从9月的18000万元/吨上涨到年底30000万元/吨,上涨幅度66.7%。12月棉价有所回落,但2011年1—3月又经历了两次上涨,价格一路飙升到33000万元/吨。2010—2011年中国棉花价格波动情况如图6-3所示,从图6-3可看出在2010年下半年到2011年上半年我国棉花价格波动剧烈。2010—2013年中国棉花价格[①]情况如表6-1所示。

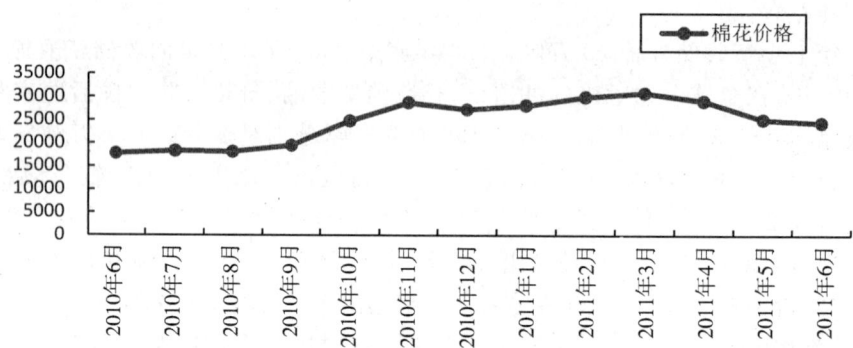

图6-3　2010年6月—2011年6月各月份棉花价格变化趋势(单位:元/吨)
(数据来源:中国统计年鉴)

表6-1　2010—2013年各月份棉花价格[②]

单位:元/吨

年/月	棉花价	年/月	棉花价	年/月	棉花价	年/月	棉花价
2010/01	14993.75	2011/01	28126.52	2012/01	19260.25	2013/01	19274.68
2010/02	14936.29	2011/02	29949.13	2012/02	19546.95	2013/02	19288.93
2010/03	15610.17	2011/03	30818.61	2012/03	19607.70	2013/03	19319.38
2010/04	16201.10	2011/04	29094.20	2012/04	19454.28	2013/04	19319.79

---

① http://www.cncotton.com/jghq.
② http://www.chyxx.com/industry/201403/232584.html.

续　表

年/月	棉花价	年/月	棉花价	年/月	棉花价	年/月	棉花价
2010/05	16811.05	2011/05	25110.00	2012/05	19224.18	2013/05	19300.32
2010/06	17775.76	2011/06	24441.19	2012/06	18562.35	2013/06	19280.26
2010/07	18299.55	2011/07	22066.14	2012/07	18482.50	2013/07	19229.48
2010/08	18130.91	2011/08	19339.87	2012/08	18558.04	2013/08	19187.36
2010/09	19470.64	2011/09	19737.95	2012/09	18753.52	2013/09	19283.33
2010/10	24770.59	2011/10	19662.11	2012/10	18787.94	2013/10	19442.63
2010/11	28720.86	2011/11	19233.05	2012/11	18858.50	2013/11	19588.24
2010/12	27267.17	2011/12	19119.52	2012/12	19106.52	2013/12	19459.27

受近年来棉花价格的大起大落、劳动力成本上涨、人民币升值等诸多因素的影响，中国棉纺织业发展变得异常困难。另外，中国的棉花流通一直没有形成一个科学合理的体系和模式，棉花价格的高涨导致棉纺企业生产成本的急剧上涨，利润空间大幅压缩，出口企业不敢接大单、长单，一些中小棉纺织企业因库存少、资金不足，无法消化因原料涨价而增加的成本，被迫停产。为应对特殊时期的棉花价格波动和供需矛盾，稳定国内棉农、棉花经营企业和用棉企业的市场预期，切实保护棉农利益，促进棉花生产稳定发展，2011年3月，国家发展改革委、财政部、农业部等八部门首次联合出台了《2011年度棉花临时收储预案》。

（三）棉花收储政策对棉花市场的影响

1.内地植棉面积下降，新疆棉区面积增加，棉产量基本维持稳定

2011年度棉价低迷，棉农植棉积极性下降，次年全国棉花实播面积约为4688.13千公顷，降幅为9.6%。对几大主产棉区的产量调查结果如表6-2所示。

表6-2　2011—2012中国三大主产棉区产量面积变化

产量 （万吨）	年度	黄河流域	长江流域	西北棉区	面积 （千公顷）	黄河流域	长江流域	西北棉区
	2011	195.135	157.3	297.3696		1885.95	1386.47	1685.96
	2012	163.3668	149.51	358.8085		1610.14	1273.26	1769.03
	变幅	−16.28	−4.95	20.66		−14.62	−8.17	4.93

数据来源：中国统计年鉴。

从2011年到2012年中国的棉花种植主要向西北棉区转移，2012年与2011年相比，内地植棉面积明显下降，新疆植棉面积增多，棉花总产量基本维持稳定。

2.棉花及其制品进口大幅增加

因外棉具有较大的价格优势，近两年中国棉花进口量不断提高。海关总署统计数据显示，2013年10月中国进口棉花达到14.1万吨。2013年1—10月累计进口外棉336.6万吨。7—10月中国棉花进口量呈阶梯状下滑，而2012年、2013年3月均是棉花进口的高点。棉花进口的主要贸易方式是来料加工、一般贸易、进料加工、保税监管场所进出境货物和海关特殊监管区域物流货物五种方式，2014年10月各贸易方式分别占总进口量的0.8%、42.2%、26.3%、7.3%和23.4%，除了来料加工外，其他方式进口量均下降，保税监管场所进出境货物降幅最大，一般贸易所占份额依然最大，略超过四成。另外，由于国内外棉纱价格差距较大，棉

纱进口量持续扩大。据中国海关数据,2012年中国棉纱进口量为152.64万吨,同比增长69.0%。2013年1—9月中国累计进口棉纱线156.71万吨,其中8月进口量均突破20万吨。除港口保税及清关约11万吨外,全部进入贸易商、中间商和织布厂手中。而一些织布厂也认为,从成本上来看,进口印度、巴基斯坦、美国、越南及其东盟国家棉纱可以有效地规避棉花进口配额限制,而且近几年东南亚、东盟等国低支棉纱的品质已接近甚至超过中国中小纺纱企业,2014年以后进口高支棉纱、坯布甚至面料、服装将是中国下游企业的发展方向。

(四)临时收储政策的积极作用

临时收储制度的实施不仅稳定了市场预期,缓解了现货供应压力,而且在稳定棉花价格、确保棉花市场供应、促进下游产业发展和缓解纺织服装产业成本压力等方面也起到了积极的作用,主要表现在以下几个方面。

1.国内棉花价格趋稳,受国际棉花价格下跌影响不大

国内棉价在经历了2010—2011年度的"过山车"后,自临储政策出台后,3—8月棉价有所回落,从最高价格31000元/吨下降到8月中下旬19000万元/吨,下降幅度达38.7%。9月临储政策实施时,棉花价格小幅上涨到20000元/吨,较8月上涨幅度为5%,9月至11月棉花价格比较稳定,在19000—20000元/吨间波动,10月下旬后棉花价格略低于临储价格19800万元/吨,棉花收储进入高峰期。9月中上旬,国外棉花价格高于国内棉花价格,9月下旬后,国外棉花价格急剧下跌,而国内棉价受临储等宏观调控影响,价格比较稳定,内外棉价差出现倒挂。图6-4为国内棉花价格走势图,从图6-4可以看出自2011年实行棉花临时收储政策以来,棉价趋稳,受外界影响甚微。

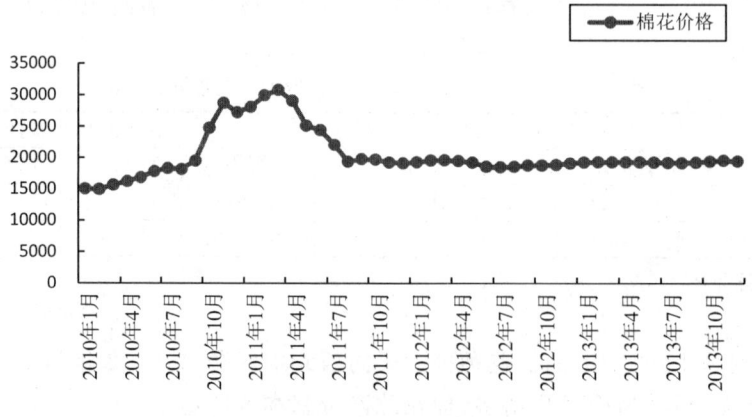

图6-4 2010—2013棉花价格变化趋势(单位:元/吨)
(数据来源:中储棉信息网①)

2.棉花进口量增加,市场供应充足

中国棉花进口量自2011年9月收储以来持续增长,当年9—11月,中国累计进口棉花88.32万吨,同比增加46.02万吨,增幅108.77%。由于内外棉价的差异和国内收储工作的不

---

① http://www.cncotton.com/jghq/.

断深入,中国棉花进口量大幅增加,棉花市场供应量充足。2011年9—12月中国棉花总进口量超过100万吨,国内棉花产量约730万吨,中国棉花总供应量得到有效保障。

3.缓解纺织服装产业的成本压力,保证其原料的供应

临时收储政策出台后,棉花价格趋于稳定,市场供应充足,纺织服装行业的原料成本较2011年上半年大幅下降,稳定了行业的信心,与2010年下半年棉价高涨,企业哄抢原料的情形形成鲜明对比。

(五)临时收储制度的负面影响

收储政策执行两年多来,取得了不错的成绩。2012年国内棉价下跌了20%,同期国际市场棉价下跌42%,起到了为棉花市场托底的"救火"之策的作用。但2010年度的收储,是在欧债危机、国内外棉价倒挂、棉纺织企业经营不景气的情况下进行的,由于错误估计了2012年棉价走势,造成政府2012年新棉收储报价远高于市场价,2012年新棉几乎全部进入国库。而棉花流通企业也没有了经营空间,无棉可市场流通。国家只有靠抛储缓解市场压力,满足纺织需求。整体来看,临时收储政策带来的不利影响主要有以下几方面。

1.国内放储棉价格高于国外,国内棉纺企业难承受

2012—2013年度国家储备棉花已经实现入库650多万吨。市场上基本上没有可流通的棉花。收储政策作用于棉花市场造成了如下现象:使棉花在现行政策的指引下倾向于交储备。2012年国家两次放储,放储棉均价高于国外棉价,尤其是第二次放储高出了5000元/吨,风险加大。尽管棉纺织企业在高棉价的氛围中通过改变原料结构,降低用棉比例,同时通过使用进口棉纱等降低工厂生产成本,但由于进口配额限制及人工、能源等其他成本的逐年上升,棉纺织企业很难消化远高于国际市场的棉花,造成大量棉纺企业亏损甚至停产。2013年,国内外棉价差过大的原因导致国内棉花使用量大幅下滑,直接造成棉花使用不足,大都入库的局面。棉花临时收储政策,是造成2012年棉纺织行业集体亏损的主要原因。

2.对棉农补贴不高,棉农利益受损,导致种植面积萎缩

国家大包大揽收储,对棉农不见得是好事。2010—2011年度棉花价格的大起大落和种棉利润的偏低,严重影响了棉农种棉的积极性。国家对种粮食和棉花的补贴差异很大,农民种粮食有良种补贴、种粮补贴、农资综合补贴,有些经济发达地区还有其他的扶持措施,每亩共计补贴近百元,而种棉仅有每亩15元的良种补贴。而随着生产资料价格的上涨,棉花种植成本大幅提高。每亩棉花的利润只有几百元甚至更低,导致农民种棉积极性受挫。棉花种植面积进一步萎缩。

四、棉花目标价格政策(2014年至今)

(一)目标价格政策

2014年中央一号文件提出,逐步建立农产品目标价格制度,在市场价格过高时补贴低收入消费者,在市场价格低于目标价格时按差价补贴生产者,切实保证农民收益。2014年,启动新疆棉花目标价格试点。

2014年9月17日,新疆维吾尔自治区人民政府召开新闻发布会,正式公布了《新疆棉花

目标价格改革试点工作实施方案》(以下简称《实施方案》),这一方案的出台标志着从2014年初国家决定对棉花市场进行改革,新疆地区试点棉花目标价格政策以来,迟迟未确定的、最为重要的、实际操作层面的"目标价格细则"终于成为白纸黑字的政策性文件对外公布。

棉花目标价格政策是指在棉花价格主要由市场形成的基础上,国家有关部门制定能够保障农民获得一定收益的目标价格,当采价期内平均市场价格低于目标价格时,国家对棉花生产者给予补贴;当市场价格高于目标价格时,不发放补贴,这就是现在实行目标价格制度跟以前的临时收储政策的重要区别。根据中央财政拨付补贴资金时间,按照核实确认的棉花实际种植面积和籽棉交售量相结合的补贴方式,目前,将年度可用补贴总额的10%用于向南疆四地州(阿克苏、喀什、克州、和田)基本农户(含村集体机动土地承包户)兑付面积部分补贴,90%用于兑付全区实际种植者交售量部分补贴。补贴对象为全区棉花实际种植者,主要包括基本农户(含村集体机动土地承包户)和地方国有农场、司法农场、部队农场、非农公司、种植大户等各种所有制形式的棉花生产者。目前棉花目标价格政策主要通过三个方面保护棉农的利益:一是保证棉农的基本收益;二是除了新疆试点的区域之外,还有长江、黄河流域主产区,国家也会适当地给予补贴,怎么补,补多少将由财政部发布;三是实行棉花目标价格的同时,以前对农民原有的农业补贴的政策,包括棉花良种补贴都不变。

中国棉花目标价格政策的试点是在新疆地区,2014年直补价格为19800元/吨,对于新疆的棉农来说,19800元/吨的价格虽然与此前20400元/吨的收储价相差600元/吨,但是直补的方式是直接面对棉农,比此前在收储轧花厂的获利要实在得多。

2014年11月5日,国内棉花补贴政策进一步扩大补贴范围,确定为山东、湖北、湖南、河北、江苏、安徽、河南、江西和甘肃9个省份,2014年度补贴标准为2000元/吨,以后年度的补贴标准以新疆补贴额的60%为依据,上限不超过2000元/吨。2015年10月,天津市决定对本地区植棉者实施156元/亩的棉花价格补贴,这是全国首例由地方财政承担棉花补贴资金,至此内地实施种植棉花补贴的省市增至10个。内地棉花实际补贴情况如表6-3所示。

表6-3 内地棉花实际补贴情况

产区	2016/2017补贴标准(元/亩)	2015/2016补贴标准(元/亩)	2014/2015补贴标准(元/亩)
山东	—	150	235
湖北	208	153	150—180
湖南		未明确	未明确
河北		201	164
江苏	206	206	206
安徽	130	上限134	128—140
河南	—	140	136
江西		未明确	215
甘肃	—	203	129—153
天津	—	156(市财政)	未实行

数据来源:上海国际棉花交易中心[①]。

---

① http://www.cottonsh.com/news!show.action?id=d67bc0b9654e46e398baa0a6596494e6.

目标价格的确定逐渐合理。2014年新疆棉花目标价格为19800元/吨,低于此价格则由政府补贴。2015年新疆棉花目标价格为19100元/吨,2016年为18600元/吨。根据2017年3月16日国家发展改革委和财政部公布的《关于深化棉花目标价格改革的通知》(发改价格〔2017〕516号)指出,在棉花目标价格改革试点取得的成效基础上,深化目标价格改革。首先要完善目标价格形成机制,继续坚持生产成本加收益的定价原则,棉花目标价格水平按照近三年生产成本加合理收益确定。其次要合理确定定价周期,棉花目标价格水平三年一定。最后要调整优化补贴方法,对新疆享受目标价格补贴的棉花数量进行上限管理,超出上限的不予补贴,补贴数量上限为基期(2012—2014年)全国棉花平均产量的85%。依据上述改革方向,国家发改委和财政部确定2017—2019年新疆棉花目标价格水平为每吨18600元。

2020年,自全球新冠肺炎疫情暴发以来,纺织服装下游需求骤减,全球棉花、纱布价格大幅下跌,棉花市场出现一定恐慌悲观情绪。3月25日,国家发改委、财政部公布《关于完善棉花目标价格政策的通知》(以下简称《通知》),宣布延续2017—2019年新疆棉花目标价格水平,维持每吨18600元三年不变。《通知》还首次提出建立定期评估机制,今后以三年为周期进行评估,根据结果视情况调整目标价格水平。

(二)实施棉花目标价格政策的原因

自2014年开始,中国将不再实行现行的收放储办法,改为对棉农进行直补。政府实施棉花临时收储政策的本意是保护棉农利益,但此举因违背市场规律,造成国内外棉价严重脱节,市场价格信号失灵,棉纺企业正常运营受到严重干扰;在实际操作中,棉农得到的保护有限,政府方面则遭受着储备棉库存及财政的巨大压力。据了解,从2011年棉花临时收储政策实施至今,国家已累计临时收储棉1000万吨左右,国内外棉价倒挂日益严重。以本轮棉花收放储为例,收储价为20400元/吨,抛储价为18000元/吨,即便如此,国内棉价与国际棉价相比,仍然每吨高出3000元左右。棉花收储造成的财政压力测算如表6-4所示。

表6-4 棉花收储政策所造成的财政压力测算

棉花收储政策所造成的财政压力测算	
棉花收储价格	20400元/吨
棉花抛储价格	18000元/吨
国家补贴	2400元/吨
棉花收储价格	20400元/吨
2014年已收储	580万吨
收储亏损	1392亿元
银行利息3.5%	49亿元
共计亏损	1441亿元

数据来源:产业信息网。

由于棉花收储政策违背了市场规律,给国家财政带来了负面影响,因此,此政策势必将被淘汰。党的十八届三中全会公报明确指出,要完善农产品价格形成机制,注重发挥市场形成价格作用。这对于解决棉花的市场配置问题是非常重要的政策指引,因此新的棉花目标价格政策应运而生。

(三)目标价格政策对棉花产业链的影响

国家对棉花政策的调整,由收储改为直补,一方面稳定棉花种植,另一方面提升棉纺织企业在国际市场的竞争力,长期来看将维护棉纺织产业链的平稳运营。目标价格政策的根源在于国内棉花种植成本过高(相对于美国、印度等),通过补贴农民,一方面从源头上稳定棉花种植面积,保证每年的棉花供给量;另一方面则降低棉花市场的流通价格,即降低棉纺织企业的棉花采购成本。

1.目标价格政策保障棉农基本收益

按照新疆地区2013年的棉花价格棉农的收益净利润仅在600元/亩左右,而在内地多为小农经营,没有规模效应,其净利润更远低于600元/亩,和其他产棉大国相比,中国棉农的生存状况堪忧,国内棉花种植产业的吸引力不高,而目标价格政策将棉农和市场区隔开来,确保了棉农的基本收益。

2.目标价格政策可收敛内外棉价差,中长期来看利好棉纺企业

短期来看,目标价格政策对棉纺企业将产生利空影响,这是因为棉纺企业囤积大量高价棉,产品价格波动幅度快于棉花价格波动幅度。中长期来看,目标价格政策可缓解内外棉价差倒挂现象,成本的下降必将帮助国内棉纺企业增强产品竞争力。

(四)棉花目标价格政策的积极影响

棉花直补措施在很大程度上弥补了以往收储政策的缺陷,真正起到挽救棉花产业链危局的效果,其作用主要表现在以下几个方面。

1.提高棉农种植积极性

对棉农的补贴由"暗补"变"明补",棉农收益有保障。政府对生产者的补贴方式由包含在价格中的"暗补"变为直接支付的"明补",让生产者得到确切的政府补贴,这有利于减少中间环节,提高补贴效率,这将大幅提高棉农种植的积极性。近几年棉价持续走低,棉农积极性显著受挫,导致内地植棉面积以每年10%的速度递减。如果不能出台直补措施,那么翌年植棉面积必将继续减少。直补措施出台无疑使棉农由原本的亏损转为盈利,进而扭转植棉面积持续下降的窘境。

2.提高棉农交售籽棉的积极性,降低棉企成本,提升市场竞争力

由于此前内地没有直补措施,在比较籽棉收购价格与种植成本投入之后,棉农发现出售籽棉并不能得到收益,因而棉农交售籽棉的积极性下降,持观望态度者居多。这使得内地棉企收购不到棉花。这样棉企会面对双重压力,一方面没有足量的籽棉,另一方面银行贷款还款期日益逼近。目标价格政策的出台,让棉农愿意抛售籽棉,这样既可以提升棉农交售籽棉的积极性,也可以缓解棉企原料匮乏之忧。随着市场交售量的增加,收购企业在市场中占有一定的主动权,有利于控制收购成本和活跃现货市场。

3.直补措施利好纺织企业

目标价格政策的实施意味着新年度棉花价格由市场供求形成,有助于稳定棉价,理顺整个棉纺产业链,引领棉纺产业复苏。从2011年开始,国家连续3年实施棉花临时收储政策,仅仅

保证了棉农、轧花厂和棉花贸易商这3个环节的利益,棉花价格长期居高不下;下游的纺织、服装环节在高棉价、成本上升、订单下滑的多重夹击下,连年低迷。棉花目标价格政策实施后,新年度棉花价格将由市场供求决定。上游棉农、轧花厂不再有国家临时收储"撑腰",为了销路,轧花厂会充分考虑纺织企业的需求,按需生产成为趋势。

（五）棉花目标价格政策的负面影响

1.棉花生产者补贴依据混乱,资金监管缺失

由于我国棉农生产量与市场销售量存在不一致的情况,如果按照生产量来补贴棉农,那么所有棉农具体的产量都需要经过核实,工作量巨大,若按照市场销售量来补贴棉农,那么种植面积很小的棉农大部分棉花都已经内部自消,无法掌握实际的销售量,给补贴发放造成很大困难。经过实施棉花目标价格试点地区的反应来看,一些棉农为了拿到专项补贴资金,不惜采用各种违法途径制作假票据,与资金负责人员私下协商,虚报补贴数量,骗取补贴资金。在资金管理方面,政府、企业和棉农作为三大主体,棉农是其中弱势群体,补贴环节最容易出现问题。部分企业伪造票据骗取国家补贴资金,一些政府机构工作人员缺乏责任意识,滥用职权,恶意挪用、克扣和私吞棉农的补贴资金。这些问题将严重阻碍棉花目标价格补贴落实,损害棉农的根本利益。

2.棉花加工企业经营风险加大

按照目标价格政策的导向,新疆棉农有国家的直接补贴,起码基本的收益保障是没有问题的,新疆纺企也有国家相关的政策扶持。可见棉花目标价格改革试点,在保障农民利益的前提下,能充分发挥市场在资源配置中的决定性作用,将价格形成交由市场来决定,以促进产业链上下游协调发展。一方面政府不干预市场的价格,企业按市场价格收购,有利于恢复国内产业的市场活力,提高国内农产品的市场竞争力;另一方面市场调节生产结构的作用将得到充分发挥,有利于使效率高、竞争力强的生产者脱颖而出,提高农业生产组织化、规模化程度,激励农业技术进步。后期棉价走势方面,根据目标价格政策的导向,价格主要由轧花厂和纺企博弈形成。但是对于轧花厂来讲,没有了收储的保障,而直补又使得棉价回归市场化,棉价由棉市的基本供需来决定,但是在目前中国棉花库存高,且棉花下游消费依旧平淡的大格局下,价格其实取决于下游纺企的订单情况。这对棉花加工企业来说意味着后期棉花收购销售的风险会明显加大。

3.棉花兑付补贴难度增加

与临时收储政策相比,目标价格政策中棉花兑付补贴难度较大。2014年是目标价格改革试点的第一年,有三大原因导致兑付棉农补贴难度加大:一是该年籽棉收购价格低、部分地区因灾减产,棉农惜售,以致棉农卖棉收入减少;二是棉花人工成本上涨,部分地区因灾复播致使每亩成本约增加200元、部分地区拾花费已逼近每公斤3元;三是个体售价与市场均价的差距导致棉农对新政策理解出现偏差。2015年是目标价格改革的第二年,但是棉花的种植成本依然居高不下。2015年新疆棉花亩均成本2119.55元,与上年相比增加8.33元,增幅为0.39%。其中,生产成本1747.84元,较上年增加27.94元,增幅1.62%;土地成本371.39元,与去年相比减少19.61元,降幅5.02%。2016年新疆棉花亩均成本2137.04元,其中生产成本1744.80元。加上皮棉销售进度较慢,轧花厂资金占用时间长、成本高,还有2016年开始实行国家储备棉轮换工

作。这些都加大了棉花兑付补贴难度。因此,要尽快兑付棉农补贴资金,对于地方政府而言,一是需在前期预拨补贴兑付工作基础上,重点核实好棉花交售量等数据,做好资金逐级尽快拨付准备工作,确保中央补贴资金到位后能以最快的速度精准兑付给植棉者;二是需处理好流转地补贴归属和二次支付售棉款问题,尽快完成种植证明调整等工作,确保补贴资金发放到实际种植者,新疆生产建设兵团要认真梳理二次支付售棉款情况,确保两次支付及时到位;三是在测算对各地的补贴额时,要综合考虑市场价格、生产成本和因灾受损等因素[①]。

---

① 卢凌霄,刘慧.推进棉花目标价格改革研究——基于新疆棉花目标价格改革试点进展情况的分析[J].价格理论与实践,2015(1).

第七部分 新疆棉花目标价格改革试点政策研究[①]

2014年国家在新疆地区进行棉花目标价格改革,该政策实施以来,取得了棉农基本收益得到保障、棉花市场机制已经形成、棉花得以质量改善、棉花生产布局结构调整效果显现、纺织企业竞争力提高等成效,带动了棉花生产、加工、流通、纺织全产业链发展。然而,目标价格改革仍存在棉花目标价格水平制定困难且边界不明确,补贴项目单一与保障机制不够丰富,监管及处罚力度不够,新疆棉花物流体系急需改进等问题。本文依据新疆试点取得的成效与问题,提出了完善棉花目标价格政策的一些实质性建议。

一、新疆棉花目标价格改革试点工作的实施背景

(一)棉花目标价格改革试点工作实施背景

中国是世界上的棉花生产大国,同时也是棉花进口和消费大国,棉花产业的健康发展关系到国计民生。随着经济社会环境的改变,保障棉农的利益与棉花产业的安全,中国棉花产业政策也在不断调整,目前国家在新疆地区实行的是棉花目标价格补贴政策。而在目标价格补贴政策实施之前,中国实行的是棉花临时收储制度,临时收储政策旨在保障棉农的棉花销售有出路,以保证棉农的基本收益。在实施临时收储政策后,中国棉花的价格不再由市场供求决定,而是直接由国家规定的收储价来决定。由于棉农生产的棉花基本上都由国家棉花储备库收购,因此,临时收储政策在稳定棉花市场价格、保障棉农收益的同时,使棉花销售的市场风险大大降低,棉花加工企业也能得到稳定收益。但是这种由收储政策决定的棉花价格远高于国外棉价,如2013年国内收储棉花价格为20400元/吨,进口棉花完税后的价格只有15580元/吨,国内外棉价倒挂现象严重。国内外棉价倒挂,一方面,让棉纺织企业不愿意收购国内棉花,而是尽可能地争取棉花进口配额,棉农生产的棉花没有其他的销售渠道,只能由国家收储,这样国储管理以及国家财政压力都急剧增加,以致呈现"国棉入库,洋棉入市"的局面;另一方面,国内棉花的高成本让纺织企业在国际市场上的竞争力大为减弱,棉花产业链下游的棉纺织企业受到了一定的冲击。所以,棉花临时收储政策已不再适合目前的棉花市场。为了解决收储难以为继、棉花品质下降、高库存与大量进口并存的局面,2014年9月国家实行棉花目标价格补贴政策,在新疆地区进行试点。所谓目标价格补贴政策,是指在市场形成农产品价格的基础上,释放价格信号来引导市场预期,通过差价补贴保护生产者利益的一项农业支持政策。

[①] 执笔人:唐敏、王芹、姚延久、李向天;审稿人:卢辞。

(二)新疆棉花生产情况

棉花具有喜光、耐旱、怕涝、再生能力强等特点,而新疆地区恰好具有满足棉花生长的自然资源优势。新疆地区位于亚欧大陆内部,远离海洋,湿润性季风难以到达,所以空气干燥、雨水较少,属于温带大陆性气候,热量资源丰富,适合棉花生长。新疆的光照资源丰富,日照时间长、强度大,全年日照都比较长,南北疆日照时间基本上都在2500—3100小时以上,这对棉花的生长提供绝对优势,丰富的热量资源有利于多类型优质棉生产。新疆棉区位于北纬36°—46°之间,属于中纬度地带,但由于海拔低,加之盆地增温影响,相当于中温带,热量充足,积温高,无霜期较长,是优良的植棉区域。此外,经过几十年建设,特别是围绕建设棉花基地开展了大规模农田水利建设,形成了新疆独有的绿洲灌溉农业和稳定的水资源供给体系便于机耕和灌溉,适宜棉花生长,有利于规模化生产和进一步提高棉花品质和单产水平。2018年新疆棉花种植面积为2491千公顷,与粮食种植面积播种面积相当,是新疆主要农作物之一[①]。2019年新疆棉花种植面积达到2541千公顷。近年来,新疆地区的植棉面积不断增加,棉花产量在全国棉产量中所占的比重也越来越高。棉花产业的快速发展也拉动了新疆农村经济的发展,目前新疆农村人口约为1200万,而从事棉花生产的农民就达700多万,农户现金收入的30%来自棉花,部分棉区农户收入的60%—70%来自棉花。图7-1反映的是2000—2019年新疆和全国棉花产量的变化情况,图7-2反映的是2000—2019年新疆和全国植棉面积的变化情况[②]。

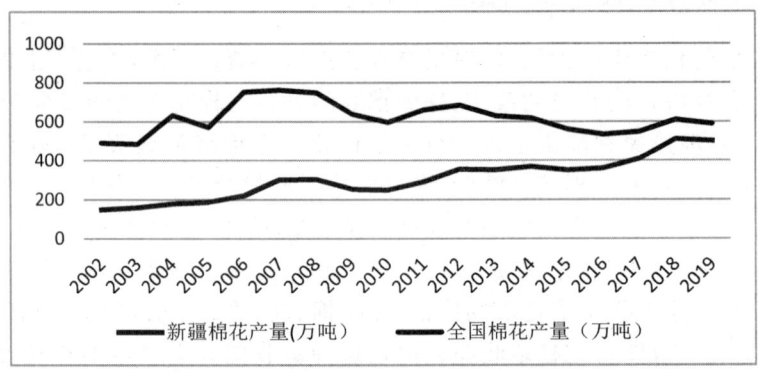

图7-1 全国与新疆棉花产量变化
(数据来源:国家统计局)

可以看出,2002年新疆棉花产量约占全国的30%,到2019年已升到84%,多达全国总产量的2/3以上,从2002年的147.7万吨到2019年的588.9万吨,增长了约4倍。新疆棉花的种植面积不断增加,从2002年的22.5%提高到2019年的76.1%,已占全国植棉面积的大半江山,新疆棉花种植面积从2002年的943.9千公顷增长到2019年的2540.5千公顷,增长了近2.5倍。所以新疆既是中国第一大棉产区,也是中国第一大植棉区,新疆棉花产业基地已成中国棉花产业的主战场。从图中还可以看出,2002—2019年全国棉花的产量和面积波动较大,且呈下降趋势,而新疆棉花的产量和面积波动较小,稳中有进。此外,新疆棉花采摘机械化水

---

① http://www.xinjiang.cn/2018/04/02/148537.html.
② http://www.stats.gov.cn/tjsj/zxfb/201712/t20171218_1564142.html.

平高、棉田单产量优于内地、棉花质量好,因此大力支持和发展新疆棉花产业有利于提高中国棉花种植集中度,有利于保持中国棉花产业的稳定。

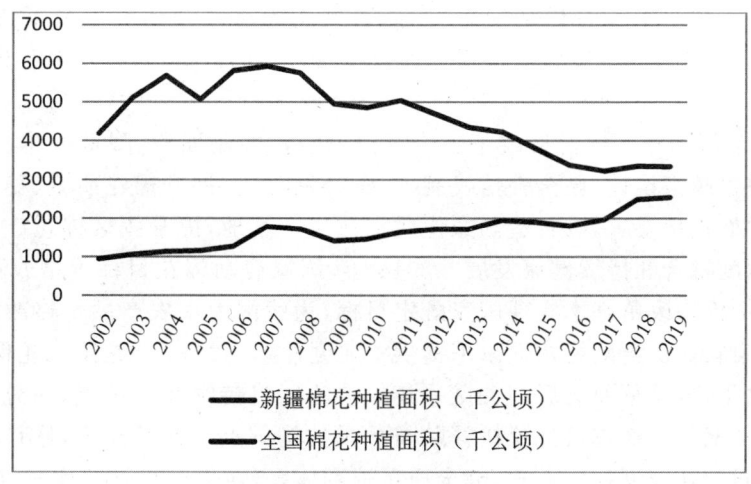

图 7-2　全国与新疆植棉面积变化
(数据来源:国家统计局)

二、新疆棉花目标价格改革试点工作的主要内容

(一)主要内容

2014 年 9 月 16 日,按照市场决定价格、保障植棉者基本收益、统筹兼顾和保持政策平稳过渡原则,国家发改委、财政部正式下发执行的《新疆棉花目标价格改革试点工作实施方案》,标志着棉花目标价格改革正式启动。

新疆棉花目标价格改革试点政策主要包含三方面:一是取消棉花收储政策。政府不干预市场价格,价格由市场决定,生产者按市场价格出售棉花。二是实行目标价格补贴。棉花种植前公布棉花目标价格,当市场价格低于目标价格时,国家根据目标价格与市场价格的差价对试点地区生产者给予补贴,补贴资金由中央财政全额承担;当市场价格高于目标价格时,不发放补贴。三是完善补贴方式。目标价格补贴额与种植面积、交售籽棉量、种植品种等挂钩[①]。

根据 2018 年《新疆棉花市场价格监测实施方案》,9 月 1 日价格采集工作正式启动。棉花目标价格改革补贴是国家实施的一项重要惠农政策,通过补贴激励效应,使广大农民得到实惠,调动棉花种植者发展棉花生产的积极性,促进棉花产业健康有序发展,同时极大减轻了国家的财政负担。2018 年新疆棉花目标价格出现以下新变化:一是新增棉花种植面积统计的录入为棉花目标价格补贴提供精准数据参考;二是建立加工企业诚信经营监管制度,彻查严惩"转圈棉"、虚开发票等套取补贴违法行为,打造良好市场环境;三是新推棉花质量与补贴挂钩试点,鼓励棉农通过分等采摘、分级堆垛等方式提升棉花质量,凸显棉花优质优价的产品特性,获得更好的收益;四是今年棉花补贴资金由地方财政采用"一卡通"的形式直接兑付给棉花种

---

① 籍孟合子. 2015 年新疆棉花目标价格补贴实施方案专题[J]. 中国棉麻产业经济研究,2016(1):15—19.

植者。2018年棉农交售籽棉应该注意以下问题：一是兵团棉农需交到有补贴资质的兵团轧花厂才能获得补贴，交花时要核对轧花厂名单；二是各地均有最高单产限定，在最高上限内的部分才能获得补贴。需用本人身份证交售籽棉，否则将无法统计到户主名下，影响补贴发放。2018年度籽棉能获得补贴的最后交售截止时间为2019年1月31日。此后交售的棉花不再纳入补贴统计范围。

《2019年自治区棉花目标价格改革工作要点》坚持"控制面积、降低成本、提质增效、保障能力"方向，从完善政策设计、健全补偿机制、探索补贴方式、提升棉花质量、稳定生产能力、优化产业布局等方面提出要求，以打造国家优质棉花生产基地，提升我区棉花产业竞争力，促进我区棉花产业深度融合和持续健康发展。2014年，国家启动棉花目标价格改革试点。经过5年实践，棉花目标价格改革基本实现国家既定目标，为我国大宗农产品价格改革积累了经验、探索了新路子，为农业供给侧结构性改革提供了典型样本。2019年是第二轮深化棉花目标价格改革的收官之年，也是承前启后的关键一年。自治区将持续开展试点，在总结评估2018年棉花"价格保险+期货"、棉花目标价格补贴与质量挂钩试点工作基础上，修订完善2019年试点方案，积极探索棉花新型补贴方式，健全质量追溯体系，强化棉花质量管控，规范加工企业皮棉包装，推行棉布外捆包扎方式，完善棉花质量追溯档案。新疆棉花目标价格改革试点工作实施方案主要变化对比见表7-1。

2020年7月17日，中国棉花网刊发的一则《新疆：第二轮补贴将下发棉农收益增加》的消息不仅让新疆地区植棉户乐开了花，也让内地棉农无比羡慕。报道中提到"2019年新疆两轮棉花补贴总额将达到1.91元/公斤，基本达到了棉农预期目标。据棉农反映，南疆四地州土地面积补贴或按188.48元/亩进行"。可以看出，新疆棉花目标价格的实施，使棉农实现了较为可观的收益。早在2019年12月2日，农业农村部、财政部、市场监管总局、中华全国供销合作总社四部委发布了《关于在内地九省开展棉花"专业仓储监管+在库公证检验"相关工作通知》。有市场人士解读，这预示着内地九省棉花监管体制发生了重大改变，同时也预示着内地九省棉花补贴政策或将向新疆棉花目标价格补贴政策看齐。

据内地棉农表示，在2019年棉花补贴政策上主要关注以下情况：一是补贴标准能否和新疆地区接近。2019年是内地棉花监管体制改革之年，也是内地复制新疆棉花监管体制的初始之年。因此，2019年内地棉花补贴标准能否参考新疆标准是广大棉农最为关心的问题，只有和新疆补贴标准接近了，内地棉农种棉有了合理的收益，棉农的植棉积极性才能有所提高。二是将籽棉交售到小厂的棉农是否有补贴。内地九省有些地区籽棉上市早，棉农在四部委通知还未发布之前就完成了籽棉交售。棉农卖给当地200型小型轧花厂的籽棉数量、个人信息等具体信息未通过400型轧花厂信息平台上报而无法获取当年棉花补贴。据了解，2019年一些省份的棉农将籽棉卖到200型小型轧花厂的不在少数，这些棉农担心2019年是否有棉花补贴。内地棉农希望按上报交售籽棉数量和实际种棉面积相结合的办法让所有棉农都能得到补贴。三是内地棉花补贴政策何时出台并执行。2019年内地九省中不少地区遭遇大旱，棉花减产严重，棉农歉收。2020年江西、安徽、湖北、江苏等省又遭遇洪涝灾害，棉花生长受阻，棉花生产面临考验。棉农期待内地棉花补贴政策早日出台，稳定植棉信心。

表 7-1　历年新疆棉花目标价格改革试点工作实施方案主要变化对比

年份	2019	2018	2017
补贴资金分配	棉花目标价格补贴资金清算结束后,启动质量补贴兑付工作。符合质量补贴条件的籽棉,所属籽棉交售者获得0.3元/公斤的质量补贴。	10%用于向南疆四地州基本农户兑付面积部分补贴,90%用于兑付全疆区实际种植者交售量部分补贴。	棉花目标价格补贴资金清算结束后,启动质量补贴兑付工作,对符合条件的籽棉按0.2元/公斤进行质量补贴。
交售信息统计	2020年1月31日24时为交售信息统计的截止时间,棉花实际种植者应在此之前将籽棉交售到棉花加工企业,此后交售的棉花不纳入统计范围。满足质量补贴条件的统计信息由试点区域棉花加工企业统计上报,经各级棉花目标价格改革工作领导小组审核后生成。	2018年度籽棉能获得补贴的最后交售截止时间为2019年1月31日。此后交售的棉花不再纳入补贴统计范围。满足质量补贴条件的统计信息由试点县(市)棉花加工企业统计上报、各级棉花目标价格改革工作领导小组审核后生成。	次年1月31日为交售信息统计的截止时间,植棉户应在此之前将籽棉交售到棉花加工企业,此后交售不纳入统计范围。满足质量补贴条件的统计信息由试点县(市)棉花加工企业统计上报、各级棉花目标价格改革工作领导小组审核后生成。
补贴资金的拨付、兑付	棉花目标价格改革补贴资金下拨至各植棉地(州)后,自治区层面启动质量补贴兑付工作。自治区财政厅根据自治区领导小组办公室反馈数据拟订质量补贴资金兑付方案,报自治区人民政府审定后,由自治区财政厅负责逐级拨付补贴资金。乡(镇)级财政部门和县级财政部门凭棉花实际种植者的交售票据、检验磅单,按照自治区财政厅要求,以"一卡通"或现金形式将质量补贴资金兑付至棉花实际种植者。	陆地棉交售量补贴0.918元/公斤,特种棉(长绒棉)交售量补贴1.194元/公斤,南疆四地州基本农户面积补贴86.268元/亩。补贴资金由地方财政采取"一卡(折)通"等形式直接兑付给棉花实际种植者。	由财政厅负责逐级拨付补贴资金,乡(镇)财政部门和县(市、区)财政部门凭基本农户和农业生产经营单位的籽棉交售票据、检验磅单,以"一卡通"或现金形式将质量补贴资金兑付至农户和农业生产经营单位。
棉花加工企业资格认定	只要符合自治区棉花加工企业基本技术条件,并通过验收和公示,就可以进行棉花加工。	只要符合自治区棉花加工企业基本技术条件,并通过验收和公示,就可以进行棉花加工。	只要符合自治区棉花加工企业基本技术条件,并通过验收和公示,就可以进行棉花加工。

续 表

年份	2019	2018	2017
棉加工企业资格认定的退出机制	经资格认定的棉花加工企业如出现以下情形,经自治区发展改革委、质监局(纤检局)、工商局和国税局核查属实,取消其棉花加工资格及相关资质。1.籽棉收购时,取得虚开普通发票或自行虚开收购发票;2.恶意修改棉花品质、重量等信息,套取补贴资金的;3.压级压价收购籽棉,且情节严重的;4.加工好的皮棉未按规定时间全部送到指定的棉花专业监管仓库(自用棉除外),未进行仪器化公证检验的;5.通过采购新疆以外的籽棉,以及购买区内外皮棉、进口棉,蓄意套取补贴资金的;6.直接参与或操纵"转圈棉"套取补贴资金的;7.收购棉花期间,未按要求在厂区门口等明显位置悬挂带有统一编号的棉花目标价格改革加工企业资格单位牌匾的;8.伪造、变造、冒用、转借、自行悬挂棉花目标价格改革加工企业资格单位牌匾的;9.使用擅自扩建增加的生产线(即"一证多线")从事棉花加工活动的。	经资格认定的棉花加工企业如出现以下情形,经自治区发展改革委、质监局(纤检局)、工商局和国税局核查属实,取消其棉花加工资格及相关资质。1.籽棉收购时,取得虚开普通发票或自行虚开收购发票;2.恶意修改棉花品质、重量等信息,套取补贴资金的;3.压级压价收购籽棉,且情节严重的;4.加工好的皮棉未按规定时间全部送到指定的棉花专业监管仓库(自用棉除外),未进行仪器化公证检验的;5.通过采购新疆以外的籽棉,以及购买区内外皮棉、进口棉,蓄意套取补贴资金的;6.直接参与或操纵"转圈棉"套取补贴资金的;7.收购棉花期间,未按要求在厂区门口等明显位置悬挂带有统一编号的棉花目标价格改革加工企业资格单位牌匾的;8.伪造、变造、冒用、转借、自行悬挂棉花目标价格改革加工企业资格单位牌匾的;9.使用擅自扩建增加的生产线(即"一证多线")从事棉花加工活动的。	制定下发《新疆维吾尔自治区关于取消棉花加工资格认定行政许可后加强棉花质量事中事后监管的意见》(以下简称《意见》)。《意见》要求,自治区全面取消棉花加工资格认定行政许可,此前颁发的《棉花加工资格认定证书》停止使用。
本地"转圈棉"控制办法	各级财政部门要严格按照本办法规定安排和使用补贴资金,切实加强补贴资金的管理,自觉接受审计、监察部门的审计、监察,并接受群众监督,防止和杜绝虚报冒领、截留挪用补贴资金等违法违规行为的发生。	各级财政部门要严格按照本办法规定安排和使用补贴资金,切实加强补贴资金的管理,自觉接受审计、监察部门的审计、监察,并接受群众监督,防止和杜绝虚报冒领、截留挪用补贴资金等违法违规行为的发生。	统计上报的质量补贴信息要由主要领导把关签字,凡弄虚作假的将严厉追究其领导责任。各级纪检监察机关和农业、统计、财政、审计部门要加强对棉花质量补贴资金的监管和违纪行为的监察,坚决杜绝截留、挤占、挪用、套取补贴资金现象。对违规套取质量补贴的,一律追回补贴资金并依法依纪追究相关人员和领导责任。

续 表

年份	2019	2018	2017
其他政策支持	自治区发展改革委等有关部门要进一步加强棉花目标价格改革的政策研究,论证引入价格保险等其他工具参与改革的可行性。	自治区发展改革委等有关部门要进一步加强棉花目标价格改革的政策研究,论证引入价格保险等其他工具参与改革的可行性。	自治区发展改革委等有关部门要进一步加强棉花目标价格改革的政策研究,论证引入价格保险等其他工具参与改革的可行性。
监督检查	认真做好政策宣传解释工作,严格履行补贴资金兑付程序,采取有效措施防止和制止有关单位或个人以"抵顶应交款、收费"等理由克扣棉农补贴资金,保障棉农基本权益。	财政部门做好补贴资金监督管理,补贴资金兑付时要严格审核把关,切实防止"虚开发票""虚报面积""转圈棉"等骗取补贴资金问题的发生;认真做好政策宣传解释工作,严格履行补贴资金兑付程序,采取有效措施防止和制止有关单位或个人以"抵顶应交款、收费"等理由克扣棉农补贴资金,保障棉农基本权益。	以诚信体系建设代替以前的资格审查,用信用分级评价体系对企业质量信用等级实施分类监管,建立"黑灰名单",列入"灰名单"棉花加工企业将会提出警告,对列入"黑名单"的棉花加工企业依规实施联合惩戒,并将企业信用与政府补贴、银行贷款、品牌创建等挂钩,加大对企业的示范引领和失信惩戒作用。

注:依据《新疆棉花目标价格改革试点工作实施方案》2014年版和2015年版整理而得。

(二)棉花目标价格改革试点的执行情况

经国务院批准,国家发展改革委根据棉农种植成本与收益、市场供求等因素,确定了2014年新疆棉花目标价格为19800元/吨,2015年新疆棉花目标价格为19100元/吨,2016年新疆棉花目标价格为18600元/吨。为深入推进农业供给侧结构性改革,进一步深化棉花目标价格改革,打造新疆优质棉花生产基地,2017年3月16日,国家发展改革委和财政部下发了《关于深化棉花目标价格改革的通知》(发改价格〔2017〕516号),指出要完善目标价格形成机制,继续坚持生产成本加收益的定价原则;合理确定定价周期,棉花目标价格水平三年一定;调整优化补贴方法,补贴数量上限为基期(2012—2014年)全国棉花平均产量的85%,从而确定了2017—2019年新疆棉花目标价格水平为每吨18600元[①]。

2014年度棉花目标价格改革补贴资金兑付标准为:种棉面积补贴267.63元/亩;陆地棉交售量补贴0.688元/公斤,特种棉交售量补贴0.893元/公斤。2015年度棉花目标价格改革补贴资金兑付标准为:陆地棉交售量补贴1.99元/公斤,特种棉交售量补贴2.58元/公斤;南疆四地州基本农户面积补贴141.75元/亩。2016年度新疆棉花目标价格改革补贴标准为:陆地棉交售量补贴0.85元/公斤,特种棉交售量补贴1.11元/公斤;南疆四地州基本农户面积补贴70.4元/亩。2017年度新疆棉花目标价格改革补贴标准为:陆地棉交售量补贴0.85元/公斤,

---

① http://www.gov.cn/xinwen/2017-03/17/content_5178371.htm.

南疆四地州面积补贴 70.4 元/亩。具体情况见表 7-2。

表 7-2 历年新疆棉花目标价格实际补贴情况比较

棉花年度	棉农籽棉交售价格（元/公斤）	补贴金额（元/公斤）	棉花目标价格（元/吨）	补贴方式	补贴标准
2014/2015	5.6—6.1	1.5	19800	60%按面积补贴，40%按交售量补贴。	面积补贴267.63元/亩；陆地棉交售量补贴0.688元/公斤，特种棉交售量补贴0.893元/公斤。
2015/2016	5.4	1.99	19100	10%用于兑付向南疆四地州面积补贴，90%用于兑付全区交售量补贴。	南疆四地州面积补贴141.75元/亩；陆地棉交售量补贴1.99元/公斤，特种棉交售量补贴2.58元/公斤。
2016/2017	7.1	0.85	18600	10%用于兑付向南疆四地州面积补贴，90%用于兑付全区交售量补贴。	南疆四地州面积补贴70.4元/亩；陆地棉交售量补贴0.85元/公斤，特种棉交售量补贴1.11元/公斤。
2017/2018	6.8—7.6	0.5	18600	设置补贴数量上限，为基期（2012—2014年）全国棉花平均产量的85%。	陆地棉交售量补贴0.85元/公斤，南疆四地州面积补贴70.4元/亩
2018/2019	6.8—7.3	0.5	18600	10%用于向南疆四地州基本农户兑付面积部分补贴，90%用于兑付全疆区实际种植者交售量部分补贴。补贴数量上限是（2012—2014年）全国棉花平均产量的85%。	陆地棉交售量补贴0.918元/公斤，特种棉（长绒棉）交售量补贴1.194元/公斤，南疆四地州基本农户面积补贴86.268元/亩

注：补贴金额为新疆细绒棉补贴金额，内容来源：上海国际棉花交易中心。

2018年新疆棉花目标价格改革资金分配和兑付的基本原则：一是资金分配依据为2019年1月31日24点前的籽棉交售量及南疆四地州基本农户棉花种植面积。二是2018年度棉花目标价格改革补贴资金兑付标准为：陆地棉交售量补贴0.918元/公斤，特种棉（长绒棉）交售量补贴1.194元/公斤，南疆四地州基本农户面积补贴86.268元/亩，各乡（镇）兑付补贴资金时，主要依据棉农提供的籽棉交售发票、"新疆棉花管理信息平台"2019年1月31日24点的籽棉交售量、棉花种植面积信息，以及土地承包证、租赁合同等其他证明材料。相关工作要求为：一是各乡（镇）根据"新疆棉花管理信息平台"截至2019年1月31日24点的籽棉交售量以及棉花种植面积信息，由乡（镇）结合棉农提供的籽棉交售发票等单据，以村为单位制作《补贴公示表》，进行不少于5个工作日的补贴公示；补贴公示无异议后，汇总形成《补贴汇总表》，于

5月25日前报县发改、农业农村、财政部门审核；审核无误的，由财政部门通过涉农补贴"一卡通"系统兑付补贴资金。向农业生产经营单位兑付补贴资金时，按照《新疆棉花目标价格改革补贴资金使用管理暂行办法》（新财建〔2015〕488号）有关规定执行。二是各乡镇财政所积极向乡（镇）政府、县财政部门汇报，县财政部门积极与县发改、农业等部门做好工作衔接和配合，对补贴资金调拨、信息生成传递、银行打卡等工作要有专人负责、全程跟踪，确保补贴资金及时兑付，并向政府分管领导和棉改办及时汇报补贴发放情况。2018年棉花目标价格改革补贴资金兑付截止日期为2019年6月1日。三是财政部门按照《新疆棉花目标价格改革试点补贴资金监督办法》，做好补贴资金监督管理。补贴资金兑付时要严格审核把关，切实防止"虚开发票""虚报面积""转圈棉"等骗取补贴资金问题的发生；认真做好政策宣传解释工作，严格履行补贴资金兑付程序，采取有效措施防止和制止有关单位或个人以"抵顶应交款、收费"等理由克扣棉农补贴资金，保障棉农基本权益。

2019年11月15日，新疆印发《2019年自治区棉花目标价格改革补贴与质量挂钩试点方案》（以下简称《试点方案》）（新发改规〔2019〕7号），自公布之日起执行。《试点方案》在继续沿用2018年总体框架基础上，对相关内容进行了微调。

一是将"玛纳斯县"调整为"昌吉国家农业高新技术园区"。根据昌吉州书面申请，考虑到该园区规模化种植程度较好，条件较适宜，为总结经验，调整了试点区域。

二是对"皮棉包装"提出了要求。由于塑料包装在搬运、储存过程中易破损被污染，且受天气影响易出现霉变和粉化现象，影响棉花质量，按照国家标准和行业标准相关要求，对皮棉包装提出了具体要求。

三是对"建立优质棉档案"提出了要求。针对按整体批次追溯达标籽棉难度较大和《优质棉交售信息明细表》填报质量不高等问题，为提高优质棉信息准确性，对《优质棉交售信息明细表》的填报和审批工作提出了具体要求。

四是对未采纳主要事项说明。根据自治区农业农村厅、市场监管局、供销社"将质量标准'双29'A级标准，扩大至'双29'A＋B级"的建议，经测算，需要发放质量补贴资金约1.38亿元，因涉及补贴金额较大，将会摊薄其他棉农补贴标准，因此未采纳。

三、新疆棉花目标价格补贴试点取得的成效

（一）棉农基本收益得到保障

按照《新疆棉花目标价格改革试点补贴资金使用管理暂行办法》，当棉花的市场价格低于目标价格时，由中央财政对新疆棉花种植者进行资金补贴，补贴资金实行"一次预拨、一次清算"，明确了补贴标准与依据。棉花目标价格政策的实施，使之前的"暗补"变为与市场联系更紧密的"明补"，让棉花生产者得到中央财政的补贴，与临时收储政策相比，减少了中间环节，提高了补贴效率，提升了棉农应对市场变化的能力[1]。

由于新疆大部分棉区天气、温度、降水适合，病虫害较少，棉农也加强了田间管理，增加了农家肥量，2018年度西北棉区的新疆棉花种植面积为249.1万公顷，我国最大产棉区新疆的棉

---

[1] 李宾.新疆棉花目标价格补贴试点成效及完善初步思路[J].中国棉麻产业经济研究,2015(2):27—28.

花种植面积比 2017 年增加 273.9 万公顷(410.8 万亩),增长 12.4%。新疆棉花产量 511.1 万吨,比上年增加 54.5 万吨,增长 11.9%。新疆棉花产量占全国的 83.8%,比上年提高 3 个百分点,新疆棉花产量全国第一的地位进一步夯实。国家棉花市场监测系统调查结果显示,新疆棉农租地费用平均 434 元/亩,同比上涨 24 元/亩。除租地费用外,内地手摘棉种植成本 791 元/亩,同比上涨 20 元/亩,新疆地方手摘棉种植成本 1869 元/亩,同比下降 10 元/亩,机采棉种植成本 1199 元/亩,同比上涨 9 元/亩,新疆兵团机采棉种植成本 1453 元/亩,同比上涨 3 元/亩。因此,新疆棉花生产成本依然偏高,收益少,没有目标价格补贴收入,棉农生产难以为继。

2019 年,新疆棉花播种面积 254.1 万公顷(3810.75 万亩),较 2018 年增长 2%,占全国种植面积的 76%。新疆棉花(皮棉)单产为 131 公斤/亩,继续高于全国单产平均值,高出 13.7 公斤/亩。据国家棉花市场监测系统对新疆棉花种植成本情况调查来看:新疆棉花租地费用平均 442 元/亩,同比上涨 8 元/亩,新疆机采棉种植成本 1214 元/亩,同比上涨 15 元/亩,新疆兵团机采棉种植成本 1460 元/亩,同比上涨 8 元/亩。

(二)以市场需求为导向的市场定价机制基本建立,市场价格回归常态

棉花目标价格补贴试点改革的目的是,在保障农民基本利益的前提下,充分发挥市场在资源配置中的决定性作用,棉价由市场供求双方共同决定。临时收储阶段,棉加工企业的棉花可以直接卖给国家,由国家承担市场风险,这不仅导致国内外棉花差价增大,纺织企业买不起国产棉花,而且导致棉加工企业与纺织企业脱节,不利于流通企业的市场接轨能力。目标价格政策实施以来,棉花市场由"政策市"转向"市场市",价格完全由市场形成,内外棉价差总体呈现下降趋势。之前,内外棉价差一度高达每吨五六千元,现在内外棉价差基本保持在每吨 1500 元左右。国家棉花价格 B 指数与国际棉花指数(M)差价已从 2014 年的 4744 元/吨缩小至 2018 年的 1355 元/吨,国家棉花价格 B 指数也由 2014 年度 17040 元/吨回归到 2018 年度 15682.06 元/吨[①]的市场水平,降低了国内纺织企业用棉成本,棉花市场价格形成机制已经显现。

(三)棉花全产业链加快发展

实施棉花目标价格改革后,从生产、加工、纺织到服装行业,一体化发展明显加快,集聚效应明显增强,全产业链战略布局加快形成。政府不干预市场价格,各涉棉主体直接面向市场,承担部分市场风险。总体来看,各涉棉主体的市场意识和风险意识得到了进一步提高,市场倒逼机制作用显现,国内棉花产业的国际市场竞争力得到了恢复和提升。

(四)面积调减有条不紊,改革转型降本增效[②]

目标价格补贴政策是特殊时期的一项过渡政策,对稳定棉花生产、引导国棉走出困境具有重要意义。目标价格补贴政策试点下,新疆地方及兵团引导棉农调整农作物种植结构,调减棉花播种面积,逐步引导棉花种植退出次宜棉区、风险棉区、低产棉区,稳步增加适宜棉区和优势

---

① http://dc.cncotton.com/dc/index/cn/subpage.action.
② 王彦发,马琼,康海燕.新疆棉花目标价格补贴试点成效及优化研究——基于深化供给侧结构性改革背景[J].价格月刊,2018(10):13—17.

棉区的棉花种植面积,发展壮大优势棉区棉花产业,以达到"优化布局、主攻单产、增加总产、降本增效"的目的。

(五)棉花质量得以改善

国家是实行临时收储政策期间,采取敞开收购,导致棉农只重视产量不重视品质,国储棉杂质高,长度短。实行目标价格改革后,棉农依据籽棉交售量和棉花种植面积得到补贴,如果棉农种的棉花质量好、衣分高,则棉花卖出的价格高于市场平均价,棉农卖棉花加上补贴的收入就会多一些。同时,目标价格改革中,实行"一线一证",即一条棉花加工生产线须具有一个《棉花加工资格认定证书》,这强化了棉加工企业加工资格认定,同时,棉加工企业需要自己寻找产业链下游企业并承担市场价格波动以及棉花销售的风险,因此棉加工企业不仅增强了自主决策能力,质量意识也明显增强。

目标价格政策的实施彻底改变了棉花供给和需求相互割裂、生产与市场相脱离的局面,市场竞争机制重新发挥了资源配置作用,产业上下游市场意识、质量意识不断增强,农民选择棉种更注重适销对路,轧花厂更注重细分等级。特别是随着我国纺织产业转型升级,倒逼棉花生产端更加注重棉花质量。

2018年新疆棉花产量再创新高,总产量511.1万吨,比2017年增长11.9%,总产量占全国的83.8%。新疆棉花产量全国第一的地位进一步夯实。同时,新疆兵团棉花质量也再创新高,2018年兵团棉花产量达204.65万吨,较2017年增长20.7%,创历史新高;2018年兵团棉花质量继续提升,近40%的团场棉花质量达到"双29",北疆大部分师团棉花整体质量水平达到或接近澳棉水平。新疆棉产量、质量双增,与国家在新疆地区的扶持政策和当地棉农的辛勤耕耘密不可分。新疆目标价格改革成效显著,深化改革"在路上",5年来,棉花生产预期收益基本稳定,棉农生产积极性得到提振。

2019年,新疆棉花产量继续保持全国最高,达500.2万吨,虽较2018年下降2.1%,但占全国总产量比重同比增加1.1个百分点,达84.9%。新疆棉花总产、单产、种植面积、商品调拨量连续25年位居全国第一。据兵团统计局数据统计,2019年兵团棉花种植面积87.98万公顷(1319.17万亩),增长3.0%;棉花总产212万吨,增长3.6%。棉花种植面积、产量"双增",创历史新高。国家统计局最新数据显示,2019年,新疆棉花播种面积3810.75万亩,较2018年增长2%,占全国种植面积的76%。新疆棉花(皮棉)单产为131公斤/亩,继续高于全国单产平均值,高出13.7公斤/亩。近年来,全程机械化在新疆棉田得到大范围推广应用。新疆维吾尔自治区农业农村厅数据显示,新疆北部九成以上棉田已实现全程机械化,南疆地区棉花采收机械化率也在逐年增长。2019年,全区棉花机采面积首次突破1150万亩,新疆作为全国优质棉生产基地的地位得到进一步巩固。2019年,新疆逐步调减棉花品种数量,在全区范围内推广"一主两辅"用种模式,主栽品种占棉花种植总面积73%以上,棉花品质一致性稳步提升。同时,南疆棉花主产区积极推广棉花滴灌水肥一体化机采种植模式,实现棉花生产节本增效。

(六)棉花生产布局结构向优势产区集中

在棉花目标价格补贴的导向和带动作用下,我国棉花生产以及加工布局发生较大变化,棉花生产向新疆优势产区聚集的趋势越来越明显,从2016年至2018年,新疆棉花总产量占全国比重连续三年超过70%,已经成为我国棉花生产的"桥头堡",棉花生产比较优势得到充分发挥。同时,新疆棉花种植结构得到调整,次宜棉区退出棉花生产,实现了种植结构向调好、调顺、调优转变。从目前发展趋势来看,新疆棉花种植面积和产量将继续保持稳中有增态势。2018年我国最大产棉区新疆的棉花种植面积比2017年增加273.9千公顷(410.8万亩),增长12.4%。国家对新疆地区实施棉花目标价格补贴政策,尤其是新疆建设兵团实行棉花价格"三定"、取消"五统一"等政策,调动了棉农的生产积极性,推动了新疆棉花增产。

从目前发展趋势来看,新疆棉花种植面积和产量将继续保持稳中有增态势。2019年我国最大产棉区新疆的棉花种植面积比2018年增加49.5千公顷(742.5千亩),同比增长2%。国家对新疆地区实施棉花目标价格补贴政策,尤其是新疆建设兵团实行棉花价格"三定"、取消"五统一"等政策,调动了棉农的生产积极性,推动了新疆棉花增产。

(七)纺织企业竞争力提高

棉花目标价格改革增强了生产、加工、流通、纺织全产业链活力,激活了市场,激活了涉棉主体。棉农由以往单纯追求高产、高衣分棉种改为种植适销对路棉种;轧花厂改变棉花混轧、混等、混级的做法,通过分级收购、分垛加工、组批销售等手段,使产品更符合纺织企业需求;纺织企业与轧花厂直接对接,根据市场订单选购价格、质量符合需求的棉花,整个产业链市场化程度大大提高。目标价格政策实施后,棉花价格回归市场,国内外棉花价格倒挂的现象逐步减弱,目前国内外棉价基本上能维持同步(国内外棉价差如表7-3所示),这样使得纺织企业的竞争力加强,呈现稳步向上的势头,企业运行质量总体平稳,效益稳定增长。新疆作为"一带一路"倡议的前沿地区,近年来在国家有关政策的促动下,纺织发展和投资热度不断升温,成为全国纺织增速最快的地区。

表7-3 不同政策下国内外棉花价格情况

单位:元/吨

	棉花临时收储政策			棉花目标价格政策					
	2011年	2012年	2013年	2014年	2015年	2016年	2017年	2018年	2019年
国棉A指数	20378	20023	20163	17787	13764	14070	16319	16143	14698
国棉B指数	19116	19010	19331	17040	13078	13660	15915	15683	14244
国际棉花指数(SM)	14658	13005	12771	12837	10734	11129	12926	14700	12150
国际棉花指数(M)	14222	12503	12296	12296	10271	10843	12744	14327	11683
国棉B与国际(M)差价	4894	6507	7035	4744	2807	2817	3171	1356	2561

数据来源:中国棉花网。

四、棉花目标价格改革试点中存在的主要问题以及今后努力的方向

新疆棉花目标价格改革试点工作经过几年的实施,质监部门通过不断总结、完善、优化监管棉公证检验程序,合理调配公检人员,加强时间、异常棉包管理,落实责任追究,公检工作效率不断提高;通过加大棉花质量监督力度,加强收购量、加工量、入库公检量数据核查,开展"转圈棉"专项整治,有力地保证了新疆棉花质量稳定,推进了棉花目标价格改革试点工作顺利实施。但是,在推进棉花目标价格改革试点工作中也发现一些需要完善的方面。

(一)棉花目标价格改革政策需稳定下来

从2014年到2016年棉花目标价格政策的实际执行情况看,由于不同主体和部门利益诉

求有差异,政策观点不一致,对产业发展也有不同认识,目标价格的制定越来越难,各方意见分歧越来越大,试点期间棉花目标价格水平一年一定,价格水平越来越成为各方博弈的结果,不仅决策成本高,也不利于保持棉花产业稳定发展。而且,国家层面未对棉花目标价格改革的制度设计、后续政策衔接等制订一套相对成熟的接续方案,各方面对后期目标价格政策的预期,存在一定的不确定性,这对于棉农能否长期稳定种植棉花心里没底。

(二)棉花目标价格改革边界需做界定

国家对目标价格水平的边界等制度设计层面的问题没有进行明确,一方面,棉花目标价格改革实践证明,应坚持"政府调控与市场导向相结合"原则,让机制平稳过渡,不能脱离市场原则,全部都由政府定价来进行宏观调控,也不能全部放手完全依靠市场来左右,两种极端做法都不利于大宗农产品价格机制的形成,政府调控与市场主体的目标一致,手段、方式和分工不同,从三年试点政策来看,还没有明确两者的目标边界。另一方面,改革中,价格形成机制由市场供需关系决定,推进全国农产品价格改革,需要深入思考大宗农产品的产业战略,应在保障核心区生产基地的基础上谨慎操作,由于国家没有明确目标价格水平的边界,持续下降的棉花目标价格水平,使得棉农植棉收益不断下降,种植积极性受到影响。

(三)利益保障机制需进一步丰富

目前的新疆棉花目标价格改革,补贴项目单一,且存在国际诉讼风险,对于棉农的利益保障机制有待进一步丰富。首先,还需要通过补贴棉花生产的基础功能和公益作用以保障棉花生产经营者利益。目前新疆的目标价格改革除了给予棉花生产者价格补贴、棉花良种补贴、农机购置补贴等生产投入补贴外,其他如安全储备补贴、农业保险等生产者救助补贴、环境保护补贴,以及提供贷款援助等还未涉及。按照WTO《农业协定》的农业补贴政策规定,可以考虑在不扭曲农产品市场的条件下,对农业进行包括提供农业公共服务、基础设施建设、生产者救助、农业资源保护等在内的多项补贴,发展中国家还在一定范围内享有农业投资补贴、农业物资投入补贴等免予削减承诺的补贴项目。

(四)世贸组织规则风险需有效规避

现行与当期产量直接挂钩的棉花目标价格补贴属于世贸组织规定的特定品种"黄箱"补贴。按照我国入世承诺,特定品种"黄箱"补贴额不得超过该品种当年总产值的8.5%。由于此前临时收储政策导致棉花市场价格过度偏离供求基本面,取消临时收储后棉花市场价格大幅下降,导致补贴金额过高,可能超过我国入世承诺水平,从而引发其他成员国质疑,甚至发展为贸易争端,世贸组织规则风险需合理规避。

(五)违法违规行为处置机制需继续完善

棉花目标价格改革信息平台的预警功能切实有效发挥了应有的效果,及时发现植棉者和企业的违规、违法行为,但对于虚开发票套取补贴和"转圈棉"等违法违规行为,公安、国税、质检等执法部门之间尚未建立有效的联动机制和信息共享机制,对个人和企业违法、违规行为的处置机制上存在着一些有待解决的问题:一是处罚机制有待完善。一方面是棉花目标价格改革的执行部门处罚依据不足,另一方面是有处罚权限的质检部门涉及范围有限,不能针对"转圈棉"问题直接处罚;二是相关部门的联动机制还需进一步加强。对疑似的违规违法事件锁定证据的周期较长,影响了对违法违规事件惩戒的时效性;三是收购棉花存在违规行为。由于部分企业不按规定规范收购行为,引发了棉农领取补贴的纠纷;四是存在"转圈棉"问题。通过督查,有个别专业监管仓库出现了疑似"转圈棉",经监测发现,存在空打条码、棉花包头双层包装、切割样品异常、撕毁包头、棉花回包、涂抹或抠除公检讫章等一系列问题,也有个别自用棉企业具有"转圈棉"迹象,因此,需要进一步探索更加灵敏、快捷、打击有效的处置机制和手段,进一步建立和完善棉花收购加工企业诚信机制,继续完善现有的法律法规,遏制违法违规行为。

（六）棉花质量下降的趋势需得到遏制

在进行改革试点的几年里,国内棉花形势发生了很大的变化。一是棉价向市场化靠拢倒逼棉花质量。目标价格政策的实施,实现了市场调控的"价补分离",将棉农和棉企推向市场,立足"消费导向"引导棉农生产棉企加工,提高用棉企业在市场交易中的话语权,充分发挥市场机制在价格形成和资源配置中的决定性作用,要求从棉农到加工企业更加注重棉花内在质量,棉花的一致性得到进一步增强。随着自治区纺织业转型升级加快,低端纱产能逐渐缩小,中高端纱产能增加,对棉花质量提出了更高的要求。提升质量、注重效益成为自治区棉花产业发展的主流趋势和必然选择,成为自治区棉花产业需要跨越的重要关口。

（七）优化完善棉花专业仓储布点,提高新疆棉花仓储能力

在新棉花年度,建议进一步优化完善棉花临时监管区域认定条件和实施细则,建议继续在棉花产业集中和兵团团场连片区域,在符合专业仓储条件的大中型棉花加工企业继续增加设立监管区域,逐步形成以国家专业仓储为主体,民间专业仓储和临时监管区域为补充的分布格局。

（八）建议完善信息系统,推行建立物流编码系统

建议推行建立物流编码系统,通过该系统,能够实现一次性识读过磅车辆拉运棉包的整体数据信息,从而进一步提高专业仓储和入库公检效率。

五、棉花目标价格政策完善思路

（一）继续维持稳定的定价周期,推进改革政策制度化法制化

目标价格定价周期已确定由试点期的一年一定,调整为三年一定,该调整得到执行与享受政策各单位赞誉。2019年底至2020年初将确定下个定价周期,随着新疆棉花市场价格与国际市场逐渐接轨,建议继续维持三年一定的定价周期(不排除突发因素下的临时调整),并推进改革政策制度化、法制化。目前,稳定棉花定价周期的条件已经具备。一是棉花生产成本在连续上涨后趋于平稳,利于实施稳定的目标价格水平;二是经过多年目标价格改革,目标价格制定机制趋于完善,目标价格水平下调空间受到迅速挤压,具备一段时期内稳定不变的基础;三是保持目标价格水平较长时间不变,利于减少执行程序,降低决策成本,稳定植棉收益预期,确保新疆棉花生产可持续发展和国家棉花安全。

(二)明确价格边界,完善目标价格形成机制

明确目标价格改革边界问题,一要继续坚持"生产成本+收益"的原则,目标价格水平确定建议由预测的"当年生产成本+基本收益"改为"过去三年生产成本+固定收益"。其中,过去三年生产成本的确定可采取简单平均法或加权平均法(为使成本更接近当前水平,由远及近的三年权数可分别为20%、30%、50%);固定收益按近三年平均净利润的80%确定;二要体现以政府为主和农民共同承担市场风险的原则。机制完善过程中,应减少自由裁量权,提高定价客观性,切实保障农民基本利益不受损害,植棉积极性不受打击。

(三)实施综合补贴,有效规避世贸规则

当前的棉花目标价格补贴政策,被归为世贸组织"黄箱"补贴政策的主要原因是与当期实际生产挂钩,且对生产扩大没有提出限制,易被认为是一种鼓励和促进生产的政策,从而对生产和贸易产生扭曲作用。从世贸组织规则和美国等国家有效规避入世承诺的经验做法来看,在目标价格补贴的基础上实行棉花综合补贴能够有效避免世贸规则。首先,继续完善棉花良种补贴。良种补贴可降低棉花生产成本,促进棉农增产增收,还可促进新技术的推广和运用,提高生产率,特别是优质棉的普及和推广。其次,进一步改善棉花农机补贴。加大机采棉等农机的投入资金,并及时下发补贴资金。再次,大力推进实施农业保险补贴。一是做到应保尽保和提高赔付率,减轻因灾受损;二是借鉴美国等棉花灾害赔付办法,当收益低于预期值时保险补偿及时启动,政府只对超过预期收入10%以上的收入损失部分进行赔付,其余部分则自行承担,农保针对一定区域而不是单个农场(户)。目标价格补贴与农业保险同时启动,可保障棉农收益不减。最后,对不同品级的皮棉实行差异化补贴,皮棉品质越高补贴额度越大,在籽棉收购过程中严格将"优质优价"的信号传递给棉花生产者,通过差异化补贴促进生产者种植高品质的棉花。

(四)积极探索,丰富利益保障机制

1.探索创新补贴新手段

在"政府+市场"补贴方式基础上,按照中国棉花协会联合国务院发展研究中心、保监会、证监会等单位撰写的《新疆棉花目标价格补贴"互联网+保险+期货"课题方案》,引入期货、保险等金融机制,探索"期货+保险"的棉花价格指数等政策工具。一是推进棉花收入保险试点。参照兵团八师143团模式,在价格保险基础上,引入棉花产量变量。依据棉花现货和期货价格走势确定目标价格,并根据当地5年平均产量约定亩产,按照"约定收入=目标价格×约定亩产"计算公式确定"约定收入",若实际收入低于"约定收入"时,保险公司赔付两者差值部分。二是扩大"保险+期货"试点。参照喀什地区莎车县和巴楚县模式,综合棉花期货、现货价格以及棉农预期收益确定目标价格,保险公司收到保费后,通过期货公司进行风险对冲操作,保险合约到期后,实际价格根据棉花期货合约在保险期内各交易日收盘价格的平均值确定,若低于保障价格,给予差值赔付。三是统筹研究探索新疆和内地棉花保险试点。内地棉区可开展区域化、板块化的棉花收入保险和价格保险试点,为未来全国棉花产业发展利用保险工具探索更为完整的路径。新疆棉区,在北疆、南疆、兵团各选择规模经营条件好、机械化程度较高、棉农投保意愿较强的1—2个县市(团场),在市场化条件下封闭运行,先行先试,积累经验。

2. 研究完善补贴新模式

目前以棉花交售量为主的补贴方式,体现了产量越高,补贴越多,激励植棉户在品种选择上就开始追求高产,无疑对提高棉花单产、稳定总产有积极促进作用,但在追求高产的同时,相当部分的棉农,尤其是南疆地区,在品种选择上忽略了棉花强度指标,造成下游棉纺企业高支纱选料困难。建议研究"交售量+质量"的补贴模式,合理确定具体质量指标及补贴占比,尽快明确质量系数补贴试点办法,使高等级获得高补贴,低等级只能获得低补贴,以提高补贴政策导向性,调动棉农提质增效积极性,从源头解决棉花质量问题,确保在提高产量的同时,全方位提升棉花质量。

3. 完善棉花市场监测体系

目前棉花市场监测面存在以下问题:一是国家发改委仅对全区3128、3129、2128、2129等品级的棉花进行市场价格监测。近两年3127、2127、3126、2126等品级的棉花数量占比增加,如不及时调整监测品级、扩大覆盖面,相当数量的棉花价格将游离于监测范围之外,可能会出现国家对全区棉花市场平均价格的监测结果高于全区棉花实际市场价格的现象。二是价格监测采集上年新疆各等级棉花公检量作为基础数据,无法真实反映监测期内各等级棉花分布情况。三是新疆机采棉占棉花总量的30%以上,而棉花市场价格监测点中机采棉加工企业却不足10%。因此建议:一是以检测主要品级为主,并根据实际情况适当调整检测范围,将26、27长度棉花的市场价格纳入监测范围。二是适当增加机采棉加工企业的监测点数量,科学调整采价中机采棉和手摘棉价格的统计方法。三是采信当年公检数据,最终使采价数据更真实反映全区市场平均价格。

4. 探索多途径棉花交易方式

棉花目标价格改革信息化平台已基本建成,实现了数据联网共享。建议以"互联网+"为基础,开辟网上组批交易平台,通过该平台,实现交易市场、专业仓储、交易平台、入库公检、金融机构五位一体,客户利用网上销售平台,按照贸易或使用要求,选择所需棉花,迅速实现以包为单位的销售和购买,快速完成棉花电子组批。

5. 建立完善相关配套政策

一是加快推动新疆棉花期货交割库建设。二是强化优质棉生产,加大棉种研发补贴力度。三是探索农产品支持保护补贴与目标价格补贴有效衔接方式,形成政策合力,充分发挥补贴政策对棉农的支持作用。四是对参与改革的棉花加工企业给予一定入库公检费用补贴。五是对县市乡镇给予一定额度的工作费用。六是建立健全新疆棉花生产的应急预案和收储、放储机制。

(五)多措并举,切实提高棉花质量

1. 推进棉花规模化标准化种植

借力棉花种植大户、棉花合作社、兵团优势,鼓励通过折股、股份合作、土地流转、土地租金入股等方式,促使棉农向种植大户、棉花合作社、兵团靠拢,从分散的自种自收,向"规模化、标准化、机械化、组织化"转变,促进棉花生产集约化经营,从而提高生产水平,降低生产成本,达到提质增效目的。

2.选定优质棉花品种

本着提升棉花质量的原则,由各县市根据本地生产环境,选择 2—3 个优质品种,重点体现棉花断裂比强度与马克隆值标准,提供给各乡镇棉农进行棉花生产。依据棉花品质区划发展布局好中绒棉、长绒棉、中长绒棉、彩色棉、超级长绒棉等纤维类型棉花生产。

3.适当调整特种棉补贴标准

三年棉花目标价格改革试点都规定了"特种棉(包括长绒棉和彩棉)的目标价格补贴标准(产量部分)为陆地棉目标价格补贴标准(产量部分)的1.3倍",一定程度上激励了棉农种植特种棉的积极性,2014—2016年特种棉种植面积分别为 44.46 万亩、204.31 万亩、228.89 万亩,三年间增加了 4.15 倍;产量分别是 22.49 万吨、36.34 万吨、67.37 万吨,三年间增加了 2 倍,目前已出现供大于求的局面,需对降低补贴标准调节种植面积进行研究探索[①]。

(六)强化市场监管,健全违纪处置机制

加强对棉花加工企业管理,制定《自治区棉花加工企业诚信经营管理办法》,建立棉花加工企业信用管理体系,强化棉花生产全过程监管。制定《新疆棉花目标价格改革违规违纪行为处置办法》,确定处罚责任主体及处罚权限,明确处罚内容及处罚手段,及时从严打击违法违规行为。在公安、国税、质检等执法部门之间建立有效的联动机制和信息共享机制,对个人和企业违法、违规行为及时互通并惩戒,对疑似违规违法事件及时锁定证据,体现处罚时效性。

(七)加强宣传解释

棉花目标价格改革涉及棉农切身利益。新疆维吾尔自治区、新疆生产建设兵团和各有关部门要采取广播、电视、网络以及干部走村入户等多种宣传方式,使用群众听得懂的语言,广泛宣传政策意图、内容和意义,及时回应社会关切,努力营造良好舆论环境,确保改革措施平稳实施。

(八)精心组织落实

新疆维吾尔自治区和新疆生产建设兵团是深化棉花目标价格改革的责任主体,要切实按照本通知要求,结合地方实际,抓紧制订具体实施方案并认真组织落实,确保将补贴资金及时足额发放到棉花实际种植者手中。要利用深化目标价格改革的契机,按照"控制面积、降低成本、提质增效、保障能力"的方向,提升新疆棉花产业竞争力,打造新疆优质棉花生产基地。同时,积极研究探索新型棉花补贴方式,合理利用保险、期货等金融工具,择机开展目标价格保险、"保险+期货"试点,探索建立期货和保险联动机制,也可开展补贴与质量挂钩试点,不断积累经验,为进一步完善农业补贴政策提供参考。

---

① 新疆自治区发展和改革委员会经济研究院.

第八部分　新疆棉花全要素生产率分解及影响因素研究[①]

棉花是全球重要的大宗资源性农产品之一,广泛应用于纺织、轻工、医药等诸多领域,2014—2019年,全球棉花贸易总量增长了21.88%。自2014年以来,在生产方面,我国棉花年均产量570.62万吨,占全球的22.97%,是全世界第二大棉花生产国;在消费方面,我国对棉花的消费量由2014/2015年度的751.20万吨增长到2019/2020年度的838.20万吨,占全球总消费量的1/3,成为全世界最大的棉花消费国。为解决"收储难以为继、棉花品质下降"的问题,实现由"棉花大国"向"棉花强国"的转变,政府于2014年选择新疆作为棉花目标价格改革试点地区。政策实施以来,新疆棉花取得了显著成就:一是棉农的收益得到了更有效的保障;二是连续6年占全国总产量70%以上;三是生产经营的市场经济体制逐步确立。但目标价格政策的实施导致新疆棉花生产规模激增,不仅造成了较大的效率损失,还影响了新疆棉的品质,导致纺织企业宁愿高价抢购"美棉""澳棉",也不愿采购新疆棉,新疆棉花的生产优势未能得到有效发挥。[②]

党的十九大报告明确指出要提高全要素生产率,表明了我国经济发展正朝着高效率、高质量和强动力方向变革,优化经济结构和产业组织形式,通过提高全要素生产率来提升产业竞争力是我国农业发展的主要动力。同时,中央一号文件指出不仅要在提质增效基础上,巩固棉花生产能力,还要深入推进新疆棉花目标价格改革试点,以改革完善棉花价格形成机制和收储制度。自2018年下半年以来,受中美贸易摩擦影响全球棉花价格普遍下跌,面对激烈的国际市场竞争,品质低、成本高已成为新疆棉花产业发展的软肋。因此,提高新疆棉花全要素生产率是保障我国棉花产业安全线的关键,是促进我国纺织服装业健康发展、建设纺织强国的重要基础。

一、文献综述

采用全要素生产率来衡量技术进步和规模效率对产出贡献,科学地对经济增长差异做出解释,已成为当前研究农业经济增长地区差异的主要方法。其中,最受学者们广泛运用的测算全要素生产率的方法就是非线性参数Malmquist指数法(宋玉兰等,2013;关建波等,2014;石晶等,2014;王力等,2016;孙鲁云等,2020)。这是因为该方法不需要考虑投入和产出的生产函数形态,可以研究多投入和多产出的全要素问题,同时模型中投入产出变量的权重不受人为主观因素的影响,从而更加科学、合理测算出生产决策单元全要素生产率。此外,通过建立规模

[①] 执笔人:张杰、刘维;审稿人:唐敏。

[②] 基金项目:国家社科基金项目"基于国家认同的南疆新型城镇化助推机制研究"(20BJL090)阶段性成果;兵团社科基金项目"团场改革背景下兵团棉花产业高质量发展实现途径研究"(12XJJC790006)。

报酬不变模型和规模报酬可变模型,还可判断出生产决策单元是否是有效率的(段文斌等,2009;李学林等,2019)。学者们常用的要素投入包括土地、劳动、资本等,而产出指标则通常采用总产量、单产、产值等单一指标进行衡量,这不免人为地造成 Malmquist 指数法对全要素生产率的测算产生偏差。

农业生产结构、制度等因素已成为学者们研究棉花全要素生产率影响因素的重要方向。如区域规划方面主要提出棉花播种面积占比、农作物产值结构对棉花全要素生产率有显著影响(石晶等,2013;王力等,2016;孙鲁云等,2020);制度方面主要受产业政策的影响较大,如良种补贴、目标价格补贴、财政支农资金投入等(Aziz A Karimov,2014;黄季焜等,2015;张杰等,2016)。同时,不少学者从生产投入要素角度出发,认为机械投入、化肥投入、土地资源等要素对棉花全要素生产率有显著影响(Kalyan Chakraborty 等,2002;王力,2016;黄莹伟,2017;孙鲁云等,2020)。而对市场因素的引入,多应用于棉花生产、国际产业竞争力等方面的研究中(李博文等,2018;何韶华等,2019)。

综上所述,农业生产结构、目标价格补贴政策、要素投入等因素是研究影响棉花全要素生产率的重要因素。但就目前研究成果来看,学者们对棉花全要素生产率的研究数据大多来源于全国棉花生产或我国与国际棉花生产情况,而缺乏对棉花产量占我国80%的重点生产区进行研究。考虑到各棉区间差异显著(王力等,2016;孙鲁云,2020),因此,研究新疆棉花全要素生产率情况及其影响因素有利于尽快提高我国棉花全要素生产率整体水平。本部分创新点有以下几方面:一是着眼于新疆棉花生产情况,完善了我国棉花全要素生产率的研究范围;二是将全要素生产率分解效率纳入模型的被解释变量中,深化了棉花全要素生产率影响因素的内容;三是运用门槛回归模型探究植棉规模、目标价格补贴政策对全要素生产率的非线性影响,强化了提高新疆棉花全要素生产率政策建议的科学依据。

二、全要素生产率的测算及其分解

(一)研究方法

作为一种确定性前沿生产函数法,Malmquist 生产指数可以对生产率的变动情况、技术效率和技术进步各自对生产率变动所起的作用进行分析。Fare R.等人(1992)最早采用 DEA 的方法计算全要素生产率,并将采用 CRS(规模报酬不变)径向 DEA 模型得出的 Malmquist 指数分解为技术效率变化(EC)和技术变化(TC)。Fare R.等人(1994)在1992年分解法的基础上,通过 VRS(规模报酬可变)Malmquist 和 CRS(规模报酬不变)Malmquist 得出的不同效率变化值,将技术效率变化进一步分解为纯技术效率变化(PEC)和规模效率变化(SEC)。

根据 Fare R.等人(1992)提出的 DEA—Malmquist 指数方法,从 t 期到 $t+1$ 期 Malmquist 分解如下所示:

$$M_a(x_k^{t+1}, y_k^{t+1}, x_k^t, y_k^t) = \sqrt{\frac{E^t(x_k^{t+1}, y_k^{t+1})}{E^t(x_k^t, y_k^t)} \frac{E^{t+1}(x_k^{t+1}, y_k^{t+1})}{E^{t+1}(x_k^t, y_k^t)}} \frac{E^{t+1}(x_k^{t+1}, y_k^{t+1})}{E^t(x_k^t, y_k^t)}$$

$$\sqrt{\frac{E^t(x_k^t, y_k^t)}{E^{t+1}(x_k^t, y_k^t)} \frac{E^t(x_k^{t+1}, y_k^{t+1})}{E^{t+1}(x_k^{t+1}, y_k^{t+1})}} \tag{1}$$

$$EC = \frac{E^{t+1}(x_k^{t+1}, y_k^{t+1})}{E^t(x_k^t, y_k^t)} \tag{2}$$

$$TC_ac = \sqrt{\frac{E^t(x_k^t, y_k^t)}{E^{t+1}(x_k^t, y_k^t)} \frac{E^t(x_k^{t+1}, y_k^{t+1})}{E^{t+1}(x_k^{t+1}, y_k^{t+1})}} \tag{3}$$

其中,EC 表示 K 在两时期的技术效率变化,TC 表示两时期的技术变化。Malmquist 指数的含义为:大于 1 表示生产率提高,小于 1 表示生产率降低;等于 1 表示生产率不变。技术效率变化(EC)和生产技术变化(TC)的含义同理。

再根据 Fare R.等人(1994)的研究可知,(1)式可进一步分解为:

$$M_ac(x_k^{t+1}, y_k^{t+1}, x_k^t, y_k^t) = \frac{E^t(x_k^t, y_k^t)}{E^{t+1}(x_k^{t+1}, y_k^{t+1})} \times \frac{E^{t+1}(x_k^{t+1}, y_k^{t+1})/VRS}{E^t(x_k^t, y_k^t)/VRS} \times$$

$$\sqrt{\frac{E^t(x_k^t, y_k^t)}{E^{t+1}(x_k^t, y_k^t)} \frac{E^t(x_k^{t+1}, y_k^{t+1})}{E^{t+1}(x_k^{t+1}, y_k^{t+1})}} \tag{4}$$

$$SEC = \frac{E^t(x_k^t, y_k^t)}{E^{t+1}(x_k^{t+1}, y_k^{t+1})} \tag{5}$$

$$PEC = \frac{E^{t+1}(x_k^{t+1}, y_k^{t+1}/VRS)}{E^t(x_k^t, y_k^t/VRS)} \tag{6}$$

(二)指标选择和数据来源

在对新疆各植棉县棉花全要素生产率及其分解的测算中,产出指标分别为亩均主产品产量(公斤)、亩均总产值(元),投入指标分别从劳动、土地和资本三个角度度量。其中,劳动投入以亩均用工数量(日)、亩均人工成本(元)表示;由于测算数据均为单位土地面积的投入产出,故土地投入以亩均土地成本(元)表示;资本投入以亩均物质与服务费用(元)表示。本部分数据均来源于历年《新疆农牧产品成本收益资料汇编》。同时,结合棉花目标价格政策实施时间和数据的可获得性,本部分的研究期为,2013—2017 年。[①]

(三)模型估计结果分析

本部分通过将新疆地方棉花生产投入和产出数据代入模型中估计,对各植棉县棉花全要素生产率进行测算和分解,并对 DEA-Malmquist 指数变动的内在因素分析,得出新疆各植棉县棉花全要素生产率变动的主要原因。同时,对规模效率进行测算,分析引入规模效率后,新疆各植棉县棉花全要素生产率变化的情况。

1.DEA-Malmquist 指数分解分析

通过使用 Max-Dea 软件,对 2013—2017 年新疆 28 个植棉县的棉花全要素生产率变化情况进行测算,并将 DEA-Malmquist 指数分解为技术效率(EC)和技术进步(TC)。其中,规模报酬不变假设条件下 2013—2017 年新疆各植棉县棉花生产 DEA—Mlmquist 指数及其分解情况如表 8-1 所示。

[①] 由于行政区划变动,2013—2015 年,高昌区和伊州区分别使用吐鲁番市、哈密市数据,下文数据情况相同.

表8-1　2013—2017年新疆各植棉县棉花生产DEA—Malmquist指数及其分解情况(CRS假设)

地区	植棉县	MI	EC	TC
北疆	博乐市	1.015	1.005	1.010
	伊州区	0.972	1.005	0.967
	呼图壁县	0.931	0.951	0.979
	精河县	1.024	1.057	0.969
	玛纳斯县	1.042	1.065	0.977
	沙湾县	1.047	1.000	1.047
	鄯善县	1.002	1.061	0.944
	高昌区	1.021	1.078	0.947
	托克逊县	0.979	1.017	0.962
	乌苏市	1.056	1.063	0.993
	平均值	1.008	1.029	0.979
南疆	阿克陶县	0.965	1.044	0.924
	阿图什市	0.963	1.000	0.963
	阿瓦提县	0.970	1.005	0.966
	巴楚县	0.910	0.971	0.937
	伽师县	0.896	0.962	0.932
	和田县	0.972	1.005	0.967
	库车县	0.897	0.936	0.959
	库尔勒市	0.931	0.951	0.979
	洛浦县	1.024	1.057	0.969
	麦盖提县	1.000	1.050	0.953
	墨玉县	1.049	1.024	1.023
	沙雅县	0.918	0.954	0.963
	莎车县	0.964	1.029	0.937
	尉犁县	1.002	1.061	0.944
	温宿县	1.021	1.078	0.947
	英吉沙县	0.979	1.017	0.962
	于田县	1.031	1.026	1.005
	岳普湖县	0.995	1.012	0.984
	平均值	0.970	1.009	0.962

从整体情况来看:第一,2013—2017年,北疆棉花生产TFP水平高于南疆水平。其中,北疆70%的植棉县TFP均大于1,且平均水平为1.008,表明北疆棉花生产效率在此期间是普遍提高的;而同期南疆TFP大于1的植棉县占比仅为27.8%,且平均水平为0.970,表明南疆棉花全要素生产率在此期间为负增长。第二,南北疆的棉花生产整体具有追赶效应。其中,北疆80%的植棉县EC水平大于1,且平均水平达1.029;南疆66.7%的植棉县EC水平大于1,且平均水平达1.009,表明南疆棉花生产的追赶效应稍逊于北疆。第三,南北疆的棉花生产整体趋于创新效应不足。其中,北疆80%的植棉县TC水平小于1,且平均水平为0.979;南疆近90%的植棉县TC水平小于1,且平均水平为0.962,表明南疆棉花生产的创新效应比北疆更差。

从各植棉县的具体情况来看:第一,2013—2017年,南北疆共12个植棉县的棉花全要素生产率呈增长趋势。其中,北疆的博乐市、精河县、玛纳斯县、沙湾县、鄯善县、高昌区、乌苏市和南疆的洛浦县、墨玉县、尉犁县、温宿县、于田县的TFP值均大于1,且北疆的乌苏市、玛纳斯县、沙湾县的增幅均达4%以上,而于田县是南疆增幅最大的,但仅为3.1%。第二,南北疆共6个县的棉花技术效率呈下降趋势。其中,北疆的呼图壁县和南疆的巴楚县、伽师县、库车县、库尔勒市、沙雅县的技术效率小于1,表明这6个植棉县的棉花生产缺乏追赶效应。第三,南北疆各有2个植棉县的技术进步呈上升趋势。其中,北疆的博乐市、沙湾县和南疆的墨玉县、于田县的TC值大于1,表明新疆28个植棉县中仅这4个植棉县的棉花生产有创新效应。

综上所述,2013—2017年,新疆棉花全要素生产率略有提高,但提高速度缓慢。从要素贡献上看,主要通过技术效率获得增长和提高,存在追赶效应,但各植棉县的创新效应动力不足,与追赶效应差距较大。

进一步地,整理2013—2017年新疆各年棉花生产DEA－Malmquist指数及其分解,以更好地分析新疆棉花全要素生产率的变化情况,如表8-2所示。

表8-2 2013—2017年新疆棉花生产DEA－Malmquist指数及其分解情况(CRS假设)

年 份	MI	EC	TC
2013—2014	0.826	1.045	0.790
2014—2015	0.862	1.036	0.832
2015—2016	1.257	0.982	1.280
2016—2017	1.027	0.987	1.040
平均值	0.979	1.012	0.967

2013—2017年,新疆棉花全要素生产率、技术进步呈倒"U"形变化趋势,技术效率呈"U"形变化趋势,但整体波动相对较小。从年份来看,2014年、2015年、2016年新疆棉花全要素生产率和技术进步由小于1持续增长到大于1,而技术效率由大于1下降到小于1,表明这三年间新疆棉花具有持续增强的创新效应和持续减弱的追赶效应,且创新效应的增幅远大于追赶效应的减幅。因此,总体来看,全要素生产率是提高的。2017年的创新效应虽不如上一年的增幅大,但追赶效应较上一年的减幅有所降低,因此全要素生产率仍呈增长趋势。

2.加入规模效率变化的结果分析

为了更详细地对新疆棉花全要素生产率进行分析,考虑加入规模效率变化,得到2013—2017年新疆各植棉县棉花全要素生产率(TFP)、技术效率(EC)、技术进步(TC)、纯技术效率(PEC)、规模效率(SEC)的基本情况,如表8-3所示。

表 8-3　2013—2017 年新疆各植棉县棉花全要素生产率及其分解情况（VRS 假设）

	县（市）	MI	PEC	SEC	EC	TC
北疆	博乐市	1.015	1.004	1.001	1.005	1.010
	伊州区	0.972	1.016	0.990	1.005	0.967
	呼图壁县	0.931	0.950	1.000	0.951	0.979
	精河县	1.024	1.049	1.007	1.057	0.969
	玛纳斯县	1.042	1.056	1.009	1.065	0.977
	沙湾县	1.047	1.000	1.000	1.000	1.047
	鄯善县	1.002	1.028	1.032	1.061	0.944
	高昌区	1.021	1.025	1.051	1.078	0.947
	托克逊县	0.979	0.981	1.038	1.017	0.962
	乌苏市	1.056	1.054	1.008	1.063	0.993
	平均值	1.007	1.017	1.015	1.032	0.976
南疆	阿克陶县	0.965	1.041	1.003	1.044	0.924
	阿图什市	0.963	1.000	1.000	1.000	0.963
	阿瓦提县	0.970	1.018	0.988	1.005	0.966
	巴楚县	0.910	1.001	0.971	0.971	0.937
	伽师县	0.896	0.998	0.964	0.962	0.932
	和田县	0.972	1.016	0.990	1.005	0.967
	库车县	0.897	0.943	0.992	0.936	0.959
	库尔勒市	0.931	0.950	1.000	0.951	0.979
	洛浦县	1.024	1.049	1.007	1.057	0.969
	麦盖提县	1.000	1.024	1.025	1.050	0.953
	墨玉县	1.049	0.983	1.042	1.024	1.023
	沙雅县	0.918	0.985	0.969	0.954	0.963
	莎车县	0.964	0.998	1.030	1.029	0.937
	尉犁县	1.002	1.028	1.032	1.061	0.944
	温宿县	1.021	1.025	1.051	1.078	0.947
	英吉沙县	0.979	0.981	1.038	1.017	0.962
	于田县	1.031	1.000	1.026	1.026	1.005
	岳普湖县	0.995	1.000	1.012	1.012	0.984
	平均值	0.970	1.002	1.007	1.009	0.962

2013—2017 年期间,新疆棉花全要素生产率的增长主要来源于技术效率。其中,北疆、南疆的 EC 平均值分别为 1.032、1.009,TC 平均值分别为 0.976、0.962,技术效率大于技术进步值。北疆仅博乐市和沙湾县的棉花全要素增长率增长主要来源于技术进步,其余北疆植棉县和南疆所有植棉县棉花全要素增长率增长都来源于技术效率。

就纯技术效率而言,2013—2017 年,在没有技术创新和规模变动的情况下,新疆 28 个植棉县中有 9 个植棉县相对效率出现了下降、4 个植棉县保持不变、15 个植棉县出现了增长。其中,下降的有北疆的呼图壁县、托克逊县和南疆的伽师县、库车县、库尔勒市、墨玉县、沙雅县、莎车县、英吉沙县;不变的有北疆的沙湾县和南疆的阿图什市、于田县、岳普湖县;余下的植棉县均是增长的。

就规模效率而言,2013—2017 年,北疆比南疆的变化更明显。其中,北疆除伊州区和托克逊县外,其余各植棉县的 SEC 值都大于 1,说明北疆 80% 的植棉县棉花生产实现了规模收益递增;南疆除阿瓦提县、巴楚县、伽师县、和田县、库车县、沙雅县、阿图什市外,其余各植棉县的 SEC 值都大于 1,说明南疆一半以上的植棉县棉花生产实现了规模收益递增。

在新疆 28 个植棉县的全要素生产率中,南疆的地区差异比北疆的地区差异更大。其中,北疆最高的沙湾县为 1.047,最低的呼图壁县为 0.931,且方差为 0.039;南疆最高的于田县为 1.031,最低的伽师县为 0.896,且方差为 0.047。因此,在加入规模效率后,新疆 28 个植棉县中有 15 个植棉县棉花生产纯技术效率在没有新的技术投入和规模增加情况下,其生产相对效率是较高的。同时,有 17 个植棉县在扩大棉花种植规模后,其报酬得到了提高。

进一步地,对 2013—2017 年新疆各年棉花生产 DEA-Malmquist 指数及其分解引入规模效率,分析新疆棉花全要素生产率的变化情况,如表 8-4 所示。

表 8-4 2013—2017 年新疆棉花生产 DEA-Malmquist 指数及其分解情况(VRS 假设)

年 份	MI	PEC	SEC	EC	TC
2013—2014	0.826	0.996	1.049	1.045	0.790
2014—2015	0.862	1.016	1.020	1.036	0.832
2015—2016	1.257	1.009	0.974	0.982	1.280
2016—2017	1.027	0.989	0.999	0.987	1.040
平均值	0.979	1.002	1.010	1.012	0.967

新疆棉花生产的全要素生产率和技术进步存在显著的时间差异,且全要素生产率与技术进步的变动趋势基本保持一致,而纯技术效率、规模效率、技术效率则基本保持不变。其中,技术进步的变动幅度最大,标准差达 0.225,最大值为 2016 年的 1.280,最小值为 2014 年的 0.790;全要素生产率的变动幅度次之,标准差为 0.197,最大值为 2016 年的 1.257,最小值为 2014 年的 0.826。同期技术效率和规模效率的标准差仅为 0.033,纯技术效率的标准差仅为 0.012。特别地,仅 2015 年的纯技术效率和规模效率都大于 1,说明 2015 年的相对效率提高,且出现规模收益递增;相反,2017 年的纯技术效率和规模效率都小于 1,说明 2017 年的相对效率降低,且出现规模收益递减情况。

三、基于一般面板模型回归的影响因素分析

（一）一般面板模型的构建

为避免模型回归出现"伪回归"问题,首先对各变量进行 IPS 检验和费雪式检验,由检验结果可知各变量原序列都是平稳的,可以直接将原始变量纳入模型进行面板回归。因此,本部分建立新疆各植棉县棉花全要素生产率及其分解效率的影响因素模型:

$$Y_{i,t} = C_0 + \sum_{i=1}^{N} \beta_i X_{i,t} + \varepsilon i, t \tag{7}$$

上式中,i 代表地区,t 代表年份,Y 分别代表 MI、EC、TC,X 代表各影响因素,C_0 为截距项,β_i 代表各影响因素的系数,$\varepsilon i, t$ 为服从正态分布的随机误差项。

（二）变量选择及描述性统计

本部分在分析新疆各植棉县棉花全要素生产率及其分解的影响因素时,在综合考虑数据

完备性、可获得性等条件下,以棉花生产全要素生产率(MI)、技术效率(EC)、技术进步(TC)被解释变量,以植棉规模(Pro_Co)、目标价格补贴政策(Sub)、利润率(Net_Pr)为主要解释变量,以化肥用量(Qua_CF)、覆膜率(Rat_Mu)、产业结构(Pro_FI)、有效劳动参与率(Rat_L)为控制变量。

新疆棉花生产虽较内地其他产棉区有一定的优势,但相对于美国、澳洲等国家的棉花生产,依然呈现出人多地少、农户地块分散以及生产规模小等资源禀赋特征,并不具备比较优势。因此,以植棉面积占农作物播种面积的比重来代表植棉规模(石晶等,2013)。自新疆棉花目标价格政策实施以来,补贴收入成为棉农植棉收入的重要组成部分,补贴数量的多少成为棉农是否选择植棉的重要因素。因此,以亩均棉花补贴价格来代表目标价格补贴政策(黄季焜等,2015;张杰等,2016)。利润率作为理性生产者的绝对动力,直接影响着棉农种植决策行为。因此,以亩均棉花成本利润率来代表植棉活动的利润率。

产业结构决定了社会资源在产业间的分配情况,进而决定了社会资源创造产能的水平,因此,以第一产业产值占国民生产总值的比重来表示产业结构。据联合国粮农组织(FAO)统计,化肥在对农作物增产的总份额中占40%—60%,施肥不仅能提高土壤肥力,也是提高作物单位面积产量的重要措施。同时,新疆地处我国西北内陆,气候干旱、降水少、土壤水分少、昼夜温差大,地膜的使用可以通过地温对气温、根系对茎叶的补偿效应,结合对土壤和环境的稳定效应、光热效应,促进棉花的产量增加和质量提高。考虑到新疆作为我国最大的植棉区,28个主要植棉县植棉面积占农作物播种面积比重的平均水平近50%,不仅受本产业发展水平的影响,更受农业发展平均水平影响。因此,本部分采用农作物亩均化肥用量和农作物平均覆膜率来代表棉花生产的化肥用量和覆膜率。随着城镇化进程的推进,乡村人口中存在大量的非农业就业人口,因此,为更准确地表示各地区农业生产劳动投入情况,本部分采用乡村从业人口中从事农业人员占乡村总人口的比重代表有效劳动参与率。

影响因素指标中,除补贴收入和利润率来源于历年《新疆农牧产品成本收益资料汇编》,其他指标数据均来源于历年《新疆统计年鉴》,各变量的描述性统计如表8-5所示。

表 8-5 各变量的描述性统计

变量	单位	观测数	均值	标准误	最小值	最大值
全要素生产率(MI)	1	112	1.002	0.223	0.668	1.589
技术效率(EC)	1	112	1.018	0.109	0.745	1.325
技术进步(TC)	1	112	0.989	0.214	0.704	1.420
植棉规模(Pro_Co)	1	112	0.468	0.253	0.014	0.976
目标价格补贴政策(Sub)	千元	112	0.226	0.079	0.034	0.428
利润率(Net_Pr)	1	112	−0.157	0.204	−0.579	0.237
化肥用量(Qua_CF)	吨/亩	112	0.026	0.010	0.004	0.056
覆膜率(Rat_Mu)	1	112	0.563	0.293	0.002	0.995
产业结构(Pro_FI)	1	112	0.308	0.131	0.054	0.592
有效劳动参与率(Rat_L)	1	112	0.411	0.077	0.218	0.682

(三)一般模型的估计结果

根据豪斯曼检验结果强烈拒绝原假设可知,本部分将选择固定效应模型。同时,为了避免自相关,本部分汇报以聚类稳健标准误回归的结果,如表 8-6 所示。

表 8-6　MI、EC、TC 影响因素回归结果

变　量	MI	EC	TC
植棉规模	−1.014***	0.530***	−1.473***
(Pro_Co)	(−3.585)	(6.521)	(−6.196)
目标价格补贴政策	0.135	1.108***	−1.003***
(Sub)	(0.322)	(5.063)	(−3.258)
利润率	0.830***	0.370***	0.452***
(Net_Pr)	(4.919)	(3.800)	(3.815)
化肥用量	5.233	0.562	3.941
(Qua_CF)	(1.071)	(0.208)	(1.047)
覆膜率	0.580***	0.070	0.478***
(Rat_Mu)	(4.920)	(0.738)	(5.712)
产业结构	0.555	0.077	0.484
(Pro_FI)	(1.067)	(0.225)	(1.162)
有效劳动参与率	0.574*	0.181	0.418
(Rat_L)	(1.939)	(0.966)	(1.421)
常数项	0.708***	0.426***	1.284***
(Cons)	(2.935)	(2.774)	(6.454)

注:*** $p<0.01$,** $p<0.05$,* $p<0.1$,括号内为 t 值。

由表 8-6 可知,第一,植棉规模对全要素生产率、技术效率、技术进步的影响在 1% 的水平上是显著的,且其对技术进步的强抑制作用抵消了其对技术效率的全部促进作用,导致其对全要素生产率产生了显著的抑制作用。这主要是因为在目标价格改革的激励下,新疆各地区的植棉面积激增,而不论是否科学布局,甚至不少次宜棉区都在扩张植棉规模,这必然会影响生产效率的稳步提升。第二,目标价格补贴政策对全要素生产率的影响未通过 10% 显著性水平检验,但其对技术效率的促进作用和对技术进步的抑制作用的水平上是显著的。这主要是因为该时期政策实施的首要目标在"稳量保收"上,因此,补贴数量整体倾向于对总产出数量的补贴,而忽略了对生产效率、产品质量、技术创新等方面的支持。第三,利润率对全要素生产率、技术效率、技术进步的影响在均 1% 的水平上是显著为正的。这主要是因为随着供给侧结构性改革的深化,新疆棉花生产经营的市场经济体制逐步确立,农产品价格形成机制不断优化,从而使新疆棉花生产更具市场化特征。

四、基于门槛模型回归的影响因素分析

(一)门槛模型的设定

根据前文结果可知,2014—2017 年,新疆主要植棉县的植棉规模对棉花全要素生产率和技术进步产生了显著的抑制作用,补贴收入对技术进步产生了显著抑制作用、对全要素生产率的促进作用也不显著,这与中央一号文件及深化新疆棉花目标价格改革的初衷相去甚远。同时,新疆作为我国最大的棉花生产基地,必然不存在所有植棉区的植棉规模都不合理。因此,找出那些布局合理、目标价格补贴政策实施高效的植棉区,并研究其对全要素生产率的影响因

素情况,对其他植棉县有重要的借鉴、学习意义。文本拟将人均有效耕地面积、全要素生产率作为门槛变量,来观测植棉规模和目标价格补贴政策对全要素生产率是否存在非线性影响。其中,人均有效耕地面积(亩)=耕地总面积/乡村从业人口中从事农业人员,数据来源于历年《新疆统计年鉴》。

借鉴 Hansen(2000)两体制的门槛回归模型加以检验并分析,其基本方程为:

$$y_i = x'_i \beta_1 + e_i, q_i \leqslant \gamma \tag{8}$$

$$y_i = x'_i \beta_2 + e_i, q_i \leqslant \gamma \tag{9}$$

其中,y_i 为被解释变量,x_i 为 $p \times 1$ 阶解释变量向量,q_i 为门槛变量,γ 为未知门限。若定义虚拟变量 $d_i(\gamma) = (q_i \leqslant \gamma)$,$I(\cdot)$ 为指标函数,若括号中的式子成立,则 I 取值为 1;若不成立,则取值为 0。上述方程组便可以改写成单一方程表示:

$$y_i = x'_i \beta + x'_i d_i(\gamma) \theta + e_i, e_i \sim iid(0, \delta_1^2)$$

其中,$\beta \leqslant \beta_2$;$\theta = \beta_1 - \beta_2$。对于任意的门槛值 γ,可以通过求残差平方和 $S_1(\gamma)$ 得到各参数的估计值。回归中给定的 γ 越接近真实的门槛水平,则回归模型的残差平方和 $S_1(\gamma)$ 越小。

综上所述,本部分建立以下面板门槛模型:

$$\begin{aligned} MI =& \alpha_0 Pro\_Co + \alpha_{j1} Pro\_Co \cdot I(Z_j \leqslant \kappa_{j1}) + \alpha_{j2} Pro\_Co \cdot I(Z_{j1} < Z_j \leqslant \kappa_{j2}) + \alpha_{j3} Pro\_Co \cdot \\ & I(Z_j \leqslant \kappa_{j2}) + \beta_0 Sub + \beta_{j1} Sub \cdot I(Z_j \leqslant \varphi_{j1}) + \beta_{j2} Sub \cdot I(\varphi_{j1} < Z_j \leqslant \varphi_{j2}) + \beta_{j3} Sub \cdot I(Z_j \leqslant \\ & \varphi_{j2}) + \lambda_1 Net\_Pr + \lambda_2 Qua\_CF + \lambda_3 Rat\_Mu + \lambda_4 Pro\_FI + \lambda_5 Rat\_LF + \partial_i + \varepsilon_{it} \end{aligned} \tag{10}$$

上式中 Z 分别代表各门槛变量,κ 和 φ 为对应的门槛值。

(二)门槛效应检验与回归

根据 Hansen 的理念,在进行门槛模型回归之前要确定门槛效应的存在性,若存在,则进一步确定门槛值及门槛存在个数。为使得到的门槛值有意义,在实践中将门槛值按照升序进行排列,忽略单一门槛、双重门槛最大和最小 1% 的样本和三重门槛最大和最小 5% 的样本。同时,使用自助抽样法和格点法来进行门槛效应检验,以提高门槛估计的精确度。

1.门槛效应检验

分别考察植棉规模(Pro_Co)和目标价格补贴政策(Sub)对全要素生产率(MI)的门槛效应,通过检验可知,两变量均存在门槛效应,如表 8-7 所示:

表 8-7 门槛效果自抽样检验

主要观测变量	门槛变量	模型	F 值	P 值	临界值		
					1%	5%	10%
植棉规模 (Pro_Co)	人均有效耕地面积 (Qua_Lan)	单一门槛	12.74	0.235	—	—	—
		双重门槛	7.78	0.498	—	—	—
		三重门槛	12.03	0.283	—	—	—
	全要素生产率 (MI)	单一门槛	77.45	0.000	15.8197	18.6486	24.1046
		双重门槛	33.31	0.000	12.0575	15.6834	20.5031
		三重门槛	25.85	0.578	49.0860	56.4148	73.1087

续　表

主要观测变量	门槛变量	模型	F值	P值	临界值		
					1%	5%	10%
补贴政策(Sub)	人均有效耕地面积(Qua_Lan)	单一门槛	15.72	0.055	13.6442	15.9252	23.1979
		双重门槛	7.79	0.468	13.5520	15.3938	21.0648
		三重门槛	10.62	0.485	22.9876	26.5966	36.2535
	全要素生产率(MI)	单一门槛	192.57	0.000	13.9622	17.1650	25.5476
		双重门槛	81.5	0.000	11.2659	13.2432	18.4169
		三重门槛	54.68	0.378	78.6421	89.9054	103.6923

注：P值和临界值是由采用Bootstrap法反复抽样400次得到。

由表8-7可知，植棉规模(Pro_Co)对全要素生产率的估计采用以全要素生产率(MI)为门槛变量的双重门槛模型来考察，对应门槛值分别为(0.8890,1.2760)。目标价格补贴政策(Sub)对全要素生产率影响的估计分别采用以人均有效耕地面积(Qua_Lan)为门槛变量的单一门槛模型和以全要素生产率(MI)为门槛变量的双重门槛模型来考察，对应门槛值分别为(27.5677)和(0.8780,1.1090)。在检验存在门槛效应并确定门槛个数及门槛值后，下面将进一步估计上述门槛模型的实证结果。

2.回归结果

由表8-8可知，模型1的回归结果体现了植棉规模对全要素生产率的影响呈显著的倒"U"形。当全要素生产率小于0.8890时，植棉规模的影响系数为1%水平上显著的-0.650；当全要素生产率上升到大于0.8890小于等于1.2760时，植棉规模的影响系数为1%水平上显著的-0.365。可见，2014—2017年，植棉规模的不断扩张对全要素生产率较低植棉县的效率损失比全要素生产率较高植棉县的效率损失多1倍左右。这表明次宜棉区应当及时调整植棉规模，避免效率损失的扩大。

模型2、3的回归结果体现了目标价格补贴政策对全要素生产率的门槛影响显著。当人均有效耕地面积小于27.5677亩时，补贴政策的影响为5%水平上显著的1.083，一旦越过该门槛值，补贴政策的影响就不显著了。当全要素生产率小于0.8780时，补贴政策的影响为1%水平上显著的-0.612，一旦越过该门槛值，补贴政策的影响就不显著了。可见，2014—2017年，补贴政策有效激励了小户经营偏多的植棉县的全要素生产率，而对全要素生产率水平偏低的植棉县有显著抑制作用。这表明补贴政策有待进一步优化，以促进大户经营的积极性；同时，对于次宜棉区，应当及时调整植棉计划，切勿盲目扩张规模，造成更大的效率损失。

表8-8　以MI为被解释变量的面板门槛模型回归结果

变量名	模型1		模型2		模型3	
	回归系数	t值	回归系数	t值	回归系数	t值
植棉规模(Pro_Co)			-1.095***	(-4.508)	-0.362***	(-3.330)
目标价格补贴政策(Sub)	-0.102	(-0.484)				
利润率(Net_Pr)	0.268**	(2.548)	0.838***	(6.063)	0.104	(1.543)
化肥用量(Qua_CF)	3.437	(0.955)	4.856	(0.935)	-0.097	(-0.043)
覆膜率(Rat_Mu)	0.095	(0.655)	0.589***	(3.012)	0.228***	(2.647)
产业结构(Pro_FI)	0.189	(0.450)	0.704	(1.249)	0.305	(1.207)

续　表

变量名	模型1		模型2		模型3	
	回归系数	t值	回归系数	t值	回归系数	t值
有效劳动参与率(Rat_L)	0.546**	(2.000)	0.743*	(1.858)	0.264	(1.559)
Pro_Co(MI≤0.8890)	−0.650***	(−3.667)				
Pro_Co(0.8890<MI≤1.2760)	−0.365**	(−2.016)				
Sub(Qua_Lan<27.5677)			1.083**	(1.971)		
Sub(Qua_Lan≥27.5677)			−0.026	(−0.080)		
Sub(MI≤0.8780)					−0.612***	(−4.498)
Sub(0.8780<MI≤1.1090)					0.094	(0.681)
常数项	0.803***	(3.670)			0.828***	(6.091)

注：*** $p<0.01$，** $p<0.05$，* $p<0.1$。

五、结论与建议

（一）结论

本部分基于 DEA－Malquist 指数法测算了新疆 28 个植棉县棉花全要素生产率的变化情况，实证分析了植棉规模、补贴政策、利润率等因素对棉花全要素生产率及其分解效率的影响情况，在此基础上，通过建立门槛模型考察了植棉规模对全要素效率的非线性特征。研究表明：第一，新疆棉花全要素生产率变化与技术进步变化基本一致，呈倒"U"形，而技术效率基本保持不变；北疆总体处于增长状态，而南疆总体处于负增长状态。第二，植棉规模和目标价格补贴政策对次宜棉区的生产效率有显著抑制作用，且目标价格补贴政策对以小户经营较多的植棉县的效率激励作用显著。第三，利润率是激励棉花生产效率提高的最有效因素。

（二）建议

根据上述结论，本部分提出如下建议：第一，科学合理规划植棉规模。顺应高质量发展和全面提高全要素生产率的要求，深化供给侧结构性改革，加强对宜棉区棉花生产的基础设施保障和政策落实保障等，有效控制次宜棉区的植棉规模。第二，目标价格改革必须强化功能效用。调整棉花目标价格补贴政策的导向性，增强政策的指向性、精准性和实效性政策，由单一的植棉面积和棉花产量确定补贴数量向高质量、创新、清洁生产等多维方向转变，由"保量"向"提质增效"方向转变，由"全覆盖"补贴向"分层级"补贴转变。第三，完善棉花价格形成机制。坚持市场化改革取向与保护棉农利益并重，按照市场定价、价补分离的原则，利用好市场"无形的手"与政府"有形的手"渐进式推进棉花价格合理形成机制，稳步提高新疆棉花产业竞争力。

第九部分 "双循环"与中国棉花产业新机遇[①]

一、"双循环"与中国棉花产业

经济"内循环"的概念是国家领导人在 2020 年 5 月提出来的,马上得到了中国企业家们的热烈响应。虽然没有明确的学术上的定义,但是比较一致的解释是:原料采购,产品设计,生产物流,零售消费,货款结算等环节都在国内完成,从而形成国内流转的一个"闭环"。对老百姓而言,就是可以在国内买到"性价比"更高的消费产品了。

棉花棉纱棉布(包括部分化纤纱和化纤布)是重要的民生物资。纺纱织布和印染行业,在国外被称作 family business。这是因为早期从事棉花种植和纺织加工的从业人员,都是以"家庭"为单位的,后来也慢慢发展成为"家族企业"。只要有人类的社会活动,棉花-棉纱-棉布的产业链就永远会存在。棉花以及各类主要由棉花制成的纺织产品和服装服饰制品也大部分和每家每户的日常生活有关联。棉花棉纱棉布产业链冗长,属于传统的制造业范畴,产业链上的从业人员数量巨大,国内国外都有无数个家庭依靠这个庞大的产业链维持家庭生计。

棉花作为纺织工业的重要原料,一直以来为我国的外向型经济的发展做出重大的贡献。我国棉花和棉纱棉布出口(传统的"两纱两布"出口品种)以及服装服饰出口为国家创造了大量的外汇收入。自从 2005 年中国加入 WTO 以后,中国的棉花、纺织产业发生了巨大的变化。中国经济的突飞猛进,人民生活水平大幅提高,传统的低端制造业不断地被迭代,高附加值和高科技含量的各种产品逐步走向全世界。各种生产要素的价格大幅提高,"人口红利"和"原料红利"逐步消失。因此,用棉量很大的纺织服装行业的发展遭遇"边缘化"。在过去的几十年中,我们的纺织产品出口主要是以"外循环"为主,"出口创汇"是主要的目标,棉花棉纱棉布以及服装产品的大量出口,曾经为国家赚取了大量经济建设所需要的外汇,极大地支持了我国经济发展。随着几十年来中国经济的快速发展,十四亿人口的消费能力将会构成一个庞大的内销市场,值得大家重点投入和关注。纺织服装行业,作为低端的密集型的"外向型经济",目前已遇到了"天花板",各项成本的快速上升以及环保的压力,使得我国不得不重新审视这个产业未来的发展。这次新冠肺炎疫情的爆发,使国外消费市场极度萎缩。相比较下,中国国内庞大的消费市场成了"香饽饽"。国际上的大型企业都已经注意到中国庞大的市场正在焕发出极大的魅力。

如果你仔细注意一下,每年春季和秋季两次的"广交会",以往的名称叫作"广州出口商品交易会",而现在呢,叫作"广州进出口商品交易会",多了一个"进"字,一字之差,贸易形式大大改变。进口和出口并举,国外市场和国内市场开启"双循环"模式,两条腿同时走路,经济才能

[①] 执笔人:吴法新;审稿人:刘敏。

走得更加稳健。这次由上而下的"内循环"显示出蓬勃生机。纺织和服饰行业又是"内循环"经济中最主要的产业(衣食住行,"衣"排在第一)。当然,在大力发展"内循环"经济的同时,传统的"外循环"经济,也不能放松。只要有市场,有销路,无论是"内循环"还是"外循环",都要高度重视。也就是所谓的"双循环"。

棉花棉纱棉布的产业链冗长,供应链管理技术含量很高。其他国家很难在短时间内建立一个"完善高效敏捷的棉花产品供应链系统",因此只有中国才具有得天独厚的优势。这要归功于改革开放40多年来,14亿全体中国人民的努力。

二、中国棉花产业面临的挑战

(一)棉花产业链中,生产要素配置不合理

我国棉花主产区有三个:黄河流域、长江流域和西北地区,经过近20多年的发展和调整,目前我国的棉花主产区已经转移到了西北地区。西北地区的棉花产量占据了我国的棉花产量85%以上的份额。但是与棉花配套的棉纺和棉布产业,生产基地离棉花主产区还是太遥远,物流运输不方便,市场信息不灵通,相关产业不配套。人力资源也很缺乏,棉花和纺织行业需要成熟的产业工人和建立完善的培养培训制度。

(二)纯棉制品的应用场景越来越少

当前的电子商务模式和"快时尚"模式的兴起,使传统的纺织品服装服饰消费习惯发生了很大的变化,大量的"一季服"(就是穿一季就丢弃了的服装)使服装企业对原料的需求发生很大变化。近年来,化学纤维和再生纤维的大量使用,挤占了纯棉产品的市场空间。为此,我们要大力提倡和推广"Cotton China"品牌和扩大应用场景,让中国棉花走向世界。

(三)棉花产量逐年递减

由于受到土地资源短缺和水资源短缺的约束,我国用于种植棉花的"棉田面积"正在逐年减少。再加上"棉粮争地"的问题近年来尤其突出。然而,"粮食安全"的权重要大过"棉花安全"的权重,这就使得"棉田"土地资源匮乏的问题更加突出。

(四)合格的劳动力大量缺乏

棉花作物的生长期间的田间管理需要大量的人工参与。在农业上,农时不等人。例如:三月备种,四月育苗,五月现蕾,六月开花,七月结桃,八月吐絮,九十月采摘。虽然机械化和智能化农业机械的使用,节约了大量的人工,但是在关键的几个"节点"上,还是需要使用人工作业,因此,合格的劳动力数量和基本的素质也可能是未来制约棉花行业发展的瓶颈。

(五)化学纤维对棉花的替代作用越来越明显

现在成年人穿的衣服中,棉花含量已经很低了,国际上的品牌商也在大量使用经过技术改进的各类化学纤维。2019年是我国石油化工产业"大扩容"的元年,这也就意味着在不远的将来,聚酯产能将会在现在的基础上扩大数倍,涤纶短纤的价格将会大幅降低。这将对棉花的市场价格和市场份额造成非常大的冲击。2020年10月12日,郑商所"涤纶短纤"品种开市交

易,棉纺企业正在关注化学纤维对棉花的替代。

（六）西方某些国家把新疆棉花"政治化"

这是未来可能出现的一个棘手的问题,相信我们有关部门能够提前做好准备,准备好各种预案以应付突发情况。

中国棉花产业要面对以上几方面的"挑战",未来还是充满了不确定性。但是,"危中有机"。有挑战也有机会。每一次挑战或者说每一次困难,都将是中国棉花行业的又一次"腾飞"的垫脚石。

三、"双循环"背景下,中国棉花产业的"新机遇"

一是14亿人口的巨大市场,孕育着极大的市场潜力。这次由国家主导的,由上而下的"内循环"不是以前简单的"出口转内销",也不是"外贸尾货产业",而是一个彻彻底底的贸易目标市场的转变,这将使棉花棉纱棉布的消费量上升到一个新的阶段。

二是东南亚、南美洲、非洲、大洋洲等"非欧美地区"的消费市场也是非常巨大的,我们在做好"内循环"的同时,"外循环"也不能放弃。只要有商业机会,有目标市场,有合理利润,只要有生意,都不要放弃。山东、河南、广东和福建的纺织品贸易商在积极拓展新疆棉花在国内市场的同时,还在全世界推销我们国家的棉花棉纱棉布。相信,用不了多久,Cotton China 的品牌就会受到全世界的欢迎。这是"双循环"给我们带来的新的机遇。

三是随着通信技术和网络技术的发展加上农业机械化的智能化运用,中国棉花产业育种和种植管理的现代化,将可以令植棉成本大大降低,棉花品质有望逐步接近国外(美棉、澳棉)综合指标。

四是新冠肺炎疫情是"危"也是"机",在外贸遭遇"瓶颈","疫情"减缓经济的大环境下,国家领导层提出的"双循环"概念,以"内循环"为主,同时不放弃"外循环",国内和国外市场双管齐下,这给我们的涉棉企业的工作重点指明了方向和"新的机遇"。

五是这次管理层提出"双循环"战略,是"中国优先"策略的委婉的提法。提高中国国内十四亿人口的生活质量和消费水平,是"双循环"策略的核心,而这又为棉花行业带来非常良好的发展机会。

第十部分 2020/2021年度棉花市场预警报告[①②]

2020年度,全球棉花市场供求水平仍较宽松,中国产需缺口有所扩大。百年一遇的新冠肺炎疫情重创世界经济。眺望后疫情时代,在流动性巨浪与现实竞争环境中求生存、谋发展成为牵引本年度棉花市场的基本力量。

一、2019年度全球棉花消费量锐减,供给显著过剩

贸易摩擦硝烟未尽,新冠肺炎疫情接踵而至,2019年度全球棉花消费量大幅下降,供给显著过剩。

1.全球棉花消费陷入近15年来低谷

在中美贸易摩擦形势严峻,棉花下游出口前景黯淡背景下,时间进入2019棉花年度。2019年12月13日,中美就第一阶段经贸协议文本达成一致。2020年1月15日中美签署第一阶段经贸协议。2019年末2020年初,新冠肺炎疫情爆发。为保护生命,中国及海外一度采取隔离封闭措施。2019年度全球棉花消费量约2223.6万吨(美国农业部9月),创2004年度以来新低,同比下降幅度超过15%,为1989年度以来最大降幅。根据国家棉花市场监测系统发布的数据,中国棉花消费量降至701.4万吨,同比下降12%。2001年度以来全球棉花消费量比较(见图10-1)。

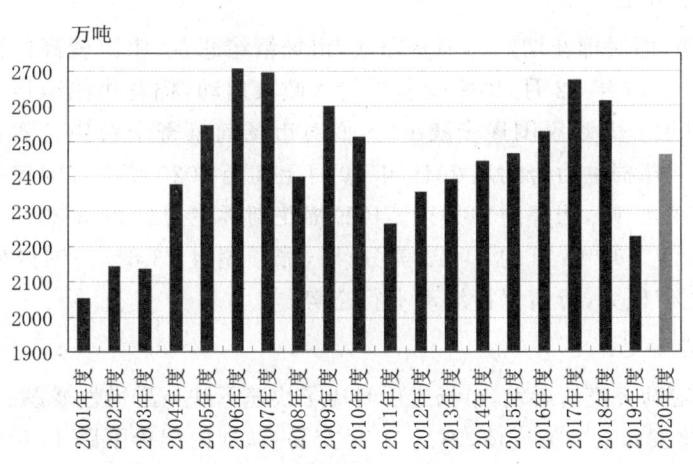

图10-1 2001年度以来全球棉花消费量比较
(数据来源:国家棉花市场监测系统 美国农业部)

---

① 执笔人:冯梦晓;审稿人:唐敏。
② 2020/2021年度,简称2020年度,具体为2020年9月至2021年8月。

2.全球棉花供求关系由显著宽松走向极为宽松

与棉花消费端的萎缩相比,作为大宗农产品的棉花,其供给端难以随之变化。供给刚性与需求弹性之间的不可协调性成为新冠肺炎疫情背景下棉花市场的主要矛盾。从2020年2月到7月,国际机构将2019年度全球棉花期末库存消费比由69%一路上调至98%,登上30多年来的高峰。1989年度以来全球棉花市场期末库存消费比(见图10-2)。

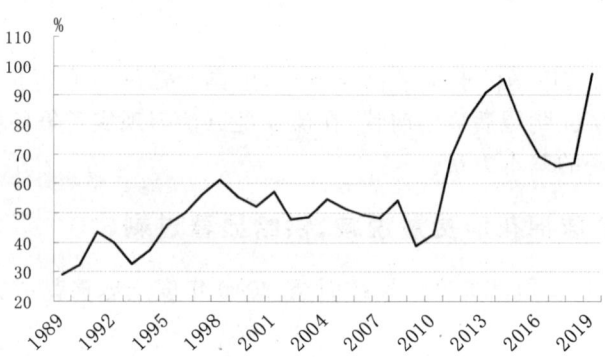

图10-2 1989年度以来全球棉花市场期末库存消费比
(数据来源:国家棉花市场监测系统 美国农业部)

二、2019年度国内外棉花价格一波三折,年度均价大幅下跌

外部环境对2019年度棉花市场造成猛烈冲击,海量资金、市场情绪、行业运行指标、资本市场走势及其边际效应占据棉花市场定价机制主导地位。

1.悲观、减压与希望

2019年度之初,面对棉花增产与消费黯淡,市场情绪悲观,中国较高的商业库存加大了国内棉价下降幅度。2019年12月,国家储备棉轮入政策启动,棉花供给减压。中美贸易第一阶段经贸协议取得进展。悲观氛围逐步淡出,人们对市场前景寄予希望。随着棉价风险明显释放,资本借势布局。郑棉主力合约从2019年10月上旬至2020年1月中旬一路上扬,由12085元/吨上涨至14370元/吨,涨幅约18.9%。ICE棉花期货主力合约由2019年9月初57.86美分/磅攀升至2020年1月13日的71.53美分/磅,涨幅超过23.6%。国内外棉花市场抵御了北半球皮棉集中上市压力,行情保持波动上行态势。

2.抗疫、观望与惊恐

2020年初,新冠肺炎疫情爆发,市场先后经历了快速下跌与恐慌性暴跌。2020年1月14日至2月3日,中国爆发新冠肺炎疫情,不足10个交易日,国内棉价下跌11.8%,海外市场观望成分相对居多,棉价跌幅为6.6%。经过艰苦卓绝的努力,中国扭转了疫情局势。2月4日至19日,棉价企稳上行。正当人们认为疫情即将结束,中国复工复产之际,海外疫情爆发,全球警报拉响。2月下旬至3月,全球60多个国家宣布进入紧急状态,部分国家宣布进入"战时状态"或"战争状态"。部分大国疯抢防疫物资,全球金融市场一片惊恐,美国股指四次熔断,恐慌指数连创新高,美国原油期货5月合约跌入负值。27天时间,国内、国外棉价跌幅分别达22.23%、30.49%。

3.舒缓、修复与贪婪

得益于多重有利因素,棉价不惧纱价跌势,行情重心上移。其一,世界各国纷纷出台巨额经济援助政策,财政支持力度推向新高度,货币政策宽松水平刷新历史新高。其二,随着欧美疫情趋稳,特别是美国纽约市呼吸机等防疫物资短缺问题逐步得到缓解,市场恐慌氛围边际趋缓。其三,3月17日美国纳斯达克股票指数止跌,3月19日黄金、白银及铜等贵金属快速反弹,充裕的流动性纷纷抓住上涨机会,4月初资本市场上涨已成燎原之势。国内外棉价企稳反弹。其四,中国服装类商品零售及出口同比降幅先后于4月、5月之后收窄,边际向好态势不断呈现(见图10-3、图10-4)。6月下旬,因担心国储棉出库市场承压,悲观氛围再起,价格略有下滑。《关于组织2020年中央储备棉轮出销售的公告》发布后,明确了2019年度棉花市场最后的供给增量,政策多项保护性工具平复了市场情绪。随着"利空出尽",7月棉价企稳上行态势确立。截至2019年8月底,郑棉主力合约反弹至13000元/吨附近,比3月底低点上涨26.4%,ICE棉花主力合约反弹至65美分/磅一线,比3月底低点上涨35.5%。

图10-3　2019年度以来郑棉与ICE期棉走势
(数据来源:国家棉花市场监测系统)

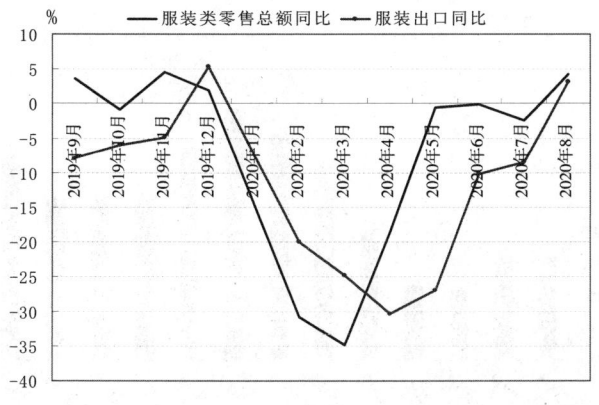

图10-4　2019年度以来中国服装国内零售及出口同比
(数据来源:国家统计局　国家棉花市场监测系统)

随着美国股市不断"收复失地",6月中旬之后,纳斯达克股票指数超越新冠肺炎疫情爆发前高点,朝着创造历史新高不断推进,与居高不下的失业率形成强烈反差。资本贪婪的禀性暴露无遗,为金融市场后期运行埋下隐患。

整体看,中美贸易争端及全球新冠疫情大流行两件大事基本覆盖了2019年度。重压之下,代表国棉现货价格的国棉B指数年度均价下降至12515元/吨,为10年来新低,比上年下降17.6%。ICE棉花期货主力合约均价跌至62.29美分/磅,创2009年来新低,同比下降幅度达14.11%,为2015年来的最大降幅。

三、2020年度棉花市场风险预警

世界处于动荡变革时期,新冠肺炎疫情加剧了外部环境的复杂性。大国博弈、科技争端再度升级,部分国家强调"国家安全"优先,效率不再成为全球价值链唯一导向。市场在全球资源配置中发挥的作用进一步降低。

(一)2020年度国内外棉花供求格局分析

2020年度,全球棉花期初库存显著扩大,产量有所下滑,消费略有增加,供给仍明显大于需求。中国产需缺口或略有增加。若后期宏观经济恢复乏力,不排除棉花市场供求关系进一步宽松的可能性。

1. 全球棉花市场较为宽松,期初库存创五年来新高

根据美国农业部9月发布的报告,2020年度,全球棉花期初库存2165万吨,同比增加24%,增幅为近8年来新高,与近五年平均期初库存1937万吨相比,增加了324万吨,增幅16.7%(见图10-5)。印度、巴西期初库存分别达389万吨、305万吨,均创历史新高。2019年度,全球棉花产量2552万吨,下降了3.9%,但与近五年平均产量2563万吨相比,差别不大;消费量2454万吨,同比增加10.3%,近五年平均消费量为2499万吨,相差仅45万吨;期末库存消费比为92.3%,比上年下降5.1个百分点,但远高于近五年的平均水平78.34%。从主产棉国看,印度产量653万吨,比上年增加约11万吨。中国产量593万吨,巴基斯坦产量135万吨,均与上年持平。减产较为明显的美国、巴西,产量分别为372万吨、261万吨,减幅分别为14.3%、10.5%。

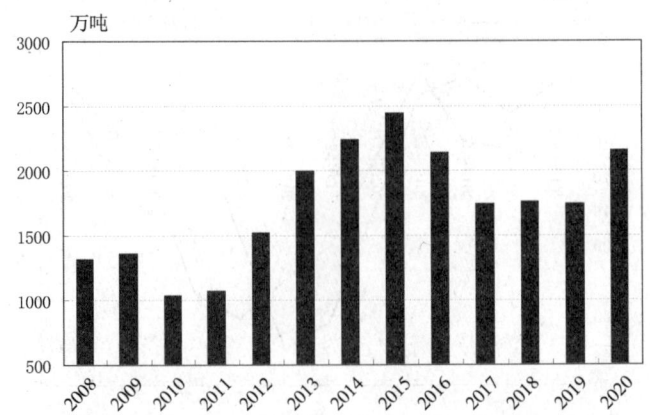

图10-5 2008年度以来全球棉花期初库量对比
(数据来源:国家棉花市场监测系统 美国农业部)

2.中国棉花收购环节市场空间收窄,企业心态纠结复杂

2020年月上旬,美股暴跌引发棉花期货深度振荡,美国对中国新疆棉花产业链动作频频,新年度在杂音纷扰中拉开帷幕。目前,全国新棉采摘、收购均慢于上年。根据国家棉花市场监测系统发布的《中国棉花购销周报》,截至9月18日,全国新棉采摘进度为1.6%,同比下降1.0个百分点,全国交售率为5.5%,同比下降9.3个百分点。棉农预期售价升高,资金面充裕,而下游纺织运行乏力,留给收购企业辗转腾挪的空间大幅收窄。其一,棉农预期价格提高。其二,企业担心资金大户提价收购,抢占资源,自己收不到足够多的棉花,甚至收不到棉花。其三,出价到位收上籽棉后,企业对后期能否顺价销售皮棉存有较大疑虑。目前,部分企业开秤价在5.45—5.6元/公斤,这一价格收上籽棉,大致折算皮棉成本在13000元/吨左右,而当前市场价格在12700元/吨左右,价格倒挂。部分承包厂的收购成本更高,在13400元/吨左右。

在前面观察全球棉花市场供求格局部分,国际机构预计2020年度全球棉花消费量将增加10.3%,这一增长幅度与2020年度经济回暖态势可能匹配。

(二)全球经济前景面临较大不确定性

1.全球及主要国家经济景气指标边际向好,但中国出口订单指数有待突破

中国制造业PMI低谷出现在2月,为35.7,为有记录以来新低。美国、欧元区及全球于4月触底,PMI分比为41.5、33.4、39.6。日本PMI触底于5月为38.4。这一阶段,欧元区经济降温较为显著。随着景气水平提高,8月PMI,除日本为47.2,其他主要国家经济体均突破50荣枯线。中国经济景气V形反转较为典型,由2019年9月的49.8缓慢上移,11月升至50.20,2020年2月触底后,3月回升至52之后持续保持在50以上(如图10-6所示)。值得注意的是,中国制造业出口订单指数,2月为28.7后恢复向好,8月为49.1,仍不足50。

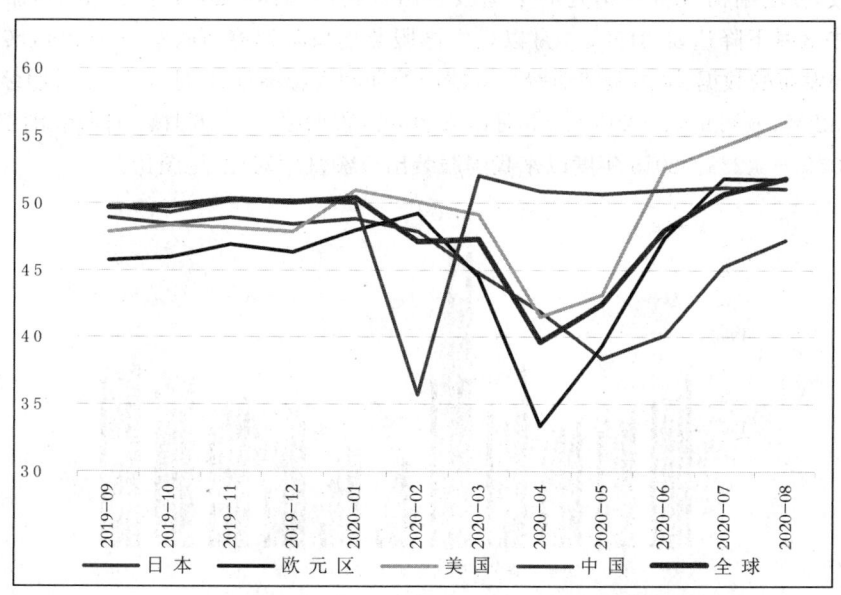

图10-6　2019年度以来主要国家及全球制造业PMI对比
(数据来源:国家棉花市场监测系统　Wind)

2.海外疫情秋冬反弹已现端倪

根据世卫组织实时统计数据,截至9月20日,全球累计新冠肺炎确诊病例超过3067万例,累计死亡病例95万例,过去24小时新增病例31万例。法国单日新增病例数创新高,超过1.3万例。德国新增病例为4月以来最高值。英国首相约翰逊表示,英国出现第二波新冠肺炎疫情"不可避免",政府考虑在全国范围内实施新的限制措施。以色列于9月18日启动第二次全面封锁。9月21日,美国每日新增病例仍高于3万例,印度每日新增确诊人数达10万人左右。市场再次担忧疫情激增或导致新一轮封锁,9月21日欧美股市大幅下跌,纳斯达克、标准普尔、德国DAX收盘价与9月17日相比,下跌幅度分别为1.2%、2.3%、5.0%。

3.经济前景迷雾笼罩

国际货币基金组织预计,若经济于2020年二季度触底,2020年全球经济将萎缩4.9%,若避免第二波疫情爆发,2021年增长5.4%。经济合作与发展组织认为,2021年世界经济仍然存在较大的不确定性。如果疫情得到有效控制,2021年世界经济增速为5.2%,如果疫情二次爆发,经济增速为2.8%。目前,海外疫情秋冬反弹为后期经济前景蒙上阴影。此外,国际贸易摩擦、大国科技争端能否停歇成为全球经济回归正常的关键。世界银行担心中国与一些主要贸易伙伴的双边紧张局势升级,有可能导致全球经济复苏脱轨。

(三)中国棉花产业链运行不畅

中国服装内外需求接连遭受冲击,棉布的库存一度大幅增加,价格显著波动。4月以来,服装消费边际改善。值得注意的是,在全球经济"蛋糕"萎缩背景下,纱布价格传导不畅情况突出。

1.服装出口及国内消费边际向好态势持续,但与整体修复格局尚有较大距离

疫情爆发,让刚刚初现贸易曙光的中国服装出口再度承压。2020年1—5月,服装出口下降22.14%。其中3月下降达30.31%。4月以来中国服装出口降幅有所收窄,8月出口转正为3.23%。据国家统计局发布的数据,国内服装消费在疫情严控期间大幅萎缩,2月、3月、4月服装消费同比增速分别为-33.2%、-36.9%、-20.7%。5月以来边际改善增强,5月、6月、7月服装消费增速分别为-1.5%、-2.0%、-4.2%。2015年度以来我国服装出口额月度对比(见图10-7)。

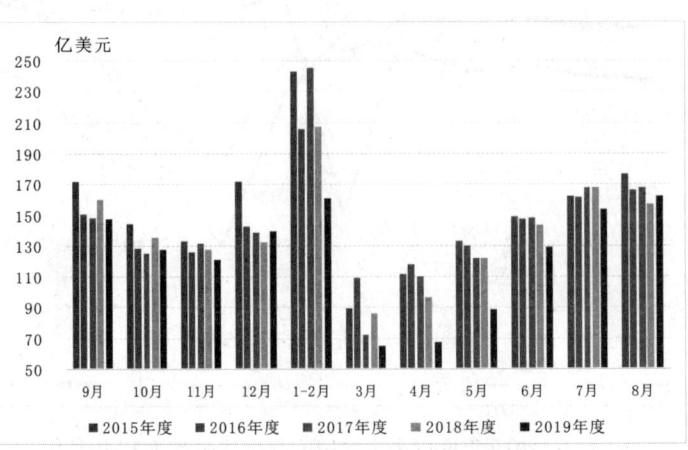

图10-7 2015年度以来我国服装出口额月度对比

(数据来源:国家棉花市场监测系统)

2020年8月中国服装内需恢复至同比增长4.40%。不过,纵向回溯这一增幅,为2001年以来国内服装类零售额同比增速最弱的8月数据。2001年度以来我国服装内需8月同比增速对比(见图10-8)。

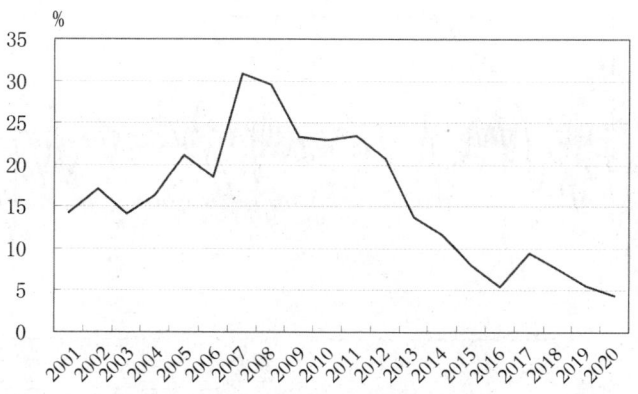

图10-8 2001年度以来我国服装内需8月同比增速对比
(数据来源:国家棉花市场监测系统)

消费意愿和能力是服装消费量的决定因素。当我们走出疫情,进入后疫情时代,感染顾虑消除,消费意愿增加,市场有可能迎来一段时间的消费热潮。不过,相对有限的经济增速将在一定程度上制约消费能力,服装消费的持续增长面临压力。2019年度中国服装出口下降11.34%,为2000年度以来新低。2019年度以来,服装外贸大幅萎缩,中期外部环境明显改善尚有变数,整体修复格局存在较大距离。2017年度以来我国服装内需增速对比(见图10-9)。

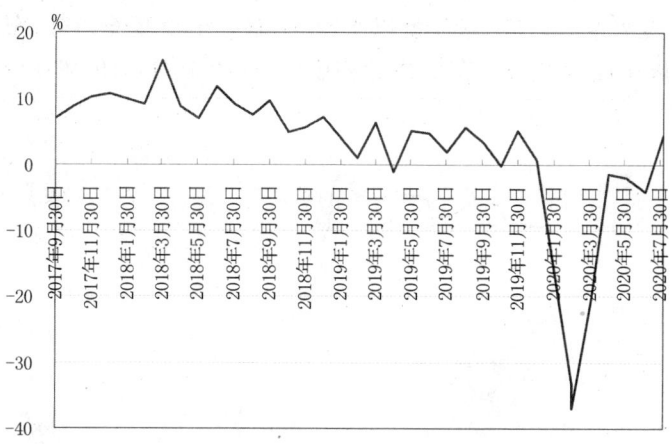

图10-9 2017年度以来我国服装内需增速对比
(数据来源:国家棉花市场监测系统)

2.纱布销势疲弱

国家棉花市场监测系统《中国棉花工业库存调查报告》发布的数据显示,2020年2月,纱、布产销率分别降至73%、63%,为2007年以来新低。2—8月,纱布产销边际向好,9月疲弱再现。2019年度纱库存平均为27.4天的销量,比2018年度下降-71%,但布库存平均为49.1

天,增加了 28%。2—3月布的库存骤然升高,月度平均超过 112 万吨,为十年来新高,之后库存波动下降,近期积压迹象再起。近年来我国纱布产销率对比(见图 10-10)。

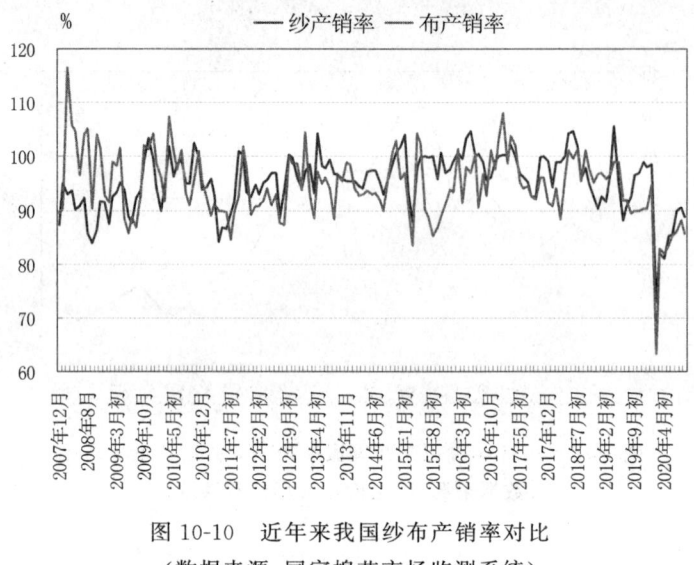

图 10-10　近年来我国纱布产销率对比
(数据来源:国家棉花市场监测系统)

3. 花、纱、布价格协调水平亟待优化

根据中国棉花网数据中心发布的相关数据,2020 年 4 月以来的棉花市场价格行情,与纱价、布价形成背离之势。三者走势的协调性亟待优化,3 月底国棉现货市场价格触底后波动反弹;纱价则延续下行走势至 8 月底,新年度以来,纱价略有企稳缓慢回升;布价至今仍未出现企稳迹象。2019 年度以来国内花、纱、布价格走势比较(见图 10-11、图 10-12)。

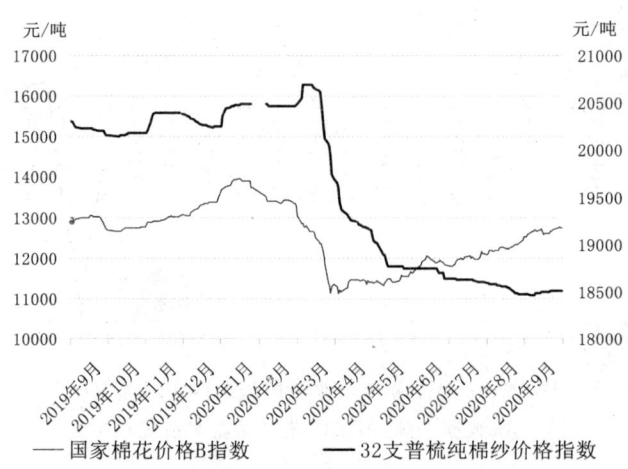

图 10-11　2019 年度以来国内花、纱价格走势比较
(数据来源:国家棉花市场监测系统)

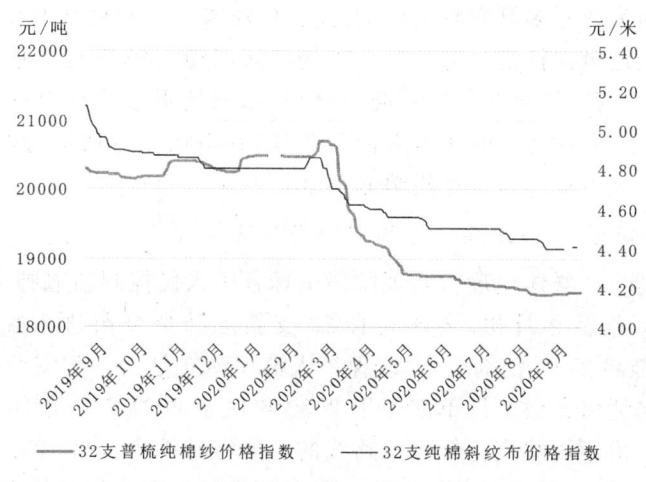

图 10-12　2019 年度以来国内纱、布价格走势对比
（数据来源：国家棉花市场监测系统）

（四）2020 年度棉花市场风险

疫情冲击下，资本对棉价的影响明显增强。全球经济增长乏力，棉花实体企业竞争有增无减。2020 年度横跨疫情后期及后疫情时代。棉花市场价格定价逻辑面临切换。

1. 警惕后疫情时代全球经济步入低速增长期

乐观看，疫情结束后，全球经济步入低速增长阶段，悲观看，可能滑入萧条。其主要原因，一是追求国家经济安全发展，即使由此付出降低经济增速的代价，已经成为疫情爆发以来多国关注的焦点。二是在若干影响经济的重大问题上，大国间协调难度较大，彼此内耗颇多。三是全球人口老龄化问题突出。四是全球债务高企。为应对 2008 年金融危机，全球主要经济体背负的债务水平本已较高，并一直未能明显缓解。应对疫情，全球债务加速激增。有机构跟踪调查指出，2020 年第一季度末，全球债务增至 258 万亿美元，相当于世界国内生产总值（GDP）的 331%。即全球债务是全球经济规模的 3 倍还多。国际金融协会专家表示，2020 年全球债务总额可能比 2019 年增长 20 万亿美元，有史以来首次超过 275 万亿美元。

2. 警惕金融市场动荡再起

当前，全球流动性极度充沛，中国金融开放加快，人民币国际化进程提速，推动国际金融格局变迁的基本要素正逐步形成。美国、欧洲以及日本等西方发达国家背负巨大债务，政策利率将在较长时间维持零和负值水平。目前，经济景气回升相对较快的美国、德国，其股市已明显偏高。传统制造业产能普遍过剩，全球投资机会匮乏。为寻求投资机会，全球资本跨国流动概率增加。国际资本市场水大浪急，在大国博弈背景下，国际金融市场蕴含较多不确定性。我国实体经济转型升级构筑良好生态环境，面临较大挑战。

3. 警惕后疫情时代棉花价格定价逻辑面临切换

疫情爆发后，借助疫情引发资本市场坍塌形成的巨大洼地效应，传统金融机构借势拉高行情，在经济一片黯淡中，形成"灯塔"，引发包括抗疫资金在内的大量资金蜂拥入市，并形成羊群效应。资本市场成为为数不多具有较大影响,适合广泛参与以及财富增长功能的疫情避风港。疫情下风险资产定价逻辑:"行情强行拉升+市场情绪回稳+经济或行业基本面边际改善"进而"支撑市场并推升行情",资金与行情不断彼此作用,行情重心波动上移。值得注意的是,随着疫情结束,经济写实的一面将再度为人们所关注,并将构成行情运行的主要支点。时移世易,临近后疫情时代,风险资产定价逻辑势必面临切换。

4. 全球免疫屏障能否于2020年度全面实现仍存变数

接种新冠疫苗,实现"群体免疫",是现阶段全球各国人民控制新冠肺炎疫情持续爆发的共同目标和唯一希望。截至9月初,全球共有10支新冠肺炎疫苗进入临床三期试验。预计2020年内全球总产能最多10亿剂级,对应保护人群仅约5亿人。若疫苗研发推进顺利,预计欧美等发达经济体将凭借充裕的订单率先于2020年底至2021年上半年实现大规模接种,建立起群体免疫屏障。由于核酸疫苗等技术路线的产能容易扩大,预计2021年全球产能有望迅速放大至数十亿剂,乃至上百亿剂,届时亚太、南美等发展中国家将开始大规模接种,全球疫情得到较好控制。圣诞节、新年、春节等节日是服装消费重要节点,届时海内外市场回暖前景仍较复杂。

5. "流动性大桥"能否与棉花实体经济无缝衔接

当前,人们关注疫苗接种,期待群体免疫屏障尽快建立。市场情绪在2020年度的时间序列分布与2019年度形成强烈对照。整体看,2019年度市场情绪前低后高。若2020年度之初市场情绪温度过高,则可能酿成年度市场价格前高后低的结构性风险。目前,棉花市场最为显著的特点是,年度之初市场情绪热度明显高于上年。市场对于经济摆脱疫情的信心明显增强,人们憧憬着后疫情时代的来临。回到现实,新冠肺炎疫情加剧世界百年未有之大变局。全球贫富分化快速演进,民粹主义、反全球化浪潮此起彼伏。世界债务高企,经济增长乏力。9月以来,国际金融市场理性思辨有所回归,人们开始正视美国股市与现实经济的过度背离。棉花市场等大宗商品行情受到牵制,部分过度上涨的品种面临"清算"。主要由流动性编织的资本大桥从2020年4月推演至今,眼下纱价刚有所企稳,布价仍在下探,下游支撑棉价的力量待整固。朴素的道理提醒我们,来自产业链终端自下而上的力量,方能牵引棉花市场行情走向远方。

2020年度已经到来,衷心祝愿棉花行业的朋友们把握机会,规避风险,行稳致远!

附录一 中共中央 国务院
关于抓好"三农"领域重点工作确保如期实现全面小康的意见

(2020年1月2日)

党的十九大以来,党中央围绕打赢脱贫攻坚战、实施乡村振兴战略作出一系列重大部署,出台一系列政策举措。农业农村改革发展的实践证明,党中央制定的方针政策是完全正确的,今后一个时期要继续贯彻执行。

2020年是全面建成小康社会目标实现之年,是全面打赢脱贫攻坚战收官之年。党中央认为,完成上述两大目标任务,脱贫攻坚最后堡垒必须攻克,全面小康"三农"领域突出短板必须补上。小康不小康,关键看老乡。脱贫攻坚质量怎么样、小康成色如何,很大程度上要看"三农"工作成效。全党务必深刻认识做好2020年"三农"工作的特殊重要性,毫不松懈,持续加力,坚决夺取第一个百年奋斗目标的全面胜利。

做好2020年"三农"工作总的要求是,坚持以习近平新时代中国特色社会主义思想为指导,全面贯彻党的十九大和十九届二中、三中、四中全会精神,贯彻落实中央经济工作会议精神,对标对表全面建成小康社会目标,强化举措、狠抓落实,集中力量完成打赢脱贫攻坚战和补上全面小康"三农"领域突出短板两大重点任务,持续抓好农业稳产保供和农民增收,推进农业高质量发展,保持农村社会和谐稳定,提升农民群众获得感、幸福感、安全感,确保脱贫攻坚战圆满收官,确保农村同步全面建成小康社会。

一、坚决打赢脱贫攻坚战

(一)全面完成脱贫任务

脱贫攻坚已经取得决定性成就,绝大多数贫困人口已经脱贫,现在到了攻城拔寨、全面收官的阶段。要坚持精准扶贫,以更加有力的举措、更加精细的工作,在普遍实现"两不愁"基础上,全面解决"三保障"和饮水安全问题,确保剩余贫困人口如期脱贫。进一步聚焦"三区三州"等深度贫困地区,瞄准突出问题和薄弱环节集中发力,狠抓政策落实。对深度贫困地区贫困人口多、贫困发生率高、脱贫难度大的县和行政村,要组织精锐力量强力帮扶、挂牌督战。对特殊贫困群体,要落实落细低保、医保、养老保险、特困人员救助供养、临时救助等综合社会保障政策,实现应保尽保。各级财政要继续增加专项扶贫资金,中央财政新增部分主要用于"三区三州"等深度贫困地区。优化城乡建设用地增减挂钩、扶贫小额信贷等支持政策。深入推进抓党建促脱贫攻坚。

(二)巩固脱贫成果防止返贫

各地要对已脱贫人口开展全面排查,认真查找漏洞缺项,一项一项整改清零,一户一户对账销号。总结推广各地经验做法,健全监测预警机制,加强对不稳定脱贫户、边缘户的动态监测,将返贫人口和新发生贫困人口及时纳入帮扶,为巩固脱贫成果提供制度保障。强化产业扶贫、就业扶贫,深入开展消费扶贫,加大易地扶贫搬迁后续扶持力度。扩大贫困地区退耕还林还草规模。深化扶志扶智,激发贫困人口内生动力。

（三）做好考核验收和宣传工作

严把贫困退出关,严格执行贫困退出标准和程序,坚决杜绝数字脱贫、虚假脱贫,确保脱贫成果经得起历史检验。加强常态化督导,及时发现问题、督促整改。开展脱贫攻坚普查。扎实做好脱贫攻坚宣传工作,全面展现新时代扶贫脱贫壮阔实践,全面宣传扶贫事业历史性成就,深刻揭示脱贫攻坚伟大成就背后的制度优势,向世界讲好中国减贫生动故事。

（四）保持脱贫攻坚政策总体稳定

坚持贫困县摘帽不摘责任、不摘政策、不摘帮扶、不摘监管。强化脱贫攻坚责任落实,继续执行对贫困县的主要扶持政策,进一步加大东西部扶贫协作、对口支援、定点扶贫、社会扶贫力度,稳定扶贫工作队伍,强化基层帮扶力量。持续开展扶贫领域腐败和作风问题专项治理。对已实现稳定脱贫的县,各省(自治区、直辖市)可以根据实际情况统筹安排专项扶贫资金,支持非贫困县、非贫困村贫困人口脱贫。

（五）研究接续推进减贫工作

脱贫攻坚任务完成后,我国贫困状况将发生重大变化,扶贫工作重心转向解决相对贫困,扶贫工作方式由集中作战调整为常态推进。要研究建立解决相对贫困的长效机制,推动减贫战略和工作体系平稳转型。加强解决相对贫困问题顶层设计,纳入实施乡村振兴战略统筹安排。抓紧研究制定脱贫攻坚与实施乡村振兴战略有机衔接的意见。

二、对标全面建成小康社会加快补上农村基础设施和公共服务短板

（六）加大农村公共基础设施建设力度

推动"四好农村路"示范创建提质扩面,启动省域、市域范围内示范创建。在完成具备条件的建制村通硬化路和通客车任务基础上,有序推进较大人口规模自然村(组)等通硬化路建设。支持村内道路建设和改造。加大成品油税费改革转移支付对农村公路养护的支持力度。加快农村公路条例立法进程。加强农村道路交通安全管理。完成"三区三州"和抵边村寨电网升级改造攻坚计划。基本实现行政村光纤网络和第四代移动通信网络普遍覆盖。落实农村公共基础设施管护责任,应由政府承担的管护费用纳入政府预算。做好村庄规划工作。

（七）提高农村供水保障水平

全面完成农村饮水安全巩固提升工程任务。统筹布局农村饮水基础设施建设,在人口相对集中的地区推进规模化供水工程建设。有条件的地区将城市管网向农村延伸,推进城乡供水一体化。中央财政加大支持力度,补助中西部地区、原中央苏区农村饮水安全工程维修养护。加强农村饮用水水源保护,做好水质监测。

(八)扎实搞好农村人居环境整治

分类推进农村厕所革命,东部地区、中西部城市近郊区等有基础有条件的地区要基本完成农村户用厕所无害化改造,其他地区实事求是确定目标任务。各地要选择适宜的技术和改厕模式,先搞试点,证明切实可行后再推开。全面推进农村生活垃圾治理,开展就地分类、源头减量试点。梯次推进农村生活污水治理,优先解决乡镇所在地和中心村生活污水问题。开展农村黑臭水体整治。支持农民群众开展村庄清洁和绿化行动,推进"美丽家园"建设。鼓励有条件的地方对农村人居环境公共设施维修养护进行补助。

(九)提高农村教育质量

加强乡镇寄宿制学校建设,统筹乡村小规模学校布局,改善办学条件,提高教学质量。加强乡村教师队伍建设,全面推行义务教育阶段教师"县管校聘",有计划安排县城学校教师到乡村支教。落实中小学教师平均工资收入水平不低于或高于当地公务员平均工资收入水平政策,教师职称评聘向乡村学校教师倾斜,符合条件的乡村学校教师纳入当地政府住房保障体系。持续推进农村义务教育控辍保学专项行动,巩固义务教育普及成果。增加学位供给,有效解决农民工随迁子女上学问题。重视农村学前教育,多渠道增加普惠性学前教育资源供给。加强农村特殊教育。大力提升中西部地区乡村教师国家通用语言文字能力,加强贫困地区学前儿童普通话教育。扩大职业教育学校在农村招生规模,提高职业教育质量。

(十)加强农村基层医疗卫生服务

办好县级医院,推进标准化乡镇卫生院建设,改造提升村卫生室,消除医疗服务空白点。稳步推进紧密型县城医疗卫生共同体建设。加强乡村医生队伍建设,适当简化本科及以上学历医学毕业生或经住院医师规范化培训合格的全科医生招聘程序。对应聘到中西部地区和艰苦边远地区乡村工作的应届高校医学毕业生,给予大学期间学费补偿、国家助学贷款代偿。允许各地盘活用好基层卫生机构现有编制资源,乡镇卫生院可优先聘用符合条件的村医。加强基层疾病预防控制队伍建设,做好重大疾病和传染病防控。将农村适龄妇女宫颈癌和乳腺癌检查纳入基本公共卫生服务范围。

(十一)加强农村社会保障

适当提高城乡居民基本医疗保险财政补助和个人缴费标准。提高城乡居民基本医保、大病保险、医疗救助经办服务水平,地级市域范围内实现"一站式服务、一窗口办理、一单制结算"。加强农村低保对象动态精准管理,合理提高低保等社会救助水平。完善农村留守儿童和妇女、老年人关爱服务体系。发展农村互助式养老,多形式建设日间照料中心,改善失能老年人和重度残疾人护理服务。

(十二)改善乡村公共文化服务

推动基本公共文化服务向乡村延伸,扩大乡村文化惠民工程覆盖面。鼓励城市文艺团体和文艺工作者定期送文化下乡。实施乡村文化人才培养工程,支持乡土文艺团组发展,扶持农村非遗传承人、民间艺人收徒传艺,发展优秀戏曲曲艺、少数民族文化、民间文化。保护好历史文化名镇(村)、传统村落、民族村寨、传统建筑、农业文化遗产、古树名木等。以"庆丰收、迎小康"为主题办好中国农民丰收节。

(十三)治理农村生态环境突出问题

大力推进畜禽粪污资源化利用,基本完成大规模养殖场粪污治理设施建设。深入开展农药化肥减量行动,加强农膜污染治理,推进秸秆综合利用。在长江流域重点水域实行常年禁捕,做好渔民退捕工作。推广黑土地保护有效治理模式,推进侵蚀沟治理,启动实施东北黑土地保护性耕作行动计划。稳步推进农用地土壤污染管控和修复利用。继续实施华北地区地下水超采综合治理。启动农村水系综合整治试点。

三、保障重要农产品有效供给和促进农民持续增收

(十四)稳定粮食生产

确保粮食安全始终是治国理政的头等大事。粮食生产要稳字当头,稳政策、稳面积、稳产量。强化粮食安全省长责任制考核,各省(自治区、直辖市)2020年粮食播种面积和产量要保持基本稳定。进一步完善农业补贴政策。调整完善稻谷、小麦最低收购价政策,稳定农民基本收益。推进稻谷、小麦、玉米完全成本保险和收入保险试点。加大对大豆高产品种和玉米、大豆间作新农艺推广的支持力度。抓好草地贪夜蛾等重大病虫害防控,推广统防统治、代耕代种、土地托管等服务模式。加大对产粮大县的奖励力度,优先安排农产品加工用地指标。支持产粮大县开展高标准农田建设新增耕地指标跨省域调剂使用,调剂收益按规定用于建设高标准农田。深入实施优质粮食工程。以北方农牧交错带为重点扩大粮改饲规模,推广种养结合模式。完善新疆棉花目标价格政策。拓展多元化进口渠道,增加适应国内需求的农产品进口。扩大优势农产品出口。深入开展农产品反走私综合治理专项行动。

(十五)加快恢复生猪生产

生猪稳产保供是当前经济工作的一件大事,要采取综合性措施,确保2020年年底前生猪产能基本恢复到接近正常年份水平。落实"省负总责",压实"菜篮子"市长负责制,强化县级抓落实责任,保障猪肉供给。坚持补栏增养和疫病防控相结合,推动生猪标准化规模养殖,加强对中小散养户的防疫服务,做好饲料生产保障工作。严格落实扶持生猪生产的各项政策举措,抓紧打通环评、用地、信贷等瓶颈。纠正随意扩大限养禁养区和搞"无猪市"、"无猪县"问题。严格执行非洲猪瘟疫情报告制度和防控措施,加快疫苗研发进程。加强动物防疫体系建设,落实防疫人员和经费保障,在生猪大县实施乡镇动物防疫特聘计划。引导生猪屠宰加工向养殖集中区转移,逐步减少活猪长距离调运,推进"运猪"向"运肉"转变。加强市场监测和调控,做好猪肉保供稳价工作,打击扰乱市场行为,及时启动社会救助和保障标准与物价上涨挂钩联动机制。支持奶业、禽类、牛羊等生产,引导优化肉类消费结构。推进水产绿色健康养殖,加强渔港建设和管理改革。

(十六)加强现代农业设施建设

提早谋划实施一批现代农业投资重大项目,支持项目及早落地,有效扩大农业投资。以粮

食生产功能区和重要农产品生产保护区为重点加快推进高标准农田建设,修编建设规划,合理确定投资标准,完善工程建设、验收、监督检查机制,确保建一块成一块。如期完成大中型灌区续建配套与节水改造,提高防汛抗旱能力,加大农业节水力度。抓紧启动和开工一批重大水利工程和配套设施建设,加快开展南水北调后续工程前期工作,适时推进工程建设。启动农产品仓储保鲜冷链物流设施建设工程。加强农产品冷链物流统筹规划、分级布局和标准制定。安排中央预算内投资,支持建设一批骨干冷链物流基地。国家支持家庭农场、农民合作社、供销合作社、邮政快递企业、产业化龙头企业建设产地分拣包装、冷藏保鲜、仓储运输、初加工等设施,对其在农村建设的保鲜仓储设施用电实行农业生产用电价格。依托现有资源建设农业农村大数据中心,加快物联网、大数据、区块链、人工智能、第五代移动通信网络、智慧气象等现代信息技术在农业领域的应用。开展国家数字乡村试点。

(十七)发展富民乡村产业

支持各地立足资源优势打造各具特色的农业全产业链,建立健全农民分享产业链增值收益机制,形成有竞争力的产业集群,推动农村一、二、三产业融合发展。加快建设国家、省、市、县现代农业产业园,支持农村产业融合发展示范园建设,办好农村"双创"基地。重点培育家庭农场、农民合作社等新型农业经营主体,培育农业产业化联合体,通过订单农业、入股分红、托管服务等方式,将小农户融入农业产业链。继续调整优化农业结构,加强绿色食品、有机农产品、地理标志农产品认证和管理,打造地方知名农产品品牌,增加优质绿色农产品供给。有效开发农村市场,扩大电子商务进农村覆盖面,支持供销合作社、邮政快递企业等延伸乡村物流服务网络,加强村级电商服务站点建设,推动农产品进城、工业品下乡双向流通。强化全过程农产品质量安全和食品安全监管,建立健全追溯体系,确保人民群众"舌尖上的安全"。引导和鼓励工商资本下乡,切实保护好企业家合法权益。制定农业及相关产业统计分类并加强统计核算,全面准确反映农业生产、加工、物流、营销、服务等全产业链价值。

(十八)稳定农民工就业

落实涉企减税降费等支持政策,加大援企稳岗工作力度,放宽失业保险稳岗返还申领条件,提高农民工技能提升补贴标准。农民工失业后,可在常住地进行失业登记,享受均等化公共就业服务。出台并落实保障农民工工资支付条例。以政府投资项目和工程建设领域为重点,开展农民工工资支付情况排查整顿,执行拖欠农民工工资"黑名单"制度,落实根治欠薪各项举措。实施家政服务、养老护理、医院看护、餐饮烹饪、电子商务等技能培训,打造区域性劳务品牌。鼓励地方设立乡村保洁员、水管员、护路员、生态护林员等公益性岗位。开展新业态从业人员职业伤害保障试点。深入实施农村创新创业带头人培育行动,将符合条件的返乡创业农民工纳入一次性创业补贴范围。

四、加强农村基层治理

(十九)充分发挥党组织领导作用

农村基层党组织是党在农村全部工作和战斗力的基础。要认真落实《中国共产党农村基层组织工作条例》,组织群众发展乡村产业,增强集体经济实力,带领群众共同致富;动员群众参与乡村治理,增强主人翁意识,维护农村和谐稳定;教育引导群众革除陈规陋习,弘扬公序良俗,培育文明乡风;密切联系群众,提高服务群众能力,把群众紧密团结在党的周围,筑牢党在农村的执政基础。全面落实村党组织书记县级党委备案管理制度,建立村"两委"成员县级联审常态化机制,持续整顿软弱涣散党组织,发挥党组织在农村各种组织中的领导作用。严格村党组织书记监督管理,建立健全党委组织部门牵头协调,民政、农业农村等部门共同参与、加强指导的村务监督机制,全面落实"四议两公开"。加大农村基层巡察工作力度。强化基层纪检监察组织与村务监督委员会的沟通协作、有效衔接,形成监督合力。加大在青年农民中发展党员力度。持续向贫困村、软弱涣散村、集体经济薄弱村派驻第一书记。加强村级组织运转经费保障。健全激励村干部干事创业机制。选优配强乡镇领导班子特别是乡镇党委书记。在乡村开展"听党话、感党恩、跟党走"宣讲活动。

(二十)健全乡村治理工作体系

坚持县乡村联动,推动社会治理和服务重心向基层下移,把更多资源下沉到乡镇和村,提高乡村治理效能。县级是"一线指挥部",要加强统筹谋划,落实领导责任,强化大抓基层的工作导向,增强群众工作本领。建立县级领导干部和县直部门主要负责人包村制度。乡镇是为农服务中心,要加强管理服务,整合审批、服务、执法等方面力量,建立健全统一管理服务平台,实现一站式办理。充实农村人居环境整治、宅基地管理、集体资产管理、民生保障、社会服务等工作力量。行政村是基本治理单元,要强化自我管理、自我服务、自我教育、自我监督,健全基层民主制度,完善村规民约,推进村民自治制度化、规范化、程序化。扎实开展自治、法治、德治相结合的乡村治理体系建设试点示范,推广乡村治理创新性典型案例经验。注重发挥家庭家教家风在乡村治理中的重要作用。

(二十一)调处化解乡村矛盾纠纷

坚持和发展新时代"枫桥经验",进一步加强人民调解工作,做到小事不出村、大事不出乡、矛盾不上交。畅通农民群众诉求表达渠道,及时妥善处理农民群众合理诉求。持续整治侵害农民利益行为,妥善化解土地承包、征地拆迁、农民工工资、环境污染等方面矛盾。推行领导干部特别是市县领导干部定期下基层接访制度,积极化解信访积案。组织开展"一村一法律顾问"等形式多样的法律服务。对直接关系农民切身利益、容易引发社会稳定风险的重大决策事项,要先进行风险评估。

(二十二)深入推进平安乡村建设

推动扫黑除恶专项斗争向纵深推进,严厉打击非法侵占农村集体资产、扶贫惠农资金和侵犯农村妇女儿童人身权利等违法犯罪行为,推进反腐败斗争和基层"拍蝇",建立防范和整治"村霸"长效机制。依法管理农村宗教事务,制止非法宗教活动,防范邪教向农村渗透,防止封建迷信蔓延。加强农村社会治安工作,推行网格化管理和服务。开展农村假冒伪劣食品治理行动。打击制售假劣农资违法违规行为。加强农村防灾减灾能力建设。全面排查整治农村各类安全隐患。

五、强化农村补短板保障措施

(二十三)优先保障"三农"投入

加大中央和地方财政"三农"投入力度,中央预算内投资继续向农业农村倾斜,确保财政投入与补上全面小康"三农"领域突出短板相适应。地方政府要在一般债券支出中安排一定规模支持符合条件的易地扶贫搬迁和乡村振兴项目建设。各地应有序扩大用于支持乡村振兴的专项债券发行规模。中央和省级各部门要根据补短板的需要优化涉农资金使用结构。按照"取之于农、主要用之于农"要求,抓紧出台调整完善土地出让收入使用范围进一步提高农业农村投入比例的意见。调整完善农机购置补贴范围,赋予省级更大自主权。研究本轮草原生态保护补奖政策到期后的政策。强化对"三农"信贷的货币、财税、监管政策正向激励,给予低成本资金支持,提高风险容忍度,优化精准奖补措施。对机构法人在县域、业务在县域的金融机构,适度扩大支农支小再贷款额度。深化农村信用社改革,坚持县域法人地位。加强考核引导,合理提升资金外流严重县的存贷比。鼓励商业银行发行"三农"、小微企业等专项金融债券。落实农户小额贷款税收优惠政策。符合条件的家庭农场等新型农业经营主体可按规定享受现行小微企业相关贷款税收减免政策。合理设置农业贷款期限,使其与农业生产周期相匹配。发挥全国农业信贷担保体系作用,做大面向新型农业经营主体的担保业务。推动温室大棚、养殖圈舍、大型农机、土地经营权依法合规抵押融资。稳妥扩大农村普惠金融改革试点,鼓励地方政府开展县域农户、中小企业信用等级评价,加快构建线上线下相结合、"银保担"风险共担的普惠金融服务体系,推出更多免抵押、免担保、低利率、可持续的普惠金融产品。抓好农业保险保费补贴政策落实,督促保险机构及时足额理赔。优化"保险+期货"试点模式,继续推进农产品期货期权品种上市。

(二十四)破解乡村发展用地难题

坚守耕地和永久基本农田保护红线。完善乡村产业发展用地政策体系,明确用地类型和供地方式,实行分类管理。将农业种植养殖配建的保鲜冷藏、晾晒存贮、农机库房、分拣包装、废弃物处理、管理看护房等辅助设施用地纳入农用地管理,根据生产实际合理确定辅助设施用地规模上限。农业设施用地可以使用耕地。强化农业设施用地监管,严禁以农业设施用地为名从事非农建设。开展乡村全域土地综合整治试点,优化农村生产、生活、生态空间布局。在符合国土空间规划前提下,通过村庄整治、土地整理等方式节余的农村集体建设用地优先用于发展乡村产业项目。新编县乡级国土空间规划应安排不少于10%的建设用地指标,重点保障乡村产业发展用地。省级制订土地利用年度计划时,应安排至少5%新增建设用地指标保障乡村重点产业和项目用地。农村集体建设用地可以通过入股、租用等方式直接用于发展乡村产业。按照"放管服"改革要求,对农村集体建设用地审批进行全面梳理,简化审批审核程序,下放审批权限。推进乡村建设审批"多审合一、多证合一"改革。抓紧出台支持农村一、二、三产业融合发展用地的政策意见。

(二十五)推动人才下乡

培养更多知农爱农、扎根乡村的人才,推动更多科技成果应用到田间地头。畅通各类人才下乡渠道,支持大学生、退役军人、企业家等到农村干事创业。整合利用农业广播学校、农业科研院所、涉农院校、农业龙头企业等各类资源,加快构建高素质农民教育培训体系。落实县域内人才统筹培养使用制度。有组织地动员城市科研人员、工程师、规划师、建筑师、教师、医生下乡服务。城市中小学教师、医生晋升高级职称前,原则上要有1年以上农村基层工作服务经历。优化涉农学科专业设置,探索对急需紧缺涉农专业实行"提前批次"录取。抓紧出台推进乡村人才振兴的意见。

(二十六)强化科技支撑作用

加强农业关键核心技术攻关,部署一批重大科技项目,抢占科技制高点。加强农业生物技术研发,大力实施种业自主创新工程,实施国家农业种质资源保护利用工程,推进南繁科研育种基地建设。加快大中型、智能化、复合型农业机械研发和应用,支持丘陵山区农田宜机化改造。深入实施科技特派员制度,进一步发展壮大科技特派员队伍。采取长期稳定的支持方式,加强现代农业产业技术体系建设,扩大对特色优势农产品覆盖范围,面向农业全产业链配置科技资源。加强农业产业科技创新中心建设。加强国家农业高新技术产业示范区、国家农业科技园区等创新平台基地建设。加快现代气象为农服务体系建设。

(二十七)抓好农村重点改革任务

完善农村基本经营制度,开展第二轮土地承包到期后再延长30年试点,在试点基础上研究制定延包的具体办法。鼓励发展多种形式适度规模经营,健全面向小农户的农业社会化服务体系。制定农村集体经营性建设用地入市配套制度。严格农村宅基地管理,加强对乡镇审批宅基地监管,防止土地占用失控。扎实推进宅基地使用权确权登记颁证。以探索宅基地所有权、资格权、使用权"三权分置"为重点,进一步深化农村宅基地制度改革试点。全面推开农村集体产权制度改革试点,有序开展集体成员身份确认、集体资产折股量化、股份合作制改革、集体经济组织登记赋码等工作。探索拓宽农村集体经济发展路径,强化集体资产管理。继续深化供销合作社综合改革,提高为农服务能力。加快推进农垦、国有林区林场、集体林权制度、草原承包经营制度、农业水价等改革。深化农业综合行政执法改革,完善执法体系,提高执法能力。

做好"三农"工作,关键在党。各级党委和政府要深入学习贯彻习近平总书记关于"三农"工作的重要论述,全面贯彻党的十九届四中全会精神,把制度建设和治理能力建设摆在"三农"工作更加突出位置,稳定农村基本政策,完善新时代"三农"工作制度框架和政策体系。认真落实《中国共产党农村工作条例》,加强党对"三农"工作的全面领导,坚持农业农村优先发展,强化五级书记抓乡村振兴责任,落实县委书记主要精力抓"三农"工作要求,加强党委农村工作机构建设,大力培养懂农业、爱农村、爱农民的"三农"工作队伍,提高农村干部待遇。坚持从农村实际出发,因地制宜,尊重农民意愿,尽力而为、量力而行,把当务之急的事一件一件解决好,力戒形式主义、官僚主义,防止政策执行简单化和"一刀切"。把党的十九大以来"三农"政策贯彻落实情况作为中央巡视重要内容。

让我们更加紧密地团结在以习近平同志为核心的党中央周围,坚定信心、锐意进取,埋头苦干、扎实工作,坚决打赢脱贫攻坚战,加快补上全面小康"三农"领域突出短板,为决胜全面建成小康社会、实现第一个百年奋斗目标作出应有的贡献!

附录二 国家发展改革委 财政部关于完善棉花目标价格政策的通知

发改价格〔2020〕474 号

新疆维吾尔自治区人民政府、新疆生产建设兵团,农业农村部、商务部、市场监管总局、统计局、银保监会、供销合作总社:

2017—2019 年,国家在新疆深化棉花目标价格改革,成效持续显现,在保障棉农收益的同时,进一步发挥市场机制作用,助推农业供给侧结构性改革,有效融通新疆棉花生产加工全产业链,对促进新疆经济社会稳定发展发挥了重要作用。经国务院同意,2020 年起在新疆完善棉花目标价格政策。现就有关事项通知如下:

一、总体思路

完善棉花目标价格政策的总体思路:一是保持政策框架总体稳定,将改革实践证明有效的好做法保留下来,针对突出问题完善政策设计,实现政策常态化、长效化;二是保持支持力度总体不减,保障棉农收益稳定,同时更好调动地方积极性,精准高效使用补贴资金;三是保持棉花产量基本稳定,在保障国内棉花自给率的同时符合世贸规则;四是坚持市场化方向,进一步引导新疆棉花生产提质增效,同时积极探索新型补贴方式。

二、完善的主要内容

(一)构建目标价格长效机制。保持现行政策框架基本稳定,继续坚持生产成本加收益的作价原则,棉花目标价格水平按照近三年生产成本加合理收益确定。合理收益具体取值综合考虑棉花产业发展需要、财政承受能力和市场形势变化等因素确定。从 2020 年起,新疆棉花目标价格水平为每吨 18600 元,同步建立定期评估机制,每三年评估一次,根据评估结果视情况调整目标价格水平。如遇棉花市场发生重大变化,报请国务院同意后可及时调整目标价格水平。

(二)合理引导棉花生产。新疆维吾尔自治区和新疆生产建设兵团要按照"控制面积、提质增效"的原则,统筹考虑当地水资源和耕地等资源状况,综合采取退地减水、轮作休耕等措施,引导次宜棉区退出棉花生产。

(三)加快全疆统一市场建设。新疆维吾尔自治区和新疆生产建设兵团要积极稳妥推进体制机制改革,推动全疆棉花市场真正融合,促进兵地市场价格统一形成;实现棉花互交互认,做好补贴标准衔接。同时,新疆维吾尔自治区和新疆生产建设兵团要进一步完善棉花目标价格改革信息平台,全面采集棉农种植、籽棉交售、质量检验、库存、加工等全流程信息,提高数据覆盖面和准确性,有效整合全产业链数据,为更加精准补贴创造条件。

(四)继续探索新型补贴方式。新疆维吾尔自治区和新疆生产建设兵团要进一步探索完善农业支持保护新方式,积极稳妥推进棉花保险试点,因地制宜开展价格保险、收入保险等多种模式试点,完善机制设计,充分利用期货、再保险等工具分散风险,探索可持续、可推广的经验做法,健全操作方式,确保及时足额理赔。要按照财政部等四部门《关于加快农业保险高质量发展的指导意见》(财金〔2019〕102号)要求,扎实推进相关工作。

新疆维吾尔自治区和新疆生产建设兵团可在总结前期补贴与质量挂钩试点基础上,稳步扩大试点范围,创新方式方法,通过支持优良品种规模化种植、绿色高质高效技术推广应用、促进地膜回收等方式,鼓励和引导植棉者提高纤维一致性、减少异性纤维、提升棉花长度等主要质量指标,提高新疆棉花整体质量。

三、工作要求

完善棉花目标价格政策涉及面广、系统性强,关乎新疆棉农切身利益,各有关方面要充分认识这项工作的重要意义,提高政治站位,切实加强组织领导,落实工作责任,稳妥有序推进各项工作。

(一)加强协同配合。各有关部门要进一步统一思想,按照深化改革期间的责任分工,各司其职,密切合作,协调解决工作中出现的矛盾和问题,统筹推进政策实施。

(二)精心组织落实。新疆维吾尔自治区和新疆生产建设兵团要按照本通知要求,抓紧制定并完善相关实施办法和操作细则,形成长效机制,将各项政策措施落到实处,切实提升新疆棉花产业竞争力。

(三)强化宣传引导。新疆维吾尔自治区、新疆生产建设兵团和各部门要丰富和创新宣传方式,使用群众听得懂的语言,做好政策宣传解读,让棉花目标价格政策内涵和重大意义深入人心,及时回应社会关切,为政策顺利实施营造良好舆论环境。

国家发展改革委
财　　政　　部
2020年3月25日

附录三　中华人民共和国国家发展和改革委员会 中华人民共和国财政部公告

2016 年 第 9 号

经国务院批准,国家发展改革委、财政部决定从今年起逐步有序消化国家储备棉库存,将储备规模调整至合理水平。现将有关事项公告如下:

一、储备棉消化总体思路

国家储备棉消化主要按照"不对称轮换、先轮出后轮入、多轮出少轮入"的方式进行操作,具体遵循以下四方面原则:

一是有利于促进产业持续健康发展。统筹考虑国内棉花种植和纺织行业发展,处理好稳定棉花生产与消化储备棉、扩大纺织用棉需求与推进产业转型升级之间的关系,促进棉花生产、流通、加工协调发展。

二是有利于引导市场平稳运行。储备棉消化要遵循市场规律,轮出保持常态化和机制化,轮入也随行就市,稳定市场预期,方便企业提前规划生产经营。

三是有利于减轻财政负担。尽可能多轮出、少轮入,妥善做好储备棉消化;改进操作方式,提高工作效率,尽可能减少财政支出。

四是有利于完善棉花储备调控机制。及时总结经验,健全完善动态、规范的储备棉轮入轮出机制,规范储备管理,不断提高储备调控效率。

二、储备棉轮出有关安排

(一)轮出方式。储备棉轮出原则上通过全国棉花交易市场以公开竞价的方式挂牌销售,如有需要国家将增加其他指定的交易平台开展储备棉交易。

(二)轮出时间。原则上每年3月至8月国家法定工作日均安排储备棉挂牌竞价销售。当年9月至下一年2月新棉集中上市期间暂停储备棉轮出。

(三)轮出数量。正常情况下每日储备棉挂牌销售数量不超过5万吨,具体轮出数量以实际成交为准。如一段时期内国内外市场价格出现明显快速上涨,储备棉竞价销售成交率一周有三日以上超过70%,将适当加大挂牌销售数量。储存时间长的棉花优先安排轮出。

(四)轮出价格。储备棉轮出销售底价随行就市动态确定,原则上挂牌销售底价与国内外棉花现货价格挂钩联动,由国内市场棉花现货价格指数和国际市场棉花现货价格指数各按50%的权重计算确定,每周调整一次(具体计算公式见附件)。

(五)公证检验。轮出的储备棉由中国纤维检验局组织对质量和重量进行全面公证检验。

三、储备棉轮入有关安排

为优化储备棉库存品质结构,在储备棉轮出后少量轮入高品质棉花。轮入时间,集中安排在新棉上市期间(当年9月至下一年2月)。轮入数量,主要根据上一年度储备棉实际轮出情况和当年度棉花市场供需状况确定,原则上最多不超过上年度实际轮出数量的30%。如新棉上市后市场供应偏紧,将不安排储备棉轮入。轮入价格,随行就市。具体安排届时另行公布。

四、2015/2016年度储备棉轮出有关安排

为了给市场棉花销售留出一定的空间,实现向新机制消化储备棉平稳有序过渡,2015/2016年度储备棉轮出在遵循上述有关安排的同时,对轮出时间和轮出数量作如下细化规定:

(一)从5月开始轮出。具体轮出时间为2016年5月3日至2016年8月31日的国家法定工作日。

(二)轮出总量不超过200万吨。原则上每日挂牌销售数量不超过3万吨,优先安排进口棉轮出。

五、其他规定

(一)为做好储备棉轮出工作,中国储备棉管理总公司、全国棉花交易市场和中国纤维检验局将制定储备棉出库、竞价交易、公证检验等方面的相关实施细则,并通过各自官网和全国棉花交易市场网站(www.cnce.com)对外公布。

(二)在储备棉消化过程中,如国内外棉花市场发生重大变化,国家发展改革委和财政部将根据国务院有关精神,对储备棉消化相关安排做适当调整和完善,届时另行公布。

特此公告。

附件:国家储备棉轮出销售底价计算公式(本书略)

国家发展改革委
财　政　部
2016年4月15日

附件：

2020年中央储备棉轮出销售底价计算公式

中央储备棉轮出销售底价每周调整确定一次，具体计算公式如下：

本周储备棉轮出销售底价（折标准级3128B）＝上一周国内市场棉花现货价格指数算术平均值×权重50％＋上一周国际市场棉花现货价格指数算术平均值×权重50％。其中：

1.国内市场棉花现货价格指数＝[中国棉花价格指数（3128B品种）＋国家棉花价格指数（3128B品种）]÷2；

2.国际市场棉花现货价格指数＝考特鲁克A指数（折美元/吨）×汇率×（1＋关税1％）×（1＋增值税9％）；

3.汇率参照海关征税方式，采用上一个月第三个星期三（如逢法定节假日，则顺延采用第四个星期三）中国人民银行公布的外币对人民币的基准汇率。

质量等级差价按照中国棉花协会公布的棉花质量差价表执行。

编者语：根据《财政部 税务总局关于简并增值税税率有关政策的通知》（财税〔2017〕37号）的规定，自2017年7月1日起，简并增值税税率结构，取消13％的增值税税率。其中棉花增值税税率由13％降至11％。

根据国务院总理李克强3月28日主持召开的国务院常务会议决定，从2018年5月1日起，一是将制造业等行业增值税税率从17％降至16％，将交通运输、建筑、基础电信服务等行业及农产品等货物的增值税税率从11％降至10％。其中棉花增值税税率由11％降至10％。

根据《财政部 税务总局 海关总署公告》（2019年第39号）的规定，自2019年4月1日起，原适用16％税率的，税率调整为13％；原适用10％税率的，税率调整为9％。其中棉花增值税税率由10％降为9％。

附录四　关于组织 2019 年中央储备棉轮出销售的公告

(2019 年〔轮出〕第 1 号)

各涉棉企业：

　　根据国家粮食和物资储备局、财政部公告（2019 年第 1 号）精神，中国储备粮管理集团有限公司制定了《2019 年中央储备棉出库实施细则》（见附件），现予以公布。

　　为确保储备棉轮出顺利开展，各竞买企业应及时按要求提货，加快出库。如不及时出库影响轮出进度及相关工作的，有关方面将采取措施限制其参与竞价交易。

　　特此公告。

　　附件：2019 年中央储备棉出库实施细则

中国储备粮管理集团有限公司

2019 年 4 月 30 日

附件：

2019年中央储备棉出库实施细则

根据国家粮食和物资储备局、财政部联合发布的2019年第1号公告有关精神，中国储备粮管理集团有限公司制定2019年中央储备棉出库实施细则。

一、出库储备棉数量、结构和库点安排

本年度出库储备棉为2011—2013年度储备棉。具体出库储备棉结构和库点根据出库公证检验情况，同时兼顾储备棉安全管理需要进行安排。

二、储备棉销售和提货流程

（一）储备棉销售方式。2019年储备棉轮出通过全国棉花交易市场（以下简称交易市场）公开竞价挂牌销售。

（二）数据的发布和传递。储备棉出库库点和储备棉相关检验数据通过中国储备棉管理有限公司（以下简称中储棉公司）、中国纤维质量监测中心、全国棉花交易市场对外发布。交易数据由中储棉公司在交易的前一日向交易市场提供。交易闭市后交易市场将成交结果及时传中储棉公司。

（三）签订合同。竞卖交易成交即《中央储备棉购销合同》（见附件1）生效。在成交后3个工作日内，买方应通过电子印章、传真等方式办理盖章签字手续并经交易市场见证以完备合同形式，否则视为买方违约。

（四）货款结算。买方须于成交后5个工作日内将成交货款汇至中储棉公司"储备棉结算专户"：

收款单位：中国储备棉管理有限公司
开户行：中国农业发展银行总行营业部
行　号：203100000027
账　号：203999900101000000242801

中储棉公司不接受承兑汇票和代付款。超过5个工作日未收到货款视同买方违约，中储棉公司通知交易市场扣除相应保证金。为加快结算速度，减少资金在途时间，买方要按照合同金额汇款，并在汇款备注栏标注成交合同号。

（五）办理提货单。中储棉公司确认资金到账后的2个工作日内开具《储备棉出库单》，《储备棉出库单》由中储棉公司客服中心统一办理。中储棉公司客服中心地址及联系方式：

地址：北京市海淀区紫竹院路116号嘉豪国际中心B座15层
邮编：100097
联系电话：010-58931136
传真号码：010-58931123

（六）提货要求。买方凭《储备棉出库单》原件或者电子验证码到相应承储单位办理提货手续。买方应于《储备棉出库单》开具之日起10个工作日（含）内提货，超过10个工作日（不含）未提货的，承储单位必须转作商品棉保管，并移出储备棉存储区域。买方应及时与承储单位签

订商品棉保管合同,明确保管、保险等相关责任及费用标准,有关费用由买方承担。转为商品棉后,棉花若发生保管及出库等问题与中储棉公司无关。

应买方要求,承储单位应在代办运输、申报车皮计划、搬倒、装运等方面提供必要协助。储备棉出库费执行国家有关部门统一规定。除双方事先另有约定外,储备棉承储单位不得额外收取任何费用,不得强行要求买方使用指定的运输工具。提货批次中存在崩包、炸包情况的,买方与承储单位现场协商解决。储备棉提货过程中所有票据的合法性和有效性由提供方负责。

(七)释放交易保证金。开具《储备棉出库单》或提供电子验证码后,中储棉公司通知交易市场释放买方交易保证金。保证金已释放,如买方出现违约,中储棉公司将从买方货款中扣除违约金。

(八)开具增值税专用发票。买方需提货完成并验收无误后,方可向中储棉公司申请开具增值税专用发票。买方通过储备棉出库(自助)服务信息系统《开票申请》模块在线提交开具增值税专用发票申请,中储棉公司不接收纸质《开票申请》。

为提高开具发票速度,确保提供开票的相关资料准确无误,买方须通过储备棉出库(自助)服务信息系统在线填写《储备棉竞买企业基本信息备案表》(见附件2),并盖章传真至中储棉公司客服中心。

储备棉出库(自助)服务信息系统网址:http://paochu.emiancang.com/。

(九)交易手续费。中储棉公司根据有关规定,按照最终销售出库的数量支付交易手续费。

三、公证检验和质量纠纷处理

(一)储备棉出库公证检验

本年度出库的储备棉按照国家有关规定进行公证检验,质量和重量差异在允差范围内的按照轮出公证检验结果销售。出库储备棉质量和重量以相关机构出具的公证检验证书为准。

出库公证检验由中国纤维质量监测中心组织实施,相关细则按照《2015/2016年度国家储备棉轮出公证检验实施办法》(办法中"国家储备棉"即中央储备棉,下同)执行,相关承储单位要全力做好配合公证检验工作,确保储备棉出库任务顺利进行。

(二)质量重量纠纷处理

质量重量纠纷采用复检机制进行处理。买方按照《2015/2016年国家储备棉轮出公证检验实施办法》关于复检的有关规定,向交易市场提出申请,交易市场初审后转中国纤维质量监测中心受理复检。

已经销售的储备棉除以下情况,一律不予退货。

1.经中国纤维质量监测中心认定属于掺杂使假。

2.经中国纤维质量监测中心组织复检,质量或重量不相符的。

3.棉包内部有污染、霉变情况。

鉴于储备棉按捆销售,发生以上情况退货时,仅接受整捆棉花全部退货,买方负责将退货棉花交回指定承储单位,经验收无误后方可退货。

在库复检和退货所发生的配合公检费、入库费按国家核定标准执行。退货棉花需保持包装完好,如需回包整理的,费用由买方承担。

四、信息发布和上报

中储棉公司通过中国棉花网和中国棉花信息网发布每日上市数据和相关公告,每周将出库情况汇总统计,连同存在的问题报有关部门。

五、其他事项

(一)此次出库储备棉按捆销售,每捆棉花具体情况以中国棉花网、交易市场官网、中国棉花信息网公布的上市数据为准。

(二)买方须出具委托书,委托指定经办人员办理《储备棉出库单》以及增值税专用发票领取等手续。

(三)中储棉公司委托中储棉花信息中心有限公司(以下简称信息中心)免费对《储备棉出库单》实行电子认证,买方可凭《储备棉出库单》验证码短信到相关承储库办理提货手续,也可凭中储棉公司出具的纸质《储备棉出库单》原件到相关仓库办理提货手续。使用《储备棉出库单电子认证服务》详见信息中心发布的《关于〈储备棉出库单〉电子认证服务有关事项的公告》。

(四)储备棉出库费为45元/吨(国家法定节假日出库费为60元/吨)。由于本年度储备棉提前进行出库公证检验,大部分储备棉压批堆码,装车出库时需倒垛。倒垛费最高不得超过40元/吨。以上费用由买方自行承担,提货前与相关承储单位结清。严禁承储单位超标准收费。

(五)各承储单位要进一步完善出库流程,接到中储棉公司出库指令后,及时联系买方,合理安排出库时间,不得以任何理由延迟出库。如发生买方投诉或提起诉讼,将由故意拖延提货的承储企业承担相应责任。

(六)买方违约后,交易市场定期将违约金划转至中储棉公司账户。本次储备棉竞卖结束后,由中储棉公司统一上缴财政部。

(七)中储棉公司投诉电话:400-660-2856,传真:010-58931123。买方企业也可登录储备棉出库(自助)服务信息系统《在线投诉与评价》模块进行投诉和在线评价。

附件:1.《中央储备棉购销合同》
   2.《储备棉竞买企业基本信息备案表》

中国储备粮管理集团有限公司
2019年4月30日

附件1

中央储备棉购销合同

(2019年版)

出卖人：　　　　　　　合同编号：　　　　　　　签订地点：北京市西城区
买受人：　　　　　　　见证编号：　　　　　　　签订时间：　　年　月　日

第一条　根据《中华人民共和国合同法》及国家粮食和物资储备局、财政部公告(2019年第1号)，经双方协商一致，签订本合同。

第二条　数量、单价、承储仓库。

捆号	数量 (吨)	单价 (元/吨)	金额 (元)	承储仓库	备注
					提货需倒垛，或转商品棉后需移出储备棉存放区域产生的费用由买方自行承担
	人民币金额(大写)				

第三条　质量标准：按(GB1103.1－2012)《棉花锯齿加工细绒棉国家标准》、《2015/2016年度国家储备棉轮出公证检验实施办法》及有关规定执行。

第四条　验收办法：按相关检验机构出具的公证检验证书及有关公告规定验收。

第五条　交(提)货方式：本合同项下货物所有权自出卖人将《储备棉出库单》或电子验证码交付买受人时转移至买受人。买受人自提。出库费由买受人自理。

第六条　运输方式：买受人负责运输，费用及风险自理，出卖人可代办运输。

第七条　货款支付方式、期限及结算：买受人自交易成交后5个工作日内，按合同载明的金额和出卖人账号向出卖人支付货款。出卖人不接受承兑汇票和代付款。出卖人在收到货款后向买受人开具《储备棉出库单》或提供电子验证码。买受人对所购买棉花验收无异议，且提货完毕后，提出开票申请，出卖人开具增值税发票。

第八条　履约保证金：经双方认可同意，各自向全国棉花交易市场交纳履约保证金1000元/吨。如合同执行完毕，双方没有异议，由全国棉花交易市场退还各自的履约保证金。如一方有违约行为，按第九条规定，由全国棉花交易市场负责从违约方的履约保证金中扣除相应的金额给另一方。

第九条　违约责任：

(一)买受人未按合同第七条付款，超过合同规定付款期限之日起，出卖人有权单方解除合同，买受人应按未履行的合同数量按1000元/吨的标准向出卖人偿付违约金。违约金由出卖人上交国家财政。

(二)买受人已支付货款，出卖人未按合同交货，并未能及时纠正的，买受人有权单方解除合同。合同终止后，出卖人应于10个工作日内退还货款，并按中国人民银行同期存款利率标准,支付已预付货款的利息。

(三)买受人须于出卖人开具《储备棉出库单》或生成电子验证码之日起 10 个工作日(含)内提货完毕。买受人 10 个工作日(含)内未完成提货的,买受人应与承储仓库签订商品棉保管合同,并将棉花移出储备棉存储区域,全部仓库费用包括但不限于仓储费等及货物毁损灭失风险由买受人承担。

(四)因不可抗力因素不能执行本合同或需修改合同时,需经双方协商认可并报全国棉花交易市场备案或见证。

第十条 合同履行中发生争议可由当事人双方协商解决;协商不成,可报请全国棉花交易市场调解;协商或调解不成,当事人双方一致同意向出卖人所在地人民法院提起诉讼。

第十一条 《2019 年中央储备棉轮出竞价交易办法》、《2019 年中央储备棉出库实施细则》、《2015/2016 年国家储备棉出库公证检验实施办法》及中国棉花网(www.cncotton.com)或全国棉花交易市场官网(www.cnce.com)或中国棉花信息网(www.cottonchina.org)适时发布的相关规定与本合同具有同等法律效力。

第十二条 其他事项:

(一)买受人如对购买的储备棉质量和重量检验结果有异议,应在《储备棉出库单》出具之日起的 10 个工作日内向全国棉花交易市场提交复检申请,全国棉花交易市场经初审符合申请条件的,及时转交中国纤维质量监测中心,中国纤维质量监测中心指定复检机构按买受人申请项目进行复检;超出 10 个工作日的,视为质量和重量符合要求。具体按《2015/2016 年国家储备棉出库公证检验实施办法》、《2019 年中央储备棉轮出竞价交易办法》、《2019 年中央储备棉出库实施细则》和有关规定处理;

(二)出卖人交货是指出卖人在确认收到买受人货款后开具《储备棉出库单》或提供电子验证码,同时向承储仓库发出出库通知。承储仓库根据出库量情况及时安排合同项下货物出库;

(三)未尽事宜,双方协商解决。

第十三条 本合同一式三份,出卖人、买受人各一份,全国棉花交易市场见证一份。本合同由全国棉花交易市场给出唯一编号,并加盖全国棉花交易市场见证专用章。

出卖人(章):　　　　　　　买受人(章):
地址:　　　　　　　　　　　地址:
邮编:　　　　　　　　　　　邮编:
法定代表人:　　　　　　　　法定代表人:
委托人:　　　　　　　　　　委托人:　　　　　　见证(章):
电话:　　　　　　　　　　　电话:
开户行:　　　　　　　　　　开户行:
行号:
账号:　　　　　　　　　　　账号:　　　　　　　　经办人:
税号:　　　　　　　　　　　税号:

附件2

储备棉竞买企业基本信息备案表

企业基本信息	单位名称		交易商代码	
	所在地		企业类型	
	纱锭规模（万锭）		2018年用棉总量（吨）	
	2018年棉纱产量（吨）		是否织布	
	主要纱线品种（支）		使用进口棉产地	
	邮寄地址		邮编	
	法定代表人姓名		手机	
	业务联系人		手机	
	座机号码		传真号码	
增值税发票开票信息	单位名称			
	纳税人类型			
	纳税人识别号			
	地址			
	电话			
	开户行			
	银行账号			
	财务联系人		电话	

注：1.交易商代码为竞拍企业在全国棉花交易市场的交易商代码；

2.首次填写，请将纸质版备案表加盖公章传真至中储棉客户服务中心；

3.如需变更信息请在线修改，并将纸质版备案表加盖公章传真至中储棉客户服务中心；

4.提交前认真查看录入内容，保证信息正确性。

5.联系电话：010－58931136

　传真号码：010－58931123

企业名称：
（盖章）

附录五　关于增发 2019 年棉花进口滑准税配额的公告

中华人民共和国国家发展和改革委员会公告

2019 年 第 3 号

为保障纺织企业用棉需要，经研究决定，今年发放一定数量的棉花关税配额外优惠关税税率进口配额（简称棉花进口滑准税配额）。现将配额数量、申领条件等有关事项公布如下。

一、配额数量

本次棉花进口滑准税配额数量为 80 万吨，全部为非国营贸易配额。

二、申领条件

2019 年棉花进口滑准税配额申请者基本条件为：2019 年 4 月 1 日前在工商管理部门登记注册；具有良好的财务状况、纳税记录和诚信情况；2017 年以来在海关等方面无违法违规记录；未列入"信用中国"网站受惩黑名单。

在具备上述条件的前提下，申请者还必须为纺纱设备（自有）5 万锭及以上的棉纺企业。

三、申请材料

（一）2019 年棉花进口滑准税配额申请表，电子版可从国家发展改革委网站（http://www.ndrc.gov.cn）下载。

（二）企业法人营业执照（副本）复印件。

（三）2018 年棉纱、棉布等棉制品的销售增值税专用发票（复印件）一张。

四、分配原则

（一）将根据申请者的实际生产经营能力（包括历史进口实绩、纺纱能力、经营情况等）和其他相关商业标准进行分配。

（二）本次配额申请、分配不区分一般贸易和加工贸易。国家发展改革委授权机构向获得配额的申请者发放《关税配额外优惠关税税率进口棉花配额证》时，由企业自主选择确定贸易方式。

五、申请期限

本次棉花进口滑准税配额申请时间为 2019 年 4 月 15 日至 29 日。

国家发展改革委各授权机构负责受理属地范围内的企业申请，并于 2019 年 5 月 10 日前将企业申请材料转报国家发展改革委，同时抄报商务部。国家发展改革委将适时下达棉花进口滑准税配额。

六、信息公示

企业申请有关信息将在国家发展改革委网站上公示,公示期内接受举报,经确认申请材料不属实的,取消被举报申请者申请资格。

七、其他要求

(一)申请者对其提交申请材料和信息的真实性承担主体责任,不得有任何隐瞒或提供虚假信息。

(二)申请者通过使用获得的棉花进口滑准税配额进口的货物由本企业加工经营,不得转卖。

(三)获得棉花进口滑准税配额的企业要积极配合国家发展改革委及其授权机构组织开展棉花进口滑准税配额申请、使用情况监督检查,及时如实提供检查所需资料数据。

八、罚则

对虚假申报或拒不履行承诺的申请者,有关部门将按照国家有关规定适时采取联合惩戒措施。对虚假填报申请表、伪造有关资料骗取棉花进口滑准税配额,以及未按规定开展进口业务的,将收缴其配额证,并依规限制其今后申请棉花进口关税配额和滑准税配额。对伪造、变造或者买卖《关税配额外优惠关税税率进口棉花配额证》的,将依照有关法律规定追究其刑事责任。

国家发展改革委

2019 年 4 月 12 日

附录六　2019年1月1日起我国调整部分进出口关税

为贯彻落实习近平主席在首届中国国际进口博览会开幕式主旨演讲中有关进一步扩大开放的指示精神,经国务院关税税则委员会审议通过,并报国务院批准,自2019年1月1日起,调整部分商品的进出口关税。

为积极扩大进口,削减进口环节制度性成本,助力供给侧结构性改革,我国将对700余项商品实施进口暂定税率,包括新增对杂粮和部分药品生产原料实施零关税,适当降低棉花滑准税和部分毛皮进口暂定税率,取消有关锰渣等4种固体废物的进口暂定税率,取消氯化亚砜、新能源汽车用锂离子电池单体的进口暂定税率,恢复执行最惠国税率。继续对国内发展急需的航空发动机、汽车生产线焊接机器人等先进设备、天然饲草、天然铀等资源性产品实施较低的进口暂定税率。

为适应出口管理制度的改革需要,促进能源资源产业的结构调整、提质增效,自2019年1月1日起,对化肥、磷灰石、铁矿砂、矿渣、煤焦油、木浆等94项商品不再征收出口关税。

为支持"一带一路"和自由贸易区建设,加快推进我国与相关国家的经济贸易合作,营造有利于经济长期健康稳定发展的外部条件,2019年我国对原产于23个国家或地区的部分商品实施协定税率,其中进一步降税的有中国与新西兰、秘鲁、哥斯达黎加、瑞士、冰岛、澳大利亚、韩国、格鲁吉亚自贸协定以及亚太贸易协定。根据内地与香港、澳门签署的货物贸易协议,对原产于香港、澳门的进口货物将全面实施零关税。随着最惠国税率的降低,相应调整亚太贸易协定项下的孟加拉国和老挝两国特惠税率。

2019年7月1日起,我国还将对298项信息技术产品的最惠国税率实施第四步降税,同时对部分信息技术产品的暂定税率作相应调整。

上述调整有利于发挥好关税统筹利用国内国际两个市场、两种资源的重要职能,有利于统筹协调国内相关产业均衡发展,有利于推动开放合作,共享发展成果,促进我国对外贸易稳定增长。

附录七 2019年中国棉花实播面积调查报告(6月)

为掌握2019年中国棉花实播面积情况,国家棉花市场监测系统于5月下旬就棉花实播面积展开全国范围专项调查,样本涉及15个省(自治区)、50个植棉县(市、团场)、1895个定点植棉信息联系户。调查结果显示,2019年全国棉花实播面积4794.3万亩,同比减少30.8万亩,减幅0.6%。具体情况如下:

一、2019年各主产棉区实播情况

调查显示,黄河流域棉花实播面积为691.9万亩,同比减少66.6万亩,减幅8.8%,所有省(市)实播面积同比均下降,其中河南省实播面积同比降幅最大,为15.6%,山东省实播面积同比下降9.3%,山西省下降7.4%,河北省和天津市均下降7.1%,陕西省下降3.2%。

长江流域棉区实播面积为490.6万亩,同比减少38.3万亩,减幅7.2%。所有省份实播面积同比均下降,其中江苏省、安徽省、湖北省、湖南省和江西省实播面积同比分别下降9.8%、8.9%、8.8%、2.7%和2.2%。

西北内陆棉区实播面积为3568.1万亩,同比增加77.2万亩,增幅2.2%。其中新疆实播面积为3531.3万亩,同比上升2.2%。

二、实播面积变化的主要原因

1. 新疆实播面积增加

一是目标价格补贴对棉农仍有较强吸引力,尽管2019年是新疆棉花目标价格三年一定实施期的最后一年,后续政策尚不明朗,但是在目标价格补贴的保障下,新疆植棉面积呈现稳中小幅增加态势;二是兵团实行团场改革,每职员分配面积45亩左右,棉农可自主采购化肥、种子等,种植积极性提高;三是机采棉成本低于人工采摘成本,今年新疆机采棉的种植面积同比增幅较大。

2. 内地实播面积减少

一是籽棉价格上涨幅度小于植棉成本上升幅度,棉农收益减少。据国家棉花市场监测系统数据显示,2018年内地手摘棉植棉总成本791元/亩(不含租地费用),同比上升2.6%;截至2019年5月31日,2018年度内地籽棉收购均价6.77元/公斤,同比仅上涨0.6%;二是内地植棉面积多零散,集约化管理程度低,加上青壮年劳动力的外流,致使农户不愿种植费工费时的棉花。

附件:2019年中国棉花实播面积调查表

附件

2019年中国棉花实播面积调查表

单位:万亩、公斤/亩、万吨

地区	面积		单产	总产量	
	实播	同比±%	预计	预计	同比±%
全国	4794.3	-0.6%	119.5	573.0	-6.1%
黄河流域	691.9	-8.8%	77.6	53.7	-9.6%
山东省	302.1	-9.3%	77.1	23.3	-7.9%
河南省	62.6	-15.6%	73.1	4.6	-11.9%
河北省	265.4	-7.1%	79.2	21.0	-10.9%
陕西省	18.4	-3.2%	79.0	1.5	-5.2%
山西省	16.7	-7.4%	77.4	1.3	-8.4%
天津市	26.7	-7.1%	77.0	2.1	-13.3%
长江流域	490.6	-7.2%	63.8	31.3	-8.9%
湖北省	181.8	-8.8%	58.7	10.7	-12.9%
安徽省	142.1	-8.9%	60.8	8.6	-11.3%
江苏省	32.4	-9.8%	71.0	2.3	-2.3%
湖南省	82.5	-2.7%	71.6	5.9	-6.0%
江西省	51.8	-2.2%	72.9	3.8	1.1%
西北内陆	3568.1	2.2%	136.1	485.7	-5.5%
甘肃省	36.8	8.6%	109.7	4.0	8.3%
新疆自治区	3531.3	2.2%	136.4	481.6	-5.6%
其他	43.7	-7.9%	61.2	2.4	-14.3%

制表日期:2019年6月18日

备注:1.数据来源:国家棉花市场监测系统。
  2.表中预计单产根据近年单产综合测算。
  3.调查时间:2019年5月15—31日。

附录八 2019年中国棉花长势调查报告(6月)

国家棉花市场监测系统于6月中下旬就中国棉花长势展开调查,样本涉及15个省(自治区)、50个植棉县(市、团场)、1895个定点植棉信息联系户。调查显示,截至6月底,全国大部分棉区棉花长势较好,果枝数量同比略增、现蕾数量减少、成铃数量增加,预计规模采摘时间正常或有所延迟。若后期天气正常,预计2019年新棉单产124.6公斤/亩,同比下降1.5%[①],总产量592.4万吨,同比下降3%。具体情况如下:

一、天气略差,灾害多于上年

调查显示,68.9%的受访农户反映天气较好和一般,同比下降12.3个百分点,较近三年均值下降13个百分点;77%的农户反映灾害轻度发生,同比下降14.4个百分点,较近三年均值下降9.4个百分点。分区域看,黄河流域棉区98.4%的农户反映天气较好和一般,同比提高4.8个百分点,73.6%的农户反映灾害轻度发生,同比下降20.4个百分点;长江流域棉区90.4%的农户反映天气较好和一般,同比提高18.1个百分点,56.5%的农户反映灾害轻度发生,同比下降13.1个百分点;西北内陆棉区59.2%的农户反映天气较好和一般,同比下降20.4个百分点,83.4%的农户反映灾害轻度发生,同比下降12.6个百分点。

二、病虫害轻度发生,仍需加强防治工作

调查显示,89.4%的受访农户反映病害轻度发生,同比下降5.7个百分点,较近三年均值下降2.2个百分点;88.6%的农户反映虫害轻度发生,同比下降3.8个百分点,较近三年均值提高0.4个百分点。分区域看,黄河流域棉区95.7%的农户反映病害轻度发生,同比下降1.1个百分点,92.3%的农户反映虫害轻度发生,同比下降0.9个百分点;长江流域棉区81.2%的农户反映病害轻度发生,同比提高2.2个百分点,62.3%的农户反映虫害轻度发生,同比下降26.3个百分点;西北内陆棉区89.2%的农户反映病害轻度发生,同比下降9.2个百分点,93.9%的农户反映虫害轻度发生,同比提高0.8个百分点。

三、现蕾数量减少、成铃数量增加,预计规模采摘时间正常或有所延迟

调查显示,棉花果枝数同比增加0.73%,现蕾数减少9.89%,成铃数增加5.94%。57.8%的受访农户预计规模采摘时间基本正常,同比下降8.2个百分点;预计采摘提前的农户占1.4%,同比下降0.6个百分点;预计延迟的占40.8%,同比提高8.9个百分点。分区域看,黄河流域0.9%的农户预计采摘时间延迟,同比下降18.5个百分点;长江流域15.1%的农户预计采摘时间延迟,同比提高11.8个百分点;西北内陆棉区61.3%的农户预计采摘时间延迟,同比提高17.7个百分点,主要是因为前期新疆低温、多雨,对棉花出苗、生长有一定影响。

---

① 本报告中2019年棉花平均单产、产量同比变动幅度根据《2019年中国棉花意向种植面积调查报告(3月)》中调整的2018年单产、产量测算。

四、预计平均单产、总产同比均下降，较近期实播面积调查测算结果有所增加

若后期天气正常，预计2019年中国棉花平均单产为124.6公斤/亩，较实播面积调查结果增加5.1公斤/亩，同比下降1.5%，较近三年均值下降0.1%。按照国家棉花市场监测系统5月实播面积调查结果4753.1万亩测算，预计2019年中国棉花总产量为592.4万吨，较实播面积调查结果增加19.4万吨，同比下降3%，较近三年均值下降2.1%。

分区域看，黄河流域棉区平均单产同比下降1.8%，产量预计为53万吨，同比下降10.8%；长江流域棉区平均单产同比提高0.7%，产量预计为32.7万吨，同比下降4.9%；西北内陆棉区平均单产同比下降2.7%，产量预计为504.2万吨，同比下降1.9%，其中新疆平均单产同比下降2.7%，产量预计为500.6万吨，同比下降1.9%。

7—8月是棉花产量和品质形成的关键时期，国家棉花市场监测系统将继续跟踪监测，并于8月下旬开展第二次棉花长势调查，敬请关注。

附表：
1.2019年中国棉花产量预测表
2.2019年6月棉花采摘时间预测表
3.2019年6月棉花生长期天气评价表
4.2019年6月棉花生长期灾害评价表
5.2019年6月棉花生长期病害评价表
6.2019年6月棉花生长期虫害评价表

附表1

2019年中国棉花产量预测表

单位：万亩、公斤/亩、万吨

地区	面积		单产		总产量	
	今年	同比±%	预计	同比±%	预计	同比±%
全 国	4753.1	−1.5%	124.6	−1.5%	592.4	−3.0%
黄河流域	688.4	−9.2%	76.9	−1.8%	53.0	−10.8%
山东省	298.1	−10.5%	75.1	−1.2%	22.4	−11.5%
河南省	62.6	−15.6%	67.9	−3.1%	4.3	−18.2%
河北省	266.9	−6.5%	80.6	−2.4%	21.5	−8.8%
陕西省	18.4	−3.1%	79.8	−1.1%	1.5	−4.2%
山西省	15.6	−13.1%	77.5	−0.9%	1.2	−13.9%
天津市	26.7	−7.1%	79.7	−3.5%	2.1	−10.3%
长江流域	499.8	−5.5%	65.4	0.7%	32.7	−4.9%
湖北省	193.6	−2.9%	61.4	0.1%	11.9	−2.8%
安徽省	135.7	−12.9%	60.1	−3.9%	8.2	−16.3%
江苏省	33.3	−7.2%	72.0	9.9%	2.4	2.0%
湖南省	85.4	0.8%	72.4	−2.3%	6.2	−1.6%
江西省	51.8	−2.2%	78.1	10.8%	4.0	8.4%
西北内陆	3520.9	0.9%	143.2	−2.7%	504.2	−1.9%
甘肃省	35.8	5.7%	100.3	−8.7%	3.6	−3.5%
新疆自治区	3481.5	0.7%	143.6	−2.7%	500.6	−1.9%
其 他	44.0	−7.3%	58.2	−1.4%	2.6	−8.6%

制表日期：2019年7月15日

备注：1.数据来源：国家棉花市场监测系统。
2.调查时间：2019年6月15—30日。
3.表中面积数据来自国家棉花市场监测系统的《2019年中国棉花实播面积调查报告》。
4.表中预计单产、产量同比变动幅度根据《2019年中国棉花意向种植面积调查报告(3月)》中调整的2018年单产、产量测算。

附表 2

2019 年 6 月棉花采摘时间预测表

地区	提前(%)	正常(%)	延迟(%)
全 国	1.4	57.8	40.8
黄河流域	6.0	93.1	0.9
山 东	11.9	88.1	0
河 南	0	96.7	3.3
河 北	0.6	99.4	0
陕 西	23.5	52.9	23.5
山 西	0	100	0
天 津	0	100	0
长江中下游	0	84.9	15.1
湖 北	0	100	0
安 徽	0	71.3	28.7
江 苏	0	100	0
湖 南	0	58.6	41.4
江 西	0	100	0
西北内陆	0.2	38.5	61.3
甘 肃	0	0	100
新 疆	0.2	38.9	60.9

备注:1.本表据国家棉花市场监测系统调查涉及的1895户植棉信息联系户情况统计。
2.调查时间:2019年6月15—30日。

附表3

2019年6月棉花生长期天气评价表

地区	好(%)	一般(%)	差(%)
全 国	5.5	63.4	31.1
黄河流域	8.0	90.4	1.6
山 东	6.9	90.8	2.3
河 南	0	100	0
河 北	4.8	93.5	1.6
陕 西	0	100	0
山 西	0	100	0
天 津	82.8	17.2	0
长江中下游	34.8	55.6	9.6
湖 北	0	100	0
安 徽	72.5	27.5	0
江 苏	50	50	0
湖 南	0	40	60
江 西	100	0	0
西北内陆	0.5	58.7	40.8
甘 肃	0	100	0
新 疆	0.5	58.3	41.2

备注:1.本表据国家棉花市场监测系统调查涉及的1895户植棉信息联系户情况统计。
2.调查时间:2019年6月15—30日。

附表 4

2019 年 6 月棉花生长期灾害评价表

地 区	灾害程度			主要灾害		
	重度(%)	中度(%)	轻度(%)	涝灾(%)	旱灾(%)	其他(%)
全 国	1.4	21.5	77.0	4.6	28.0	67.4
黄河流域	2.6	23.8	73.6	0	64.4	35.6
山 东	0	37.2	62.8	0	62.3	37.7
河 南	0	0	100	0	0	100
河 北	7.0	19.8	73.3	0	75.8	24.2
陕 西	0	0	100	0	100	0
山 西	0	0	100	0	100	0
天 津	0	0	100	0	96.6	3.4
长江中下游	0.2	43.3	56.5	11.2	44.5	44.3
湖 北	0	100	0	0	100	0
安 徽	0	0	100	0	0	100
江 苏	3.3	41.7	55.0	0	100	0
湖 南	0	17.2	82.8	70	0	30
江 西	0	0	100	0	0	100
西北内陆	1.3	15.2	83.4	4.6	11.1	84.3
甘 肃	0	0	100	0	0	100
新 疆	1.3	15.4	83.3	4.6	11.2	84.2

备注:1.本表据国家棉花市场监测系统调查涉及的1895户植棉信息联系户情况统计。
2.调查时间:2019年6月15—30日。

附表 5

2019 年 6 月棉花生长期病害评价表

地区	病害程度			主要病害		
	重度(%)	中度(%)	轻度(%)	黄萎病(%)	枯萎病(%)	其他(%)
全国	0.1	10.5	89.4	3.1	17.1	79.8
黄河流域	0	4.3	95.7	4.9	32.6	62.5
山东	0	0	100	3.9	53.5	42.6
河南	0	0	100	6.7	26.7	66.7
河北	0	11.3	88.7	0	17.4	82.6
陕西	0	0	100	100	0	0
山西	0	0	100	0	0	100
天津	0	0	100	0	0	100
长江中下游	0	18.9	81.2	8.0	41.6	50.4
湖北	0	50	50	0	100	0
安徽	0	0	100	0	1.8	98.2
江苏	0	0	100	0	50	50
湖南	0	0	100	50	0	50
江西	0	0	100	0	0	100
西北内陆	0.2	10.6	89.2	1.2	5.4	93.3
甘肃	0	0	100	0	0	100
新疆	0.2	10.7	89.1	1.2	5.5	93.3

备注:1.本表据国家棉花市场监测系统调查涉及的1895户植棉信息联系户情况统计。

2.调查时间:2019年6月15—30日。

附表 6

2019 年 6 月棉花生长期虫害评价表

地区	虫害程度			主要虫害		
	重度(%)	中度(%)	轻度(%)	棉铃虫(%)	蚜虫(%)	其他(%)
全国	1.4	10.1	88.6	4.8	41.3	53.9
黄河流域	0.4	7.3	92.3	5.7	54.4	39.8
山东	0	0	100	13.1	43.8	43.1
河南	0	3.3	96.7	0	36.7	63.3
河北	1.1	18.5	80.4	0	71.0	29.0
陕西	0	0	100	0	100	0
山西	0	0	100	0	100	0
天津	0	0	100	0	0	100
长江中下游	0	37.7	62.3	0	50.6	49.4
湖北	0	100	0	0	100	0
安徽	0	0	100	0	4.6	95.4
江苏	0	0	100	0	91.7	8.3
湖南	0	0	100	0	33.3	66.7
江西	0	0	100	0	0	100
西北内陆	2.0	4.1	93.9	5.7	34.4	60
甘肃	0	0	100	100	0	0
新疆	2.0	4.1	93.9	4.7	34.7	60.5

备注:1.本表据国家棉花市场监测系统调查涉及的 1895 户植棉信息联系户情况统计。
2.调查时间:2019 年 6 月 15—30 日。

附录九 新中国棉花产业发展大事记(1949—2020)[①]

1949年,农业部设置工业原料司,下设棉产处。同年中央财政经济委员会召开棉花会议,制订1950年棉花平衡分配计划,并规定按照棉花长度和品级等收购和交接棉花。

1950年,中央贸易部设立了中国花纱布公司,管理棉布的贸易工作,中国花纱布公司在各大行政省、地、县成立专业公司,初步建立花纱布流通领域的国营贸易批发系统。同年,农业部颁发建立棉种选育繁殖推广制度及五年普及良种计划,并颁布开展群众性的棉花运动办法。

1951年,毛泽东在全国合作总社关于合作社收购棉花的报告上批示:棉花"应全部委托合作社收购,由三个头改为合作社一个头,已为毫无疑义"。同年国家委托合作社进行棉花收购工作。

1952年,受棉花预购协议书的影响,全国棉花大丰收。同年中国花纱布公司建立棉花收购检验等级统计制度。

1953年,受自然灾害的影响,棉花的产量和收购量都有所下降。

1954年,中华全国合作社联合总社更名为中华全国供销合作总社,建立全国统一的供销合作社系统。同年,政务院发布《关于国营商业与合作社商业城乡初步分工的决定》与《关于实行棉花计划收购的命令》,国营商业在农村的棉花收购机构全部移交给供销合作社。

1955年,新疆玛纳斯河流域建设兵团农场棉花大丰收,全国各大棉区开始学习新疆大面积棉花丰产先进经验。

1956年,国家成立农产品采购部,将供销合作社经营的棉花等项业务划归农产品采购部管理,后又决定撤销农产品采购部,棉花等项业务又交回供销合作社经营。同年农业部成立了全国性的棉花品种审查委员会。

1957年,粮食部、纺织工业部、农业部、中华全国供销合作总社联合发出《关于做好棉花的群众选种自留种和良种保种工作的通知》。同年,中国农业科学院棉花研究所在北京成立,由著名棉花专家冯泽芳教授任所长,翌年迁至河南安阳。

1958年,在"大跃进"中,由于按虚报产量进行棉花预购,给国家造成很大损失。

1959年,毛泽东在《党内通信》中讨论了包产、密植、节约粮食、播种面积要多、机械化、讲真话等农业生产问题。同年,中国农业科学院棉花研究所出版我国第一部棉花生产学术著作《中国棉花栽培学》。

1960年,谭震林在政府工作报告中提出要适当安排棉花的生产布局。同年,农业部工业原科生产局总结棉花生产上贯彻农业八字宪法的主要经验。

1961年,中共中央对国民经济实行"调整、巩固、充实、提高"的方针,暂时停止棉花预购。

1962年,国务院召开全国集中产棉区县级干部会议(第一次全国棉花工作会议),周恩来、李先念、李富春、谭震林等发表重要讲话,同年,成立由李先念领导的棉花办公室。

1963年,恢复棉花预购。生产队生产的棉花,按生产计划扣除国家规定的自留棉外,其余的全部进行预购,并按预购总值付给生产队15%—20%的预购定金。

[①] 执笔人:唐敏、徐冠宇、王芹。

1964年,将棉花预购定金调整为预购总值的20%—25%。同年,全国农村掀起农业学大寨运动。

1965年,全国棉花大丰收,同年,国务院决定建设一批棉花储备库。同年,在第四次全国棉花集中产区县级干部会议上,李先念提出对全国棉花生产"合理布局,适当集中"的方针。

1966年,根据中央提出的"靠山、分散、隐蔽、机动"的原则,国务院在16个省(区)相继建成92座大型储备库,这些棉花储备库主要建立在大小三线地区,棉花储备资金由中央财政直接拨付。但此后棉花生产陷入长期停滞。

1967年,国务院取消收购棉花奖售棉布,棉花奖售只保留了化肥一项。

1968年,国务院财办召开粮、棉、油收购工作电话会议。

1969年,商业部、粮食部、全国供销合作总社、中央工商行政管理局合署办公;翌年正式合并组成商业部。

1970年,国务院在北京召开全国棉花生产会议,要求在一些老棉区和内地,适当扩大播种面积。同年,国务院召开北方地区农业会议,重申"农业六十条"。

1971年,周恩来召开全国棉花、油料、糖料生产会议,提出要棉、油、糖自给有余。

1972年,由于棉花原料紧缺,国家决定进口成套化纤化肥技术设备。

1973年,受政策及自然条件的有利影响,棉花总产量增加。

1974年,棉花生产又出现了徘徊、下降的趋势,此后棉花的产销矛盾非常突出。

1975年,国务院召开全国农业学大寨会议,讨论建设大寨县、农业机械化和整顿社队问题,邓小平指出我国农业落后需要整顿的现实。同年《全国棉花品种资源目录》第一册出版,其中介绍品种资源3024个。

1976年,山西省棉花研究所开始研究棉花地膜覆盖的栽培技术,证明有显著的早熟增产效果,被群众誉为"突破性的新植棉技术"。

1977年,全国农田基本建设会议召开,掀起农田建设的新高潮。

1978年,国务院提高棉花奖售化肥的标准,改进预拨方法。各主产棉省先后进行了棉花品种全面普查,确定了推广品种和种植区域,棉种"多、乱、杂"的现象有所扭转,许多县实现了一县一种。

1978年,成立的郑州棉麻工程技术设计研究所。

1979年,国家实行棉花超购加价政策,以各省、自治区、直辖市1976年到1978年三年平均收购量作为定购基数,逐级落实到生产队(户),对超基数收购的棉花加价30%。同年,经中国农学会批准,中国棉花学会成立。

1980年,受优惠政策及新品种、新技术普遍推广的影响,棉花生产出现持续大幅度上升的局面。

1981年,我国棉花自育品种在生产上已占主导地位。

1982年,关于农村工作的一号文件正式出台,明确指出包产到户、包干到户都是社会主义集体经济的生产责任制。同年,第一次实现国内棉花供需平衡。

1983年,提前两年完成第六个五年计划规定的收购指标,中国停止大量进口棉花并开始出口棉花。同年,全国取消实行了30多年的凭票证限量供应棉纺织品的办法,改为敞开供应。

1984年,国家安排440万吨棉花作为国家储备,年末工商库存棉花和国家储备棉超过600万吨,储备棉资金由中央财政直接拨款改为向银行贷款,中央财政负担利息。同年,国务院将棉花加价由基数法改为比例法,南方按正四六(40%加价、60%牌价),北方按倒二八(80%加价、20%牌价)比例收购。

1985年,中共中央一号文件《关于进一步活跃农村经济的十项政策》,决定改革农产品的统购派购制度。同年,取消棉花统购,改为合同定购,定购的棉花按国家规定的价格由供销合作社收购,定购外的棉花允许农民上市销售;取消超购棉花的奖售粮和扩大棉田补助粮政策,收购棉花的奖售肥包干给省级人民政府掌握,财政部发出《关于安排扶持优质棉基地县建设资金的通知》,确定今后3年国家共拨款2.3亿元扶持优质棉基地县建设。

1986年,棉花产量降低,再次出现产不足需局面,导致国内用棉紧张。

1987年,国务院决定北方棉区和南方棉区的棉花收购加价统一调整为"倒三七"(30%牌价,70%加价),定购以外的棉花敞开收购,合同内外收购的棉花在政策上同等对待。

1988年,中共中央、国务院作出《关于夺取明年农业丰收的决定》,指出要稳定扶持棉花生产的各项政策,并采取措施进一步促进棉花生产的发展。

1989年,国务院发布《关于调整棉花收购政策的通知》(国发〔1989〕2号)实行棉花价外补贴,统一棉花生产扶持费,将1988年度各产棉省规定的棉花生产扶持费,统一按每50公斤20元计入供应价格,由地方财政负担;1989年度收购的棉花,统一按每50公斤25元计入收购价和供应价,并发布《关于1990年提高棉花、油脂收购价格的通知》(国发电〔1989〕41号),提高棉花收购价格。同年,由中国农学会主办的《棉花学报》公开出版。

1990年,全国棉花产量激增,比1989年增长20%。

1991年,由于国家和各级政府高度重视,棉田面积、棉花产量继续大幅度回升。同年,中央把家庭联产承包责任制作为一项长期基本制度确定下来。

1992年,发生罕见的棉铃虫害现象,受灾面积不断扩大,棉花总产量减产约22%。同年《国务院批转国家体改委关于改革棉花流通体制意见的通知》(国发〔1992〕55号)公布,决定在江苏、河南、山东三省展开流通体制改革试点,以构建"放开经营,放开市场,放开价格,建立起市场调节为主,国家宏观调控为辅"的新体制。

1993年,每50公斤标准级皮辊棉收购价格由300元提高到330元(其中加价款30.62元);奖售化肥70斤、柴油5斤的政策改为发放平议差价12元补给农民;国家每定购一担棉花发放贴息贷款45元。同年朱镕基在全国棉花工作会议上首次提出要"建设现代化棉花交易市场"。

1993年,经国家经贸委批准成立的中华棉花集团公司。

1994年,棉花产量继续大幅度减少,国内市场棉花价格暴涨,棉花市场秩序混乱。同年,国务院发布《关于切实做好1994年度棉花购销工作的通知》(国发〔1994〕52号),决定棉花购销体制还是实行由国家统一定价,由供销社统一经营,不放开市场,不放开价格,不放开经营。

1995年,国务院决定提高棉花收购价格,每50公斤700元,价外补贴44元计入收购价格,取消棉花收购加价政策,中央财政不再补贴,实行棉花工作"省长负责制"。同年,新疆棉花产量跃居全国第一;中华全国供销合作总社恢复;河北省政府开始试种孟山都公司研发的转基因棉花。

1996年,国务院决定改进棉花供应价格管理形式,由国家定价改为国家指导价,国家规定供应价的中准价和浮动幅度,具体成交价格由供需双方在规定的浮动幅度内协商确定。同年,国务院批准成立"全国棉花交易会协调小组",第一届全国棉花交易会在郑州召开。

1997年，国务院公布《关于切实做好1997年度棉花工作的通知》（国发〔1997〕30号），决定敞开收购，促进销售，鼓励纺织企业多用国产棉，进一步深化棉花流通体制改革，加快纺织业结构调整。同年，华北地区进行大规模商业化种植转基因棉花。

1998年，国务院决定适当降低棉花收购价格，并由政府定价改为政府指导价；对1998年度收购的新棉，因棉花收购价格政策造成的价差损失，由国家财政给予定额补贴。同年，国务院公布《关于深化棉花流通体制改革的决定》（国发〔1998〕42号），结束了实行45年的棉花流通计划经济体制，要按照社会主义市场经济建设要求，建立依靠市场机制实现棉花资源合理配置的新型棉花流通体制。同年，中华全国供销合作总社棉麻局与全国交易市场共同创办了中国棉花信息网。同年，国务院批准成立的"全国棉花交易市场"。

1999年，国务院召开全国棉花工作会议，朱镕基强调要抓住当前棉花供大于求的机遇，进一步深化棉花流通体制改革，运用经济手段加大结构调整力度，提高棉花质量，降低成本，增加效益，增强我国棉花的市场竞争能力。同年国务院通知，明确从1999棉花年度起，棉花收购价格按照市场形成价格的原则，由购销双方协商确定，国家不再作统一规定。

2000年，中华全国供销总社注册成立了华棉储备管理中心，储备棉全部通过全国棉花交易市场公开竞卖。

2001年，温家宝在全国棉花工作会议上强调，棉花流通体制改革的基本思路，就是一放、二分、三加强，走产业化经营的路子。同年，国务院发出《关于进一步深化棉花流通体制改革的意见》（国发〔2001〕27号），规定棉花企业的改革和发展由国家经贸委指导；对纺织企业长期拖欠棉花企业的货款，国家经贸委要会同有关部门进行清理，提出解决办法；新疆地区推广转基因抗虫棉。

2002年，国务院办公厅转发国家经贸委等12个部门联合发布的《关于供销社与棉花企业分开实施意见》（国办发〔2002〕51号），要求供销社各级联社与其所属的棉花企业在清产核资、产权界定、企业改革的基础上，解除行政隶属关系，并按其出资额行使出资人代表职能，把棉花企业建成自主经营、自负盈亏、自我发展、自我约束的独立法人，发展跨地区、跨所有制、贸工农一体化的棉花企业集团，促进建立适应社会主义市场经济要求的棉花流通体制。

2003年，中国储备棉管理总公司成立，供销总社主管的国家储备棉业务，连同华棉储备管理中心一起，移交给中国储备棉管理总公司，中储棉总公司隶属国资委管理，业务由国家发改委指导。同年，在朱镕基、温家宝、马凯等中央领导的重视下，中国棉花协会正式成立。同年，国家发展改革委员会、国家质量监督检验总局、财政部、全国供销合作总社、中国农业发展银行联合发改经贸〔2003〕2225号文件《关于印发棉花质量体制改革方案的通知》。同年，中国储备棉管理有限公司成立。

2004年，经中国证监会批准，棉花期货于2004年6月1日在郑州商品交易所上市交易。李克强在祝贺致辞中指出，推出大宗农产品期货上市交易，对促进农村经济发展有着十分重要的意义。同年，受棉花价格的影响，国家于当年8—10月实施棉花收储措施。

2005年，财政部支持中国棉花协会建设"中国棉花预警系统"。同年，国家对超配额进口棉花实行了滑准税制度，即根据不同的价格，征收5%—40%的关税。

2006年，国务院修订《棉花质量监督管理条例》和《棉花收购加工与市场管理暂行办法》，规定棉花经营者从事棉花加工经营活动，应当取得资格认定，国家实行棉花质量公证检验制度；对棉花收购不再实行资格认定制度，但提高了棉花加工资格市场准入门槛。同年，《棉花买卖及一般条款》(适用于非国产棉贸易)和《关于加快纺织行业结构调整促进产业升级若干意见的通知》(发改运行〔2006〕762号)正式发布实施。

2007年,全国棉花大丰收,总产量达到历史峰值762.4万吨。同年农发行下发《关于做好2007棉花年度收购信贷工作的意见》,要坚持"保收购,不保企业"的总原则,积极支持棉花收购,把棉花收购贷款列为准政策性贷款进行管理。

2008年,受全球金融危机的影响,棉花贸易量大幅减少,纺织消费出现负增长,中国棉价大跌。同年《财政部关于〈出疆棉移库费用补贴管理暂行办法〉的通知》(财建〔2008〕396号)要求,对运往内地销区的新疆棉花的移库费用给予适当补贴。

2009年,中央一号文件指出,要促进农业稳定发展、农民持续增收,加大良种补贴力度,提高补贴标准,实现棉花全覆盖,扩大棉花储备;农业部和财政部公布《2009年中央财政农作物良种补贴项目实施指导意见》(农办财〔2009〕20号),明确棉花良种补贴实行全覆盖;国务院公布《纺织工业调整和振兴规划》〔国发(2009)10号〕。同年,由于棉花消费萎缩、价格下降,国家开始抛出储备棉花。

2010年,中国棉花集团进驻山东省潍坊市出口加工区,建设北方最大的进口棉花保税仓储基地。同年,棉花价格快速上涨,全国棉花交易市场和中国储备棉管理总公司发布《关于新疆企业不得购买内地仓库存放储备棉的公告》,规定自2010年10月14日起,新疆企业不得购买存放在内地仓库的储备棉,否则按违约处理。

2011年,国家发展改革委、财政部、农业部等八部门联合发布了《2011年度棉花临时收储预案》,决定2011年度的棉花临时收储预案执行时间为2011年9月1日至2013年3月31日。在这期间,若棉花市场价格连续5个工作日低于棉花临时收储价,中储棉总公司将发布临时收储公告,正式启动收储预案,2011年预案制定棉花临时收储价格为19800元/吨。同年,国家发改委、财政部发布《关于启动2011年度棉花临时收储预案的通知》,定于9月8日启动本年度棉花临时收储。

2012年,国家发展改革委等八部门联合发布《2012年度棉花临时收储预案》,标准级皮棉到库价格提高到每吨20400元(公重)。同年,国家发展改革委召集有关部门开会,研究如何切实采取措施防止目前投放的储备棉出现"转圈棉"问题。

2013年,国家发展改革委等八部门联合发布《2013年度棉花临时收储预案》,确定2013年度棉花临时收储价格仍为标准级皮棉到库价格每吨20400元(公重),收储的棉花为2013年度生产加工并经仪器化公证检验的锯齿细绒棉,由具有400型棉花加工资格的棉花企业直接交储;本年度采用新棉花质量标准,收储棉花的质量要求和质量差价率按新标准做相应调整。同年,农业部印发《西北内陆棉区棉花机械化生产技术指导意见(试行)》(农办机〔2013〕41号)。

2014年,中央一号文件提出,逐步建立农产品目标价格制度,在市场价格过高时补贴低收入消费者,在市场价格低于目标价格时按差价补贴生产者,切实保障农民收益;经国务院批准,国家发改委、财政部、农业部联合发布2014年棉花目标价格为每吨19800元(发改价格〔2014〕1524号)。同年,新疆维吾尔自治区人民政府正式公布《新疆棉花目标价格改革试点工作实施方案》(新政发〔2014〕64号),方案提出,按照核实确认的棉花实际种植面积和籽棉交售量相结合的补贴方式,中央补贴资金的60%按面积补贴,40%按实际籽棉交售量补贴。

2015年,国家发展改革委公布2015年新疆棉花目标价格水平确定为每吨19100元;新疆自治区下发2015年度的棉花目标价格工作实施方案(新政发〔2015〕90号),2015年度的实施方案变更了补贴资金分配和补贴方式,规定年度可用补贴总额的10%用于向南疆四地州基本农户兑付面积部分补贴,90%用于兑付全区实际种植者交售量部分补贴,并强化了棉加工企业的资格认定和退出机制,更新了其他政策支持的监督检查等方面。同年,国家发展改革委、工商总局、质检总局发布《关于下放棉花加工生产线总量指标审批权限的通知》(发改经贸〔2015〕2330号)将棉花加工生产线总量指标审批权限下放给省级单位,以优化棉花加工布局,避免重复投资造成加工产能的无序扩张;中共中央、国务院发布《关于推进价格机制改革的若干意见》(中发〔2015〕28号),在完善农产品价格形成机制方面,要求"继续实施棉花、大豆目标价格改革试点,完善补贴发放办法";安徽财经大学撰写的《中国棉花产业发展研究报告》由中国商业出版社出版。

2016年,国家发展改革委公布2016年新疆棉花目标价格水平确定为每吨18600元;新疆自治区下发2016年度的棉花目标价格工作实施方案(新政发〔2016〕116号),2016年度的实施方案完善了交售信息统计,建立了有黑灰名单的棉花加工企业诚信经营管理制度,强化了其他政策支持的监督检查等方面。同年,国家质检总局局务会审议通过《纤维制品质量监督管理办法》;国家发展改革委、财政部公告2016年第9号《关于国家储备棉轮换有关安排的公告》,决定从2016年起逐步有序消化国家储备棉库存,将储备规模调整至合理水平,并作出轮出和轮入有关安排;中国农业科学院棉花研究所联合棉花生产、加工、流通、纺织服装等市场主体发起成立国家棉花产业联盟。同年,中国储备棉管理总公司整体并入中国储备粮管理总公司,成为其全资子企业。

2017年,中央一号文件要求巩固主产区棉花生产,科学合理划定棉花生产保护区,并调整完善新疆棉花目标价格政策,改进补贴方式。同年,国家发展改革委、财政部联合公布《关于深化棉花目标价格改革的通知》(发改价格〔2017〕516号),称在新疆三年的棉花目标价格改革试点取得了明显成效,并开始深化棉花目标价格改革,棉花目标价格水平三年一定,确定2017—2019年新疆棉花目标价格水平为每吨18600元;国务院印发《关于建立粮食生产功能区和重要农产品生产保护区的指导意见》(国发〔2017〕24号),要求以新疆为重点,黄河流域、长江流域主产区为补充,划定棉花生产保护区3500万亩;新疆维吾尔自治区下发《2017—2018年度棉花目标价格改革工作要点》(新政办发〔2017〕95号),提出要积极研究探索新型棉花补贴方式,合理利用保险、期货等金融工具,选择部分县(市)开展"收入保险+期货"试点;新疆兵团印发《2017年兵团棉花目标价格改革工作实施方案》(新兵办发〔2017〕154号),要求认真开展棉花目标价格改革补贴与质量挂钩试点工作,高度重视信息平台建设及录入工作;棉纱期货在郑州商品交易所上市。

2018年,由中国储备棉管理有限公司、郑州商品交易所主办的第九届中国棉花(纱)期货论坛在江苏昆山召开。随着我国供给侧结构性改革不断深化,国储棉去库存扎实稳步推进已进入全面决胜阶段,国内外棉花市场即将开启新的发展进程。面对美国减税政策、中美贸易摩擦、供给侧改革深化、新疆纺织新政等错综复杂的国内外形势,以供给侧结构性改革为主线,高质量发展为要求,为棉纺行业发展指明了未来的方向,论坛以"行稳致远构建去库存后棉花新未来"为主题,顺应时代潮流,符合各方期待。国家标准化管理委员会2018年2月26日发布了由中华全国供销合作总社郑州棉麻工程技术设计研究所主起草的GB/T 18353—2018《棉花加工企业基本技术条件》、邯郸金狮棉机有限公司主起草的GB/T 22335—2018《棉花加工技术规范》和GB/T 35834—2018《机采棉加工技术规范》国家标准,这三项标准均由中华全国供销合作总社提出、全国棉花加工标准化技术委员会归口,于2018年6月1日起实施。

2019年,由中国棉花协会、全国棉花交易市场主办的2019中国国际棉花会议于6月20日在山东省青岛市开幕。本届会议的主题是:开放创新的棉业,合作共赢的世界。2018年1月至12月1日,我国棉花新国标GB1103.1《棉花细绒棉锯齿加工》和GB1103.2《棉花细绒棉皮辊加工》发布,将于文件发布日起实施。此次棉花标准的核心内容取消了品级,增加了颜色级、轧工质量指标及检验方法,将色特征级修订为颜色级,并明确颜色级相关条款为强制性条款。新棉花标准更注重棉花的内在质量,含杂率、异性纤维、短绒率等与棉纺企业实际生产需求密切相关的指标,在标准里有更充分的体现,更贴近棉纺用棉企业的实际生产需要,这对棉纺企业来说更加有利。

2020年,自全球新冠肺炎疫情暴发以来,纺织服装下游需求骤减,全球棉花、纱布价格大幅下跌,棉花市场出现一定恐慌悲观情绪。3月25日,国家发改委、财政部公布《关于完善棉花目标价格政策的通知》(以下简称《通知》),宣布延续2017-2019年新疆棉花目标价格水平,维持每吨18600元三年不变。《通知》还首次提出建立定期评估机制,今后以三年为周期进行评估,根据结果视情况调整目标价格水平。